U0906139

黄河文化旅游带

精品线路路书

文化和旅游部资源开发司
国家发展改革委社会发展司 编著

中国旅游出版社

序言

黄河是中华民族的母亲河。黄河文化是中华文明的重要组成部分，是中华民族的根和魂。千百年来，奔腾不息的黄河哺育着中华民族，孕育了中华文明。九曲黄河，奔腾向前，以百折不挠的磅礴气势塑造了中华民族自强不息的民族品格，是中华民族坚定文化自信的重要根基。

2019 年 9 月 18 日，习近平总书记在黄河流域生态保护和高质量发展座谈会上的讲话中指出，“保护传承弘扬黄河文化，让黄河成为造福人民的幸福河。”2020 年 1 月 3 日，习近平总书记在中央财经委员会第六次会议时强调，要打造具有国际影响力的黄河文化旅游带。《中华人民共和国国民经济和社会发展第十四个五年规划和 2035 年远景目标纲要》明确提出，“实施黄河文化遗产系统保护工程，打造具有国际影响力的黄河文化旅游带。”

△ 乾坤湾景区

△ 山东东营黄河入海口

黄河流域自然景观壮丽秀美，沙漠浩瀚，草原广布，峡谷险峻，文物和文化资源富集，沿黄9省（区）共有世界遗产20处，不可移动文物30余万处，国家级非遗代表性项目649项，国家全域旅游示范区47个，国家5A级旅游景区84个，国家级旅游度假区9个，全国乡村旅游重点村273个，全国红色旅游经典景区85个。

为深入挖掘黄河文化蕴含的时代价值，讲好“黄河故事”，塑造“中国黄河”品牌形象，打造具有国际影响力的黄河文化旅游带，我们策划编撰了《黄河文化旅游带精品线路路书》，希望吸引更多的旅游爱好者发现和探索黄河文化和自然之美。

书中精心设计了40条“黄河文化旅游带”精品线路，涵盖行程规划、路况介绍、沿途城市和景区、游玩锦囊等旅行中的方方面面。

同时，为落实乡村振兴战略，我们还在书中穿插了线路沿途的全国乡村旅游重点村，为旅游者提供愉悦身心、慰藉乡愁、亲近自然的好去处，体验脱贫成就，助力乡村振兴。

黄河之美，无须用更多语言描绘；黄河文化，已经融入民族血脉。希望通过这本路书，让“中国黄河”这一旅游形象成为展示国家形象的重要窗口，让更多的人走近黄河、了解黄河、爱上黄河。

目录 CONTENTS

黄河文化旅游带

世界遗产名录

△ 黄河九曲第一弯

嘉峪关

世界文化遗产

长城

长城，又称万里长城，位于中国北部，东起山海关，西到嘉峪关，全长约6700公里，始建于2000多年前的春秋战国时期，秦朝统一中国之后连成万里长城。中国万里长城是世界上修建时间最长、工程量最大的冷兵器战争时代的国家军事性防御工程，凝聚着我们祖先的血汗和智慧，是中华民族的象征和骄傲，有极高的旅游观光价值和历史文化意义。现经精心开发修复，山海关、居庸关、八达岭、司马台、慕田峪、嘉峪关等处已成为驰名中外的旅游胜地。1987年12月，长城被列入《世界遗产名录》。

莫高窟

莫高窟，俗称千佛洞，坐落在河西走廊西端的敦煌。它始建于十六国的前秦时期，后历经北朝、隋、唐、五代、西夏、元等历代的兴建，形成巨大的规模，有洞窟735个，壁画4.5万平方米、泥质彩塑2415尊，是世界上现存规模最大、内容最丰富的佛教艺术圣地。

莫高窟

兵马俑坑

1961 年，莫高窟被中华人民共和国国务院公布为第一批全国重点文物保护单位之一。1987 年，莫高窟被列为世界文化遗产。

莫高窟与河南洛阳龙门石窟、山西大同云冈石窟并称中国三大石窟，后加麦积山石窟称四大石窟。1987 年 12 月莫高窟被列入《世界遗产名录》。

秦始皇陵及兵马俑坑

展现了秦始皇陵的结构布局、设计思想及秦代科技文化的成就，被誉为“世界八大奇迹之一”。陵墓建于公元前 246 年至公元前 208 年，现存墓封土高 40 米。陵园布局仿秦都咸阳，分内、外两城，内城周长约 2.5 公里，外城周长约 6.3 公里。兵马俑坑位于秦始皇陵东侧，是秦陵的大型陪葬坑，1974 年被发现。现已挖掘四个坑，面积共 2.5 万余平方米。坑内丛葬大量与真人真马等同大小的陶制彩绘兵马俑和当时实战使用的各种兵器。出土文物达万件之多。1987 年被列入《世界遗产名录》。

曲阜孔府、孔庙、孔林

统称曲阜“三孔”，山东济宁曲阜是孔子的故乡。这里是中国历代纪念孔子之地，也是历代儒客朝拜之圣地，推崇儒学的表征，以丰厚的文化积淀、悠久历史、宏大规模、丰富文物珍藏，以及科学艺术价值而著称。

孔夫子生前在此开坛授学，创立儒家文化，为此后 2000 多年的中国历史深深地打上了儒学烙

孔林秋色

孔庙大成殿

印。以孔子为代表的儒家文化，按照自己的理想塑造了整个中国的思想、政治和社会体系，成为整个中国文化的基石。1994 年，孔府、孔庙、孔林被列入《世界遗产名录》。

平遥古城

平遥古城始建于西周周宣王时期，明洪武三年（1370 年）扩建，距今已有 2700 多年的历史。还较为完好地保留着明清时期县城的基本风貌，是中国汉民族地区现存最为完整的古城。平遥古城是中国古代城市在明清时期的杰出范例，平遥古城保存了其所有特征。而且，在中国历史的发展中，为人们展示了一幅非同寻常的文化、社会、经济及宗教发展的完整画卷。

山西平遥被称为“保存最为完好的四大古城”之一，也是中国仅有的以整座古城申报世界文化遗产获得成功的两座古城市之一。1997 年 12 月，平遥古城被列入《世界遗产名录》。

平遥古城

龙门石窟

龙门石窟

世界上造像最多、规模最大的石刻艺术宝库，被联合国教科文组织评为“中国石刻艺术的最高峰”，现为世界文化遗产、全国重点文物保护单位、国家5A级旅游景区。

龙门相传在大禹治水中所开凿，鱼跃龙门的传说亦发生于此。其石窟则始凿于北魏孝文帝年间，盛于唐，终于清末。历经10多个朝代陆续营造长达1400余年，是世界上营造时间最长的石窟。龙门石窟造像多为皇家贵族所建，是世界上绝无仅有的皇家石窟。2000年11月，龙门石窟被列入《世界遗产名录》。

青城山－都江堰

青城山位于四川省成都市都江堰市西南，最高峰老君阁海拔1260米，青城山分为前山和后山，群峰环绕起伏、林木葱茏幽翠，享有“青城天下幽”的美誉，是全真龙门派圣地，十大洞天之一，中国四大道教名山之一,五大仙山之一，成都十景之一。都江堰位于四川省成都市都江堰市城西，始建于秦昭王末年（约公元前256 ~前251），是蜀郡太守李冰父子在前人鳖灵开凿的基础上组织修建的大型水利工程，由分水鱼嘴、飞沙堰、宝瓶口等部分组成，2000多年来一直发挥着防洪灌溉的作用，使成都平原成为沃野千里的"天府之国"，至今灌区已达30余县市、面积近千万亩，是全世界迄今为止，年代最久、唯一留存、仍在一直使用、以无坝引水为特征的宏大水利工程，凝聚着中国古代劳动人民勤劳、勇敢、智慧的结晶。2000年11月，青城山－都江堰被列入《世界遗产名录》。

青城山风景区

青城山上清宫

云冈石窟

云冈石窟

云冈石窟

位于山西省大同市城西约16公里的武州（周）山南麓、武州川的北岸，石窟依山开凿，东西绵延约1公里。存有主要洞窟45个，大小窟龛252个，石雕造像51000余躯，为中国规模最大的古代石窟群之一。

云冈石窟在1961年被国务院公布为首批全国重点文物保护单位，2001年12月14日被列入《世界遗产名录》，2007年5月8日被国家旅游局评为首批国家5A级旅游景区。

安阳殷墟

殷墟，原称“北蒙”，是中国商朝后期都城遗址，位于河南省安阳市。现为国家5A级旅游景区。

殷墟

20 世纪初，殷墟因发掘甲骨文而闻名于世，先后出土有字甲骨约 15 万片。

1961 年 3 月，殷墟被列入首批全国重点文物保护单位。2006 年 7 月，被列入《世界遗产名录》。

五台山

五台山是中国佛教四大名山之一。《名山志》载："五台山五峰耸立，高出云表，山顶无林木，有如垒土之台，故曰五台。"五台山是中国青庙黄庙共处的佛教道场，有宗教活动场所 86 处，其中多敕建寺院，多朝皇帝前来参拜。著名的寺院有：显通寺、塔院寺、菩萨顶、南山寺、黛螺顶、金阁寺、万佛阁、碧山寺等。2004 年，五台山被评为中华十大名山。2009 年 6 月，五台山被列入《世界遗产名录》。2007 年，被评为国家 5A 级旅游景区。

五台山

"天地之中"历史建筑群

位于河南省郑州市登封市嵩山地区，该建筑群中的各建筑建成时间从汉至清，时间跨度达 2000 多年。

登封"天地之中"历史建筑群包括周公测景台和登封观星台、嵩岳寺塔、太室阙和中岳庙、少室阙、启母阙、嵩阳书院、会善寺、少林寺建筑群（包括常住院、塔林和初祖庵）8 处 11 项优秀历史建筑，是中国时代跨度最长、建筑种类最多、文化内涵最丰富的古代建筑群之一，是中国先民独特宇宙观和审美观的真实体现。

2010 年 8 月 1 日，登封"天地之中"历史建筑群在联合国教科文组织世界遗产委员会第 34 届大会上通过审议，成功列入《世界遗产名录》，成为中国第 39 处世界遗产。

元上都遗址

元上都遗址位于内蒙古自治区锡林郭勒盟正蓝旗草原，曾是元朝的首都，始建于 1256 年。它是中国元朝的发祥地，忽必烈在此登基建立了元朝。这里是农耕文明与游牧文明融合的产物，是草原文化与中原农耕文化融合的杰出典范。

1988 年，该遗址被列入中国第三批全国重点文物保护单位。2012 年 6 月 29 日，第 36 届世界遗产大会在俄罗斯圣彼得堡正式宣布，将中国元上都遗址列入《世界遗产名录》。

中国大运河

大运河始建于公元前486年，包括隋唐大运河、京杭大运河和浙东大运河三部分，全长2700公里，跨越地球10多个纬度，地跨北京、天津、河北、山东、河南、安徽、江苏、浙江8个省、直辖市，纵贯在中国华北大平原上，通达海河、黄河、淮河、长江、钱塘江五大水系，是中国古代南北交通的大动脉，至2020年大运河历史延续已2500余年。是中国东部平原上的伟大工程，是中国古代劳动人民创造的一项伟大的水利建筑，为世界上最长的运河，也是世界上开凿最早、规模最大的运河。

2014年6月22日，大运河在第38届世界遗产大会上获准列入《世界遗产名录》，成为中国第46个世界遗产项目。最终列入申遗范围的大运河遗产分布在中国2个直辖市、6个省以及25个地级市。

丝绸之路

丝绸之路，简称丝路，一般指陆上丝绸之路，广义上讲又分为陆上丝绸之路和海上丝绸之路。

陆上丝绸之路起源于西汉汉武帝派张骞出使西域开辟的以首都长安（今西安）为起点，经甘肃、新疆，到中亚、西亚，并连接地中海各国的陆上通道。东汉时期丝绸之路的起点在洛阳。它的最初作用是运输中国古代出产的丝绸。

海上丝绸之路形成于秦汉时期，发展于三国至隋朝时期，繁荣于唐宋时期，转变于明清时期，是已知的最为古老的海上航线。“海上丝绸之路”是古代中国与外国交通贸易和文化交往的海上通道。

2014年6月22日，中国、哈萨克斯坦、吉尔吉斯斯坦三国联合申报的陆上丝绸之路的东段“丝绸之路：长安—天山廊道的路网”成功列入《世界遗产名录》，成为首例跨国合作而成功申遗的项目。

沙坡头

嘉峪关

世界自然遗产——黄龙

世界自然遗产

黄龙

位于四川省阿坝藏族羌族自治州松潘县。面积 700 平方公里。是中国唯一保护完好的高原湿地，与九寨沟相距 100 公里，海拔 1700~5588 米。

黄龙以彩池、雪山、峡谷、森林“四绝”著称于世，再加上滩流、古寺、民俗称为“七绝”。景区由黄龙沟、丹云峡、牟尼沟、雪宝顶、雪山梁、红星岩、西沟等景区组成。主要景观集中于长约 3.6 公里的黄龙沟，沟内遍布碳酸钙华沉积。并呈梯田状排列，以丰富的动植物资源享誉世间，享有“世界奇观”“人间瑶池”等美誉。1992 年被列入《世界遗产名录》。

九寨沟

地处青藏高原、川西高原、山地向四川盆地过渡地带，南距成都市 300 多公里，是一条纵深 50 余公里的山沟谷地，总面积 64297 公顷，森林覆盖率超过 80%。因树正寨、荷叶寨、则查洼寨等九个藏族村寨坐落在这片高山湖泊群中而得名。

九寨沟国家级自然保护区主要保护对象是大熊猫、金丝猴等珍稀动物及其自然生态环境。有 74

种国家保护珍稀植物，有 18 种国家保护动物，还有丰富的古生物化石、古冰川地貌。“九寨归来不看水”，是对九寨沟景色真实的诠释。

1992 年 12 月 14 日，九寨沟经联合国教科文组织世界遗产委员会第 16 届会议批准被列入《世界遗产名录》。

九寨沟

四川大熊猫栖息地

由世界第一只大熊猫发现地宝兴县及中国四川省境内的卧龙自然保护区等 7 处自然保护区组成，包括卧龙、四姑娘山、夹金山脉，和青城山—都江堰风景名胜区等 9 处风景名胜区，涵盖成都、雅安、阿坝和甘孜共 4 市州的 12 个县，面积 9245 平方公里。四川大熊猫栖息地保存的野生大熊猫占全世界 30% 以上，是全球最大最完整的大熊猫栖息地；是全球所有温带区域（除热带雨林以外）中植物最丰富的区域，被保护国际（CI）选定为全球 25 个生物多样性热点地区之一，被世界自然基金会（WWF）确定为全球 200 个生态区之一。2006 年 7 月作为世界自然遗产列入《世界遗产名录》。

青海可可西里

可可西里，位于中国青藏高原东北部，青海省西北角，是世界第三大无人区，也是中国四大无

可可西里

人区之一，被称为世界“第三极”。可可西里总面积 450 万公顷。是 21 世纪初世界上原始生态环境保存较好的自然保护区，也是中国建成的面积最大，海拔最高，野生动物资源最为丰富的自然保护区之一。2017 年 7 月，可可西里被列入《世界遗产名录》。

世界文化与自然双重遗产

泰山

泰山

泰山

泰山，又名岱山、岱宗、岱岳、东岳、泰岳，为五岳之一，泰山被古人视为“直通帝座”的天堂，帝王告祭的神山，有“泰山安，四海皆安”的说法。自秦始皇开始到清代，先后有 13 代帝王依次亲登泰山封禅或祭祀，另外有 24 代帝王遣官祭祀 72 次。山体上留下了 20 余处古建筑群，2200 余处碑碣石刻。

1982 年 11 月 8 日，泰山被列入第一批国家级风景名胜区。1987 年 12 月 12 日，泰山被列入《世界遗产名录》。2007 年 3 月 7 日，被评为国家 5A 级旅游景区。

泰山

乐山大佛

峨眉山 – 乐山大佛

乐山大佛位于峨眉山东 31 公里的乐山市，开凿于唐玄宗开元初年（713 年），依凌云山栖霞峰临江峭壁凿造而成，又名凌云大佛，为弥勒坐像，佛像高 71 米，是世界最高的大佛。20 世纪 80 年代发现了乐山睡佛，而令人叹为观止的是乐山大佛刚好位于乐山睡佛的心脏处，构成了“心即是佛”千古奇观。1996 年 12 月，峨眉山 – 乐山大佛被列入《世界遗产名录》。

峨眉山

黄河文化旅游带

40条精品线路

△ 情人海秋景

No.1 长明的酥油灯，清清的黄河水

在最纯净的地方感受心灵的升华

手绘线路图

线路概况

黄河在人们心中，是澎湃的、是掺杂着黄土高原泥土的黄色，但青海的黄河不一样，在贵德，黄河水是清澈透明的，如果不是亲眼所见，或许很难相信眼前“宛若江南水乡”的一湾清水和“风在吼、马在叫，黄河在咆哮”的滚滚黄泥沙来自同一条河流。这条线将带你走进神圣安宁的塔尔寺，走进一湾清清的黄河之水，走进内心的一份纯净。

非遗体验

这条线上的非物质文化遗产有：塔尔寺酥油花、湟源排灯、西宁贤孝、青海平弦、湟中堆绣和青海湖祭海等。

土特产

牦牛肉干、老酸奶、冬虫夏草和大黄茶等。

行程规划

线路： 西宁—塔尔寺—贵德国家地质公园—贵德—龙羊峡—茶卡盐湖—茶卡镇—青海湖—西宁。

总里程： 520 公里。

推荐时长： 3 天。

DAY1 西宁—塔尔寺—贵德国家地质公园—贵德

（行驶里程 90 公里）

从西宁出发，感受塔尔寺的庄重严明，长明的酥油灯神圣安宁，火光不耀眼却足够震撼心灵；红色的蒲团摆放整齐，想象僧人们诵经的模样，那也是让人安祥的场景，这就是藏传佛教圣地——塔尔寺。号称青海小江南的贵德，拥有多样的地貌，或秀丽壮美，或陡峭险峻，记录着青藏高原的演变轨迹，也记录着黄河的发育史。

路况

整体路况良好，有宁贵高速，多个区间限速，限速 100 公里 / 小时。227 国道弯道较多，限速 60 公里 / 小时。

海拔情况

西宁：2261 米；贵德县城：2200 米。

沿途特色景区

西宁塔尔寺——这里是我国藏传佛教格鲁派创始人宗喀巴诞生地，是格鲁派著名的六大寺院之一，明代始建，历时 400 余年。

拉脊山——海拔高度 3820 米，山顶的垭口有一座宗喀拉则，走在草地上于绿草与蓝天相接处有牛羊相互追逐，

△ 西宁塔尔寺

牧人举鞭歌唱，处处都是“风吹草低见牛羊”的景致。

贵德国家地质公园——以自然地貌景观和地质遗迹为主要特征，辅以多样生态景观和丰富人文景观的一个综合性地质公园，公园内阿什贡七彩峰丛地貌多姿多彩、秀丽壮美；麻吾峡风蚀地貌鬼斧神工、变幻无穷；黄河景观大气、如花似锦；龙羊峡谷陡峭险峻、气势磅礴。

贵德黄河风情线——欣赏清清黄河，黄河清公路大桥、黄河吊桥、水车广场，是观光旅游、休闲度假、科普教育和科学研究的极好场所。

全国乡村旅游重点村

西宁市湟中县土门关乡上山庄村——上山庄村附近有塔尔寺、青海藏文化馆、南滩古城墙、群加国家森林公园、下石城遗址等旅游景点，有湟中胡麻、湟中燕麦、湟中蚕豆、酥油花、加牙地毯等特产。

湟中土门关乡上山庄村——距省会西宁约25公里，有以中藏药材种植为主的“花药谷”等特色景点。

△ 贵德国家地质公园阿什贡七彩峰丛景区

朔北藏族乡边麻沟村——上千亩的山坡上种满了薰衣草、海棠、榆叶梅、红刺玫瑰等观赏性植物，这里就是边麻沟的“花海农庄”。

旅行锦囊

加油站：

西宁城区：有多个中国石油、中国石化加油站。

贵德县：有多个中国石油、中国石化加油站。

温馨提示： 1. 青海的温差比较大，要及时关注天气预报。

2. 青藏高原的紫外线比较强，所以一定要准备好防晒用品。

3. 未经允许，请不要在塔尔寺内随意拍照；不要随意用手摸佛经、佛像和法器。

餐饮推荐

青海酿皮、手抓羊肉、青海土火锅、青海老酸奶、甜醅、烤羊肉、风味砂锅和羊肠面。

DAY2 贵德—龙羊峡—茶卡盐湖—茶卡镇

（行驶里程316公里）

在这里，你既能看到粗犷苍茫、连绵600多亩犹如高原多彩画卷的黄河风景，又能体验仙气飘飘、犹如电影画面一般的茶卡盐湖。特别适合喜爱摄影的游客前来参观。

路况

贵德至茶卡镇途经巴豆段，走京藏高速。

△ 青海湖

海拔情况

贵德县城：2200 米；茶卡镇：3103 米。

沿途特色景区

龙羊峡黄河大峡谷景区——被称为中国的科罗拉多，两岸壁立千仞，河流平缓，陡峭幽深的地层像亿万卷图书，层层叠叠堆放在一起。

龙羊峡土林国家地质公园——第三系地层风化形成的土林，具有非常高的地质研究价值及特殊地貌观赏价值，独特的景观让人流连忘返。可随木栈道，从不同的角度欣赏土林景观带来的原始景观的震撼。

茶卡盐湖——茶卡盐湖面积空旷、地势平坦，湖面有强烈的反射能力，如同一面为天空梳洗打扮而准备的镜子，故被称为中国的“天空之镜”。可以在盐湖中拍摄各种美丽照片，可以光着脚丫和盐湖来一次亲密接触，顺着铁轨线一直步行到盐湖深处，乘坐小火车一路游览茶卡的美景。

全国乡村旅游重点村

尕让乡松巴村——大山深处的美丽藏乡，这里有传统的、原汁原味的藏文化和藏族美食。

河阴镇红柳滩村——村中红柳飒飒，这里气候温和，是生态文明示范村。

尕让乡二连村——这里有着丰富的农产品，如：丰水梨、菊苣、酸浆、山莓、红薯和番茄。

旅行锦囊

加油站：

京藏高速沿线有多家中国石化加油站。

茶卡镇有多家中国石油、中国石化加油站。

温馨提示： 1. 前往盐湖拍照，记得要穿鲜艳的衣服。

2. 茶卡盐湖地区海拔约 3000 米，注意不能剧烈运动，以免产生高原反应。

3. 由于盐层比较粗糙，赤脚走路时会有些痛，而且湖内深处淤泥较深，所以不建议走得太深。

4. 游玩茶卡盐湖前可以准备一些湿纸巾，当裸露的皮肤沾上盐粒或者盐水后要用淡水清洗或用纸巾擦掉，不然，时间稍长，会对皮肤造成一定的损伤。

△ 龙羊峡

△ 龙羊峡土林国家地质公园

餐饮推荐

茶卡镇：茶卡羊肉。

龙羊峡：黄河鲤鱼、全鱼宴、大焜锅馍馍。

DAY3 茶卡镇—青海湖—西宁

（行驶里程 150 公里）

传说中，文成公主的日月宝镜化成了青海湖，青海湖的天空，有着城市里天空不曾见过的透明；湖水，有着城市里江水不曾有过的澄净。来这里，感受最纯净的风光吧。

路况

路况良好，沿着京拉线、京藏高速前行。

海拔情况

茶卡镇：3103 米；青海湖：3196 米；西宁：2261 米。

沿途特色景区

青海湖——中国最大的内陆湖，它在不同的季节里，景色迥然不同。地域辽阔，水草丰美，河流众多，湖的四周被祁连山系和昆仑山系的四座山峰所环抱，气候凉爽。巍峨的群山将青海湖紧紧环抱其中，构成了一幅山、湖、草原、藏族寺庙相映成趣的壮美画面。

原子城景区——位于青海湖东岸旁约 20 公里的金银滩草原上，是中国的第一个核武器研制基地，祖国的第一颗原子弹和第一颗氢弹都诞生于此。如今这里开放了原子城纪念馆、爆轰试验场、二分厂、地下指挥中心等多处景点，人们可以来此参观展览和当年的科研基地，了解祖国研制核武器时期的艰辛故事，纪念为祖国无私奉献的先辈。

全国乡村旅游重点村

拦隆口镇卡阳——卡阳，让人心驰神往的地方。林木葱郁、牛羊遍地……走到哪里都是一片美景，走到哪里都是一幅画。

△ 青海湖

湟中县土门关乡上山庄村——有着令人心旷神怡的花海。

旅行锦囊

加油站：

西宁城区：有多个中国石油、中国石化加油站。

茶卡镇：有多个中国石油、中国石化加油站。

> **温馨提示：** 1. 注意防晒、防高原反应，配好高原反应药物。
> 2. 垃圾记得带走，环境靠你我共同守护。
> 3. 青海湖昼夜温差大，穿脱衣服要注意！

餐饮推荐

青海老酸奶、面片。

△ 茶卡盐湖

No.2 环青海湖，感知大自然的神奇

上帝打翻的调色盘，令人迷失的斑斓仙境

手绘线路图

线路概况

这是一条适合带小朋友一起出游的甘青线，路线不长，又可以感受到甘肃青海最精华的部分。这里有湖泊、雪山、草原、冰川和花海，沿着 227 国道、环湖西路这些耳熟能详的观景公路，寓教于乐，种下一棵沙柳，许下一份期许。

非遗体验

回族宴席曲和青海华热藏族服饰等。

土特产

门源蕨麻、门源牦牛肉干、油菜籽、蜂王浆和沙果。

行程规划

线路： 西宁—门源—驯鹿山庄—卓尔山—祁连—牧场体验—刚察牧场—刚察—尕日拉寺—茶卡盐湖—茶卡镇—青海湖—倒淌河—日月山—塔尔寺—西宁。

总里程： 1015 公里。

推荐时长： 5 天。

DAY1 西宁—门源—驯鹿山庄—卓尔山—祁连

（行驶里程 285 公里）

沿着国道 227，徜徉在金黄灿烂的油菜花海洋中。和南方的花海相比，这里的花海更加壮阔无边、令人目不暇接。站在观景台之上，眺望岗什卡雪峰，眼前震撼的影象一定是终生难忘的。来一场卓尔山轻徒步，带上小朋友一起，一边漫步，一边欣赏丹霞和草原构成的天然油画，站在山顶俯瞰八宝河，遥望神山牛心山。

路况

走 G0611 张汶高速、227 国道和 302 省道。

海拔情况

西宁：2261 米；门源：2388~5254 米；卓尔山：2808 米。

沿途特色景区

门源达坂山观景台——这里可以远眺祁连山脉的岗什卡雪峰，但更被人知晓的是连绵不断的油菜花海或青稞海洋（每年种植不同），感受在达坂山上俯瞰的视觉震撼，这里真是一个让所有人眼前一亮的好地方。

△ 卓尔山全景

祁连驯鹿山庄——祁连山是古匈奴语，意为“天之山”。这里平均海拔2000多米，是亚洲较大的半野生鹿驯养基地，饲养马鹿、梅花鹿等珍贵的保护动物。可以提前准备好鹿粮，让小朋友们有机会跟可爱的小鹿亲密接触。

卓尔山——卓尔山属于丹霞地貌，由红色砂岩、砾岩组成。藏语称为“宗穆玛釉玛”，意为美丽的红润皇后。山脚海拔2800米，山顶海拔3100米，全程海拔攀升300米。卓尔山顶视野极度开阔，四周没有任何遮拦，山对面是一山尽览四季景色的牛心山，左右两侧分别是拉洞峡和白杨沟风景区，背面是连绵起伏的祁连山，山脚下滔滔八宝河像一条白色的哈达环绕在县城周边。处处美景，宛如仙境，令人心旷神怡。

全国乡村旅游重点村

朔北藏族乡边麻沟村——花海农庄，遍地盛开的边麻花，郁郁葱葱的野生林。

仙米乡桥滩村——地处仙米国家森林公园境内，具有林区特有的生态美和自然美。

珠固乡东旭村——世外桃源，藏家秘境。

旅行锦囊

加油站：

西宁市：中国石油、中国石化加油站。

门源青石嘴镇：中国石油、中国石化加油站。

大通县：中国石油加油站、星星加油站。

温馨提示：1. 翻越达坂山时弯道较多，道路较窄，大货车居多，如需停靠观景台，上下车请注意观察来往车辆。

2. 如果想拍照好看，记得多带颜色鲜艳的衣服，红色、白色与景色对比明显。

3. 油菜花花期很短，只有7月中下旬到8月上旬。

4. 在喂食小鹿的时候注意保持适当的距离。

5. 如果7、8月过来，建议早一点儿出发，避开拥堵车流。

餐饮推荐

门源青稞、奶皮、清蒸牛蹄筋、羊羔盖被。

△ 门源达坂山

△ 刚察草原

DAY2 祁连—牧场体验—刚察牧场—刚察

（行驶里程 275 公里）

厌倦了都市循规蹈矩、日复一日的生活，是否想感受藏民返璞归真的文化？穿上传统的藏族服饰，一起载歌载舞，晚上一起围着篝火跳锅庄，尽情享受一次淳朴快乐的乡野生活吧！

路况

走东索路、213 国道和 315 国道。

海拔情况

祁连县县城：2787 米；刚察牧场：3896 米。

沿途特色景区

大冬树山垭口——是绝大多数自驾川藏线的驴友行程中的制高点。垭口两边是一望无际的水草丰美的高山草甸，羊群、牦牛一片片散落在草甸中悠闲地吃草。此处还有一个休息站，游客可以下车观赏风景，为之后的旅行稍作休息和准备。

旅行锦囊

加油站：

祁连县：中国石化、中国石油加油站。

刚察县：中国石化、中国石油加油站。

温馨提示： 1. 在翻越垭口的时候尽量不要打开车窗，以保持车内温度和气压，预防高原反应。

2. 在体验藏族文化的同时，要尊重藏族文化。

餐饮推荐

刚察县：刚察黄蘑菇、雪域藏餐。

祁连县：青稞酒、羊肉。

DAY3 刚察—湟鱼洄游—尕日拉寺—茶卡盐湖—茶卡

（行驶里程 150 公里）

每年的 6 月中旬到 8 月中旬是湟鱼的最佳观赏时期。春夏之交湖里的湟鱼却蕴藏着一种力量，在这个季节离开青海湖，向着它们世代相传的产卵胜地进发。之后，造访遗世独立的寺庙——尕日拉寺，感受神圣的力量。

路况

走 315 国道、环湖西路和 109 国道。

海拔情况

茶卡镇：3103 米。

沿途特色景区

湟鱼洄游——湟鱼学名为“青海湖裸鲤”，是青海湖整个生态系统中不可或缺的特有物种，国家二级保护动物，它全身无鳞。因为采取众多有效的保护措施和繁育监测使湟鱼数量大幅回升，每年 6~8 月的湟鱼洄游期也变得非常的壮观。

尕日拉寺——一座典型的藏传佛教寺庙。寺院的主殿全部用石片砌成，和青海南部及川西北的藏式建筑非常相似。寺内的玛尼转宫是一大景观，玛尼转宫半埋在地

△ 茶卡盐湖天空壹号

下，身处此地，转动巨大的经轮，有一种脱离人世的感觉。运气好的话可以看到黑颈鹤等国家野生保护动物。

茶卡盐湖——大量的湖盐类沉积矿物结晶析出，并结成数米厚的“盐板”，而其上又铺着一层几毫米厚的水，因此远远望去，人与天空的倒影清晰可见，造就了“水上漂”的奇观。但是看到这一奇观的概率只有25%，天气因素很关键，必须是晴天无风。

全国乡村旅游重点村

茶卡镇莫河骆驼场——柴达木盆地东大门第一片绿洲，灌木林郁郁葱葱，骆驼自由自在地在散步，有林间小屋、星空帐篷、特色博物馆、骆驼骑行、地道美食，已列入全国乡村旅游重点村之列。

△ 尕日拉寺

旅行锦囊

加油站：

茶卡镇：有多个中国石油、中国石化加油站。

温馨提示： 1. 观赏湟鱼洄游的最佳时期是6~8月。

2. 参观藏族寺庙时，尊重寺庙的规定。

3. 盐湖形成不易，请爱护生态环境。

4. 要走到最里面的盐湖可以通过徒步，或乘坐景区电瓶车、景区小火车。推荐坐小火车，一直坐到最里面。沿途可以看到用盐堆砌的盐雕和观景台。如果不坐小火车的话，电瓶车只能覆盖1/3的路程，往里面要走到很远。另外，景区门口有鞋套卖，如果有需要可以购买，不过拍照的时候不穿会更好看。

餐饮推荐

茶卡羊。

DAY4 茶卡—青海湖

（行驶里程150公里）

唐卡是蜚声世界的藏文化，唐卡有绚丽的色彩和丰富的内容，展现了藏文化的神圣厚重；和孩子一起体验马术，感受在大草原上奔驰的快感，还可以去牧民家造访，结交朋友。

路况

走盐湖路、G6京藏高速。

海拔情况

茶卡镇：3103米；青海湖：3196米。

△ 唐卡

沿途特色景区

唐卡体验——唐卡（thang-ga）是藏文化独有的绘画艺术形式，颜料全部采用玛瑙、松石、孔雀石、朱砂等珍贵的矿物宝石和藏红花等植物，以示其神圣，历百年而不改其色。

马术体验——在青海湖边的一个牧场，有一条环湖体验道路，区别于其他地方的骑马拍照，可在马术教练陪伴下，沿青海湖边骑马漫步。

牧民家访——去青海湖边当地牧民家里吃一顿好吃的饭菜，大口吃肉，大口喝新鲜的牛奶，晚上在他们的草场露营，前方便是美丽的青海湖，运气好还能看到落日。

旅行锦囊

加油站：

茶卡镇：有多个中国石油、中国石化加油站。

温馨提示： 1. 注意防晒、预防高原反应，配好高原反应药物。

2. 垃圾记得带走，环境靠你我共同守护。

3. 青海湖昼夜温差大，穿脱衣服要注意！

餐饮推荐

青海老酸奶、面片。

DAY5 青海湖—倒淌河—日月山—塔尔寺—西宁

（行驶里程 155 公里）

路况

路况很好，走京藏高速。

海拔情况

日月山：3891 米；倒淌河：3300 米；塔尔寺：2644 米。

沿途特色景区

日月山——这里是历史上“羌中道”“丝绸南路”“唐蕃古道”的重要通道，是青海省内外流域的天然分界线、季风气候分界线。

倒淌河——全长约 40 公里，流向为自东向西，流入青海湖，区别于大多数自西向东的河流，故名倒淌河。河流蜿蜒曲折，河水清澈见底，看上去犹如一条明亮的缎带飘落在草原上那样神奇迷人。

塔尔寺——中国西北地区藏传佛教的活动中心，在中国及东南亚享有盛名，藏传佛教格鲁派六大寺院之一，酥油花、壁画和堆绣被誉为“塔尔寺艺术三绝”。

全国乡村旅游重点村

西宁市湟源县和平乡小高陵村——入选第二批全国乡村旅游重点村名单。小高陵村附近有湟源元山遗址、丹噶尔古城、日月山、华石山、哈拉库图城遗址等旅游景点，有湟源马牙、湟源陈醋、湟源排灯和干板鱼等特产。

△ 梦幻青海湖

西宁市湟中区拦隆口镇卡阳村——为汉藏混居民族村落。绿草如茵，山势独特，山间溪水潺潺，原始森林茂密，蓝天白云下牛羊成群，被人们誉为“长寿之乡”与“天然氧吧”，生态条件极为优越，是距离西宁市区最近的原始天然林区。

西宁市湟中区李家山镇柳树庄村——水光山色，物产丰富，社会和谐稳定，主要农产品有芦笋、枣子、丰水梨、黄椒和杨桃。

旅行锦囊

加油站：

青海湖：中石化加油站。

西宁市：多个中国石油、中国石化加油站。

餐饮推荐

西宁：酸奶、酿皮、手抓羊肉、羊肠面、青海土火锅、尕面片和熬茶。

△ 塔尔寺圣地晨韵

No.3 走进河湟谷地，高原上的“碧水丹山”

多民族交融共生，多彩河湟文化

手绘线路图

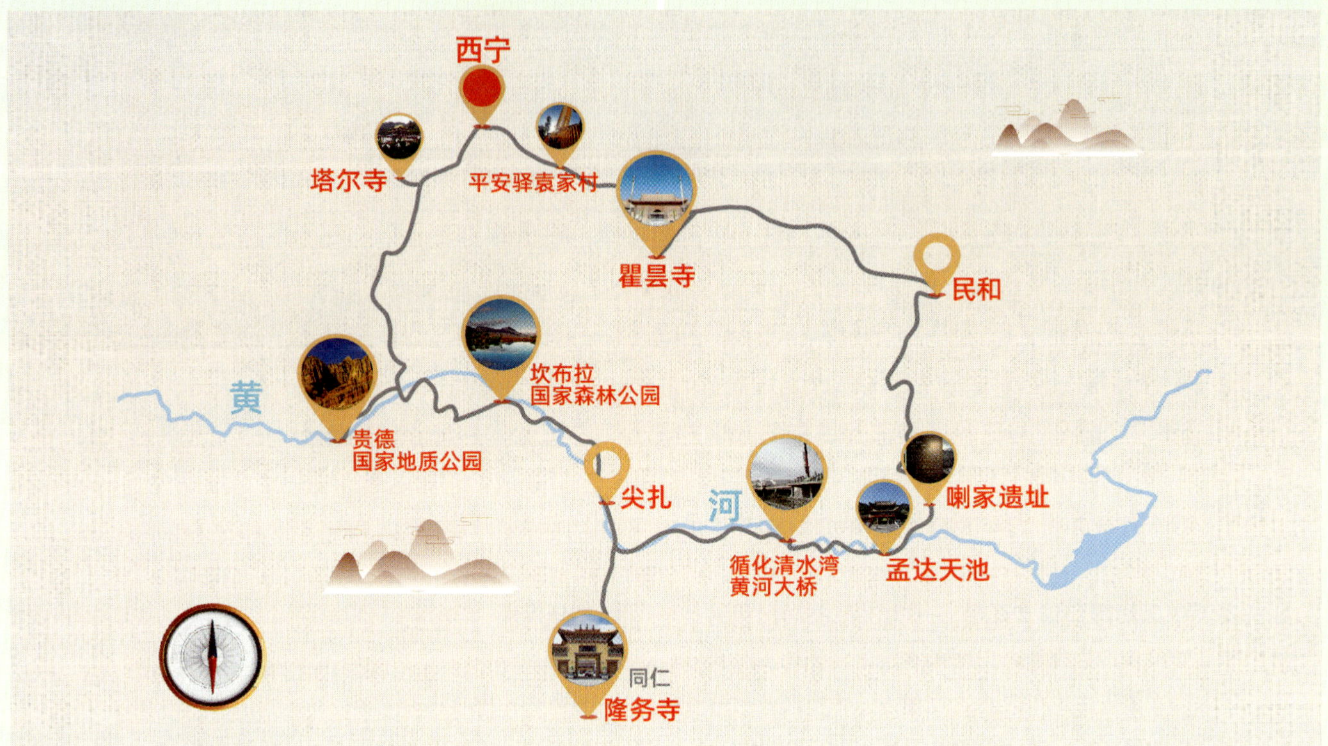

线路概况

发源于“三河间”的河湟文化独具特色，与河洛文化、关中文化、齐鲁文化一起，构成黄河文明的重要分支和中华文明的重要组成部分。地处这一地区的青海省东部地区河湟谷地自古以来物产丰富，汉族、藏族、回族、土族、撒拉族等多个民族在这里交融共生，形成了灿烂的河湟文化，孕育了土族盘绣、花儿、河湟皮影等优秀传统艺术文化，保留了有着“东方庞贝”之称的“喇家遗址”、湟中“卡约文化遗址”、沈那遗址、瞿昙寺等历史文化遗址。此条线路能够体验青海一路沿黄河好风光，展示纯净的生态美景，呈现厚重的河湟文化。

非遗体验

回族宴席曲、青海华热藏族服饰、热贡艺术。

土特产

贵德软儿梨、青海秋子梨、藏牦牛肉干、青海酸奶、野生黑枸杞、青海牦牛奶贝、野生虫草和藏血燕麦。

行程规划

线路： 西宁—塔尔寺—贵德—坎布拉—尖扎—同仁—循化—民和—西宁。

总里程： 710 公里。

推荐时长： 5 天。

DAY1 西宁—塔尔寺—贵德

（行驶里程 100 公里）

出发前往享有盛名的塔尔寺，之后来到被誉为“青海小江南”的贵德，欣赏“天下黄河贵德清”的美景，当你真正到达会发现原来我们的母亲河竟是如此的壮美和秀丽。黄河贵德段，清澈见底，碧蓝里透着淡绿，在阳光下耀眼地荡漾着。

路况： 宁贵高速路况良好，西久公路限速 80 公里/小时。

海拔情况

塔尔寺：2729 米；贵德国家地质公园：2247 米。

沿途特色景区

塔尔寺——中国西北地区藏传佛教的活动中心，在中国

△ 塔尔寺

△ 黄河贵德清

及东南亚享有盛名，佛教格鲁派六大之一，酥油花、壁画和堆绣被誉为“塔尔寺艺术三绝”。

八瓣莲花非物质文化遗产传承体验中心——八瓣莲花，每瓣分别代表着一种古老的民间技艺。它充分依托国家5A级旅游景区塔尔寺的区位优势，弘扬传承藏族非物质文化遗产。

清清黄河水车广场——是一个以直径20米的巨大木质结构水车为主体建筑的音乐广场。

贵德国家地质公园——景区以多彩的丹霞地貌而闻名，包含阿什贡峡、黄河河谷、麻吾峡等地，最主要的景点即是阿什贡七彩峰丛景区。这里的丹霞颜色艳丽，而且形状多样，非常壮观，是拍摄摄影大片的好地方。

贵德千姿湖——千姿湖黄河湿地属于黄河源头区的沼泽湖泊群湿地，景区内景观层次丰富、特色鲜明，有很强的吸引力和代表性。深秋季节是观赏和拍摄千姿湖景色的最佳时节。

全国乡村旅游重点村

西宁市湟源县和平乡小高陵村——入选第二批全国乡村旅游重点村名单。小高陵村附近有湟源元山遗址、丹噶尔古城、日月山、华石山、哈拉库图城遗址等旅游景点，有湟源马牙、湟源陈醋、湟源排灯、湟源马牙、干板鱼等特产。

西宁市湟中区拦隆口镇卡阳村——这里为汉藏混居民族村落。绿草如茵，山势独特，山间溪水潺潺，原始森林茂密，蓝天白云下牛羊成群，被人们誉为“长寿之乡”与“天然氧吧”，生态条件极为优越，是距离西宁市区最近的原始天然林区。

西宁市湟中区李家山镇柳树庄村——水光山色，物产丰富，主要农产品有芦笋、枣子、丰水梨、黄椒、杨桃。

旅行锦囊

加油站：

塔尔寺：有1处中国石油加油站。

贵德县：有2处中国石油加油站。

温馨提示：推荐下午去贵德，如果想去看七彩峰丛，夕阳下更美。

餐饮推荐

西宁：酸奶、酿皮、手抓羊肉、羊肠面、青海土火锅、尕面片、熬茶。

DAY2 贵德—坎布拉—尖扎

（行驶里程170公里）

早餐后沿着黄河峡谷一路前进，黄河在这里时而湍急、时而静谧，五十里黄河风情线风光旖旎，抵达松巴峡后进入坎布拉国家森林公园，之后前往尖扎。

路况：

227国道、310国道，坎布拉附近以及李坎公路山路弯道较多，且路面较窄，部分路段限速30公里/小时，请小心驾驶。

海拔情况

坎布拉国家森林公园：2180米；夏琼寺：2781米。

沿途特色景区

坎布拉国家森林公园——公园位于青海黄南州尖扎县，景区以李家峡大坝形成的黄河水库为中心，水库碧绿清澈，周围都是红色陡峭的丹霞地貌峰林，景色非常壮观，是青海热门的小众景点旅行地。

夏琼寺——寺庙始建于1394年，是青海最古老的藏传佛寺之一，宗喀巴大师在此启蒙学经。夏琼寺建在峭壁上，在寺庙的顶上，可以看到黄河水的九曲十八弯。

全国乡村旅游重点村

贵德县尕让乡二连村——这里是2018年中国美丽休闲乡村。2020年入选第二批全国乡村旅游重点村名单。

贵德县尕让乡松巴村——附近有贵德黄河奇石苑、贵德高原养生休闲度假区、贵德国家地质公园、贵德文庙

△ 同仁郭麻日佛塔

△ 坎布拉　摄影：官春明

及玉皇阁、贵德黄河清湿地公园等旅游景点，有贵德蜂蜜、贵德辣椒、贵德长把梨、醪糟、贵德软儿梨等特产。

旅行锦囊

加油站：

坎布拉镇：有多个中国石化加油站。

服务区：

群科服务区：有 95#、92# 汽油以及 0# 柴油供应。

温馨提示：景区所在地气候干燥，夏天时阳光强烈，如果夏天前往，建议游玩前备好防晒、防尘装备。

餐饮推荐

爆焖羊羔肉、醪糟。

DAY3 尖扎—同仁—隆务寺—骆驼泉—循化

（行驶里程 150 公里）

前往“热贡艺术”的发祥地同仁县，也是藏族画家之乡，是青海的一座国家级历史文化名城。之后来到循化，这里的黄河南岸古文化遗存丰富，是我国古代文明的发祥地之一。

路况：张汶高速，路况良好。

海拔情况

吾屯下寺：2580 米；隆务寺：2558 米。

沿途特色景区

昂拉千户宅院——目前在青海省诸多旧宅中保存较完整的藏式庄院之一。该庄院建筑风格独特，完全用木质结构建造。

吾屯下寺——这里属国家级文物保护单位，位于青海省黄南藏族自治州同仁市隆务镇以北 7 公里的吾屯村。这里是藏族“热贡艺术”的发祥地。已有 600 多年历史的吾屯下寺殿堂众多，装饰华丽，寺内收藏有大量精美的唐卡、堆绣、雕塑等艺术品，具有较高的文物、艺术价值。

热贡画院——创建于 2006 年，位于青海省黄南州吾屯村，是具有传统藏式风格的文化艺术机构，2008 年我国的第三个非物质文化遗产日又把“热贡”地区列为继闽南、徽州之后的第三个国家级文化生态实验保护区。

隆务寺——在黄南藏族自治州府所在地隆务镇。“隆务”为藏语，意为农业区。在安多地区，其规模、地位、影响仅次于甘肃省拉卜楞寺和青海省的塔尔寺。

街子清真寺——这里为省级重点文物保护单位，爱国主义教育基地。位于街子乡团结村，交通便利，三级柏油路可直达，是集游览观光、体验民俗、宗教朝觐为一体的旅游景点。

骆驼泉——这里是撒拉族之乡传说中的一处圣迹。因一峰神奇的白骆驼，载负着撒拉族沉重历史，自中亚撒马尔罕至此卧泉化为白石而得名。

全国乡村旅游重点村

贵德县河阴镇红柳滩村——坐落于黄河北岸，距县城 10 公里，全村共有 98 户 386 人，土地面积 1487 亩，水域面积 600 余亩，入选第二批全国乡村旅游重点村名单。

旅行锦囊

加油站：

尖扎：有 2 个中国石油加油站、1 个中国石化加油站。

同仁：有 2 个中国石油加油站。

循化：有多个中国石油加油站。

餐饮推荐

水煎包、油锅盔、手抓羊肉。

△ 喇家遗址　摄影：王旭光

△ 坎布拉　摄影：杨金花

DAY4 循化—孟达天池—喇家遗址—民和

（行驶里程 120 公里）

前往高山平湖如明镜、青峦翠叠似绿宝的孟达天池，之后前往青海海拔最低的民和县，这里保留了有着“东方庞贝”之称的“喇家遗址”。

路况：这里有张汶高速、循隆高速，路况良好。

海拔情况

孟达天池：2515 米；喇家遗址：1785 米。

沿途特色景区

孟达天池——位于海东地区循化撒拉族自治县东部，面积约 300 亩，池水清澈碧澄与蓝天一色。孟达保护区于 1980 年建立，被誉为“青藏高原上的西双版纳”，是青海省避暑、疗养的旅游胜地。

喇家遗址——这里曾被形容为东方的庞贝，因为考古人员在这里发掘出一处 4000 年前的灾难现场。

民和七里花海——蓝天下白云缭绕，峡谷间风景秀丽，药泉边气候凉爽，花海中清香怡人，是一个难得的休闲好去处。

全国乡村旅游重点村

海东市民和回族土族自治县古鄯镇山庄村——山庄村附近有民和桃花园林乡村休闲度假区、旱台遗址、马厂塬遗址、药泉山文化游览区、三川黄河水利风景区等旅游景点，有民和旱砂西瓜、民和马铃薯、民和肉牛、民和羊肉、爆焖羊羔肉等特产。

旅行锦囊

加油站：

民和：分别有 2 个中国石化、中国石油加油站。

餐饮推荐

互助葱花土鸡、民和羊肉、羊筋菜。

DAY5 民和—平安驿袁家村—西宁

（行驶里程 170 公里）

来到平安驿袁家村，感受河湟民俗，之后来到著名的藏传佛教寺院瞿昙寺，这是安多地区众多藏传佛教寺庙中一个令人惊讶的异数，使人联想到北京和承德的汉式藏传佛教寺院。如果你在青海东部只有时间看一座寺庙，并且对古建筑和壁画艺术感兴趣，那么瞿昙寺是你的不二选择。

路况：这里有川大公路、京藏高速，路况良好。

海拔情况

瞿昙寺：2596 米；平安驿袁家村：2313 米。

沿途特色景区

瞿昙寺——乐都瞿昙寺是青海著名的藏传佛教寺院，自明洪武年间创建迄今，已历经 600 多个春秋。这座寺以雄浑古朴、文物珍贵和拥有高度艺术价值的巨幅彩色壁画驰名西北，被信仰藏传佛教的藏、蒙古、土等民族景仰为佛教圣地，迢迢远来，进香朝拜；这里也是青海省最著名的花儿盛会区之一。瞿昙寺的建筑风格与青海大多数藏传佛教寺院大不相同，它更像内地汉传佛教寺院，素有青海小故宫的美称。

平安驿袁家村——这里是一处民俗文化旅游小镇，以青海湟水河流域的传统民居为基础打造，具有丰富的河湟民俗建筑，云集了各式青海传统特色小吃。

全国乡村旅游重点村

民和回族土族自治县官亭镇喇家村——因境内的“喇家遗址”而闻名于世。现喇家村已列入中国少数民族特色村寨之列，2020 年入选第二批全国乡村旅游重点村。

旅行锦囊

加油站：

乐都：有 1 个中国石油加油站、1 个中国石化加油站。

餐饮推荐

乐都藏香猪。

No.4 赏川西秋景，沐浴彩林盛宴

穿山越湖，行走在山水之间

手绘线路图

黄
河
九寨沟
川主寺
黄龙
松潘古镇
达古冰川
黑水县羊茸哈德
茂县
古尔沟
毕棚沟
成都

线路概况

川西秋天的美，是无法用语言形容的，肆无忌惮地将色彩迅速蔓延，沿着川藏 317，雪山、湖泊，搭配着灵动热烈的红叶、黑色的牦牛、金黄的草原……一路将胜景看到极致。

非遗体验

羌笛演奏及制作技艺、藏族格萨尔彩绘石刻等。

土特产

天麻、当归、贝母、党参、冬虫夏草等名贵药材；茂县特产民族毯、羌族刺绣、羌族服饰等；藏族手工艺品藏戒、藏刀、佛珠等。

行程规划

线路： 成都—茂县—松潘—九寨沟—川主寺—黄龙景区—羊茸哈德—达古冰川—黑水—毕棚沟—古尔沟—成都。

总里程： 1210 公里。

推荐时长： 6 天。

△ 黄龙争艳彩池

△ 叠溪海子——秋染松坪

△ 松潘古城

DAY1 成都—茂县—松潘—九寨沟

（行驶里程 420 公里）

早餐后出发，经成灌高速、都汶高速抵达汶川，午餐后继续沿着岷江逆流而上，经茂县、松潘抵达九寨沟口，途中顺游叠溪海子及松潘古城，一路的行程便能领略到川西秋韵的魅力，道路两旁及河谷对岸的山涧中都能观赏到层次分明的彩林景观。

路况

走成灌高速、都汶高速、213 国道、544 国道。

海拔情况

成都：平均 500 米；汶川县：1325 米；九寨沟：约 3000 米。

沿途特色景区

叠溪海子——位于中国最大的羌族聚居地阿坝藏族羌族自治州茂县境内，岷江上游岷山脚下，是世界自然遗产九寨沟、黄龙旅游沿线一道独特的风景线。作为世界上保存最完美的地震遗迹景观地之一，叠溪在国内外地球科学界具有很高的知名度，许多国内外科学工作者来此考察和研究。

△ 叠溪海子——上白蜡海

松潘古城——松潘是四川省历史名城，历来为川西北高原的商贸集散地，也是著名的边陲重镇，俯视富饶的成都平原，是“川西门户”。自汉唐以来，均在此设关屯兵。

全国乡村旅游重点村

黑水县沙石多乡羊茸村——雪山彩林掩映，风光旖旎。

理县桃坪镇桃坪村——桃坪村桃坪羌寨位于阿坝州东南缘理县桃坪乡，是九寨—黄龙—大草原旅游圈的主要景区之一。桃坪羌寨始建于公元前 111 年，距今已有 2000 多年的历史。这里有世界上保存最完整的羌族古建筑群，被誉为“羌族建筑艺术活化石”“神秘的东方古堡”。

旅行锦囊

加油站：

成都市区：有多个成都石油加油站。

成灌高速、都汶高速沿线有中国石化加油站。

汶川县附近、九寨沟县均有多家中国石油、中国石化加油站。

温馨提示： 1. 沿途经过的山路、水面较多，需要注意道路两旁的路况。

2. 成都日照强，早晚温差大，建议旅客带好防晒用品以及长袖衣裤、羊毛衫和夹克衫。

3. 饮食偏辣，旅客可带好相关药物。

4. 车程较长，建议提前检查好车况。

餐饮推荐

钟水饺、龙抄手、夫妻肺片、廖排骨、担担面、查渣面、茂汶苹果、阿坝茂县李、玉米搅团。

△ 九寨沟树正群海秋色

DAY2 九寨沟景区游览—川主寺

（行驶里程 80 公里）

早餐后进入九寨沟，全天游览景区，“九寨归来不看水”，九寨沟的名气让周边所有的“沟”都黯然失色，景区整体呈 Y 字形，从沟口经火花海、犀牛海等 40 多个湖泊到诺日朗瀑布，可谓十步一景；日则沟为 Y 右侧分支，包含了色彩艳丽的五花海、水流急的珍珠滩瀑布、平静如鉴的镜海，以及箭竹沟、熊猫海等；则查洼沟为 Y 左侧分支，呈现出不同明暗层次，蓝色的五彩池和九寨沟中长海就在此处。游览完毕后返回川主寺。

路况

沿 544 国道，多连续弯道，限速 70 公里 / 小时。

海拔情况

九寨沟：约 3000 米。

△ 九寨沟

沿途特色景区

九寨沟——地处青藏高原、川西高原、山地向四川盆地过渡地带，是一条纵深 50 余公里的山沟谷地，总面积 64297 公顷，森林覆盖率超过 80%。因沟内有树正寨、荷叶寨、则查洼寨等九个藏族村寨坐落在这片高山湖泊群中而得名。泉、瀑、河、滩 108 个海子，构成一个个五彩斑斓的瑶池玉盆。翠海、叠瀑、彩林、雪峰、藏情、蓝冰，被称为“六绝”。神奇的九寨，被世人誉为“童话世界”，号称“水景之王”。

旅行锦囊

加油站：

九寨沟县有多家中国石油、中国石化加油站。

温馨提示： 1. 景区昼夜温差大，请带足保暖防寒衣物，并备常用药品。

2. 景区日照强，紫外线强。长时间在户外活动，应戴上太阳帽，涂抹防晒霜，以保护皮肤。

3. 冬季驾车要带上防滑链条，冰雪路上车速勿快，牢记安全第一。

4. 爱好摄影、登山的朋友，请带好有关器材，注意户外保暖。

5. 沟内各主要游览点都有较隐蔽的厕所和垃圾桶，请在游览过程中积极配合，加强自身的环保意识。

餐饮推荐

烤全羊、青稞酒、素烧如意、洋芋糍粑。

DAY3 川主寺—黄龙景区—羊茸哈德

（行驶里程 240 公里）

早餐后前往黄龙风景区，景区内较为有名的当数这片露天钙华岩溶地貌，沿溪的栈道一路攀升，沿途铺满了乳黄色的钙质沉积，形如一条黄龙从雪山飞驰而下，“人间瑶池”般的蓝绿池水层层相连，在森林雪山的映衬下流光溢彩，如同人间仙境。层叠相连的钙华是“金甲龙鳞”，尽头的五彩池则是“画龙点睛”。游览完毕后驱车前往羊茸哈德入住。

路况

走九红草原风光路，还有 248 国道、347 国道。

海拔情况

川主寺：3100 米左右。

沿途特色景区

黄龙风景区——这里是中国唯一保护完好的高原湿地，以彩池、雪山、峡谷、森林“四绝”著称于世，再加上滩流、古寺、民俗称为“七绝”。景区由黄龙沟、丹云峡、牟尼沟、雪宝顶、雪山梁、红星岩和西沟等景区组成。主要景观集中于长约 3.6 公里的黄龙沟，沟内遍布碳酸钙华沉积，并呈梯田状排列。黄龙以丰富的动植物资源享誉世界，享有“世界奇观”“人间瑶池”等美誉。

旅行锦囊

加油站：

黄龙景区附近有多家中国石油、中国石化加油站。

△ 黄龙

温馨提示： 1. 黄龙海拔比较高，有恐高、高血压、年纪较大、晕车比较严重等情况的游人，建议不要上山。2. 备好感冒药、治疗高原反应的药，还有食品水果等。3. 黄龙景区观景途中，上山栈道台阶较多，应缓步步行循序渐进至各景点最为舒适，建议游玩时间为 5 小时。请尽量避免在景区内剧烈运动，如出现紧急情况，请不要惊慌，景区内沿途设有吸氧房，可至吸氧房吸氧休息片刻。

餐饮推荐

牦牛肉、青稞酒、酥油茶、青稞饼。

DAY4 羊茸哈德—达古冰川—黑水

（行驶里程 30 公里）

早餐后驱车前往达古冰川景区，乘坐环保观光车沿着黑水河逆流而上，一路可以游玩金猴湖、红军湖泽娜措等几个高山海子。在迎宾湖可以乘坐索道直达达古冰川一号冰川，而仙女湖更是远观洛格斯雪山的好位置。结束后返回黑水入住酒店。

路况

走 347 国道。

海拔情况

达古冰川：3800~5100 米。

沿途特色景区

达古冰川景区——位于黑水县境内，是一处集冰川、雪山、森林、野生动物、草甸为一体的自然生态旅游区。达古冰川是亚洲罕见的现代山地冰川，主要由三个核心

△ 达古冰川景区娜姆湖

△ 达古冰川风景区

区冰川组成。达古河沿线植被茂盛；昌德沟、三达古牧场又别具浓郁的草原风情。景区内的现代世纪冰川是中国第一彩色冰川，也是迄今发现的世界上海拔最低、面积最大、年纪最轻的冰川。达古冰川风景区里有国家一级保护动物金丝猴、小熊猫等珍稀动物。

旅行锦囊

加油站：

黑水附近有多家中国石油、中国石化加油站。

温馨提示： 1. 在达古冰川，天气昼夜温差大，一定要带外套和长裤，注意保暖。

2. 虽说是在冰川上旅游，但是高原上的紫外线较强，最好带上防晒霜、太阳伞、墨镜。

3. 在达古冰川旅游要尊重藏民族风俗习惯。

餐饮推荐

黑水县核桃、黑水风尾鸡、黑水酥油茶。

DAY5 黑水—毕棚沟—古尔沟

（行驶里程 220 公里）

早餐后出发前往毕棚沟游览，这里是国内非常知名的红叶观赏胜地。下午驱车返回古尔沟镇，这里可以选择入住温泉酒店，晚餐后可泡泡温泉、聊聊天，洗去这几天旅行的疲惫。

路况

走 347 国道、248 国道，去古尔沟的路有较多山路和弯道，请小心驾驶。

海拔情况

毕棚沟：2015~5666 米；古尔沟：4618 米。

沿途特色景区

毕棚沟——毕棚沟位于四川省阿坝藏族羌族自治州理县朴头乡梭罗沟境内，是国内非常知名的红叶观赏胜地。世界自然遗产、世界生物圈保护区网络、国家 4A 级旅游景区、四川省级生态旅游示范区。毕棚沟是一个集原生态景观博览、登山穿越、滑雪滑冰、休闲度假于一体的大型原生态旅游风景区。毕棚沟以其优美的自然风光、完美的自然生态景观、优良的生态环境著称。

古尔沟神峰温泉——位于理县古尔沟神峰山下，故称古尔沟神峰温泉。地处米亚罗风景区腹地，国道 317 旁，因这里小区域自然地理环境和地域文化的差异，康巴服饰与西藏安多有一定差异，形成了独具特色而又多姿多彩的服饰系列。

旅行锦囊

加油站：

国道沿途有多家中国石油、中国石化加油站。

温馨提示： 1. 国道 317 线地形复杂，沿途有桥梁、隧道、急弯等，过隧道时要开灯降速，谨慎驾驶。

2. 毕棚沟常规景点最高处海拔约 3600 米，有高原反应的游客提前备好相关药品，并控制运动强度。

3. 旅游时请走游道，山地有沼泽、湿地分布，盲目进入有危险。

4. 景区日照强，紫外线强。长时间在户外活动，请戴上帽子、墨镜，涂抹防晒霜。

5. 这里昼夜温差大，行前要做足细致的准备工作：带上雨衣、防寒衣物等。

餐饮推荐

猪膘、酸菜汤、搅团。

△ 毕棚沟

△ 古尔沟温泉

DAY6 古尔沟—成都

（行驶里程 220 公里）

早餐后沿着蓉昌高速一路抵达成都，结束行程。

路况

蓉昌高速，区间测速 80 公里 / 小时。

海拔情况

古尔沟：4618 米；成都：500 米。

沿途特色景区

米亚罗景区——藏语米亚罗，译为“好玩的坝子”，是中国发现并开放的面积最大的红叶风景区之一。但目前红叶主要集中在毕棚沟附近。最佳旅游时间：5~11 月，夏天来避暑，秋季赏红叶。

全国乡村旅游重点村

阿坝藏族羌族自治州理县桃坪镇桃坪村——乡境内有被誉为东方古堡的人文景观——桃坪羌寨和西汉时期古墓群——佳山石棺葬墓群，桃坪羌寨正在申报世界文化遗产。

旅行锦囊

加油站：

理县：有多个加油站。

汶川：有多个中国石油加油站。

餐饮推荐

成都：钟水饺、龙抄手、夫妻肺片、廖排骨、担担面、查渣面。

No.5 爬雪山过草地，重温峥嵘岁月

沿往日长征之路，忆往昔那笔浓重的红色

手绘线路图

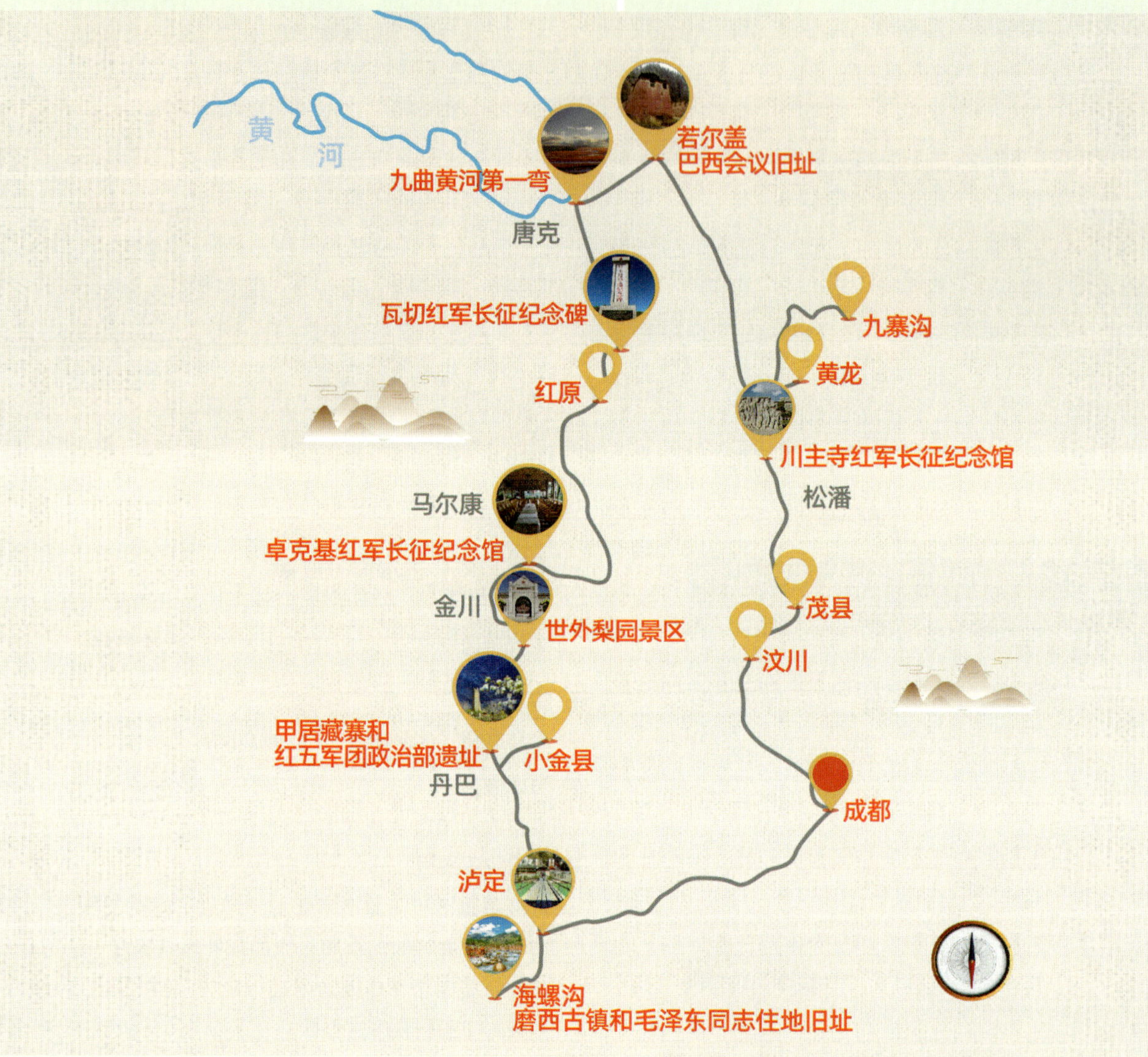

线路概况

四川这方红色土地，与红军长征的光辉历史紧密相连。从1935年1月底中央红军渡赤水进入川南，到1936年8月红二、红四方面军从阿坝离川北上，红军在一年又八个月时间里，转战四川10个市（州）近70个县。可以说，四川是红军长征路程和时间最长、经过地域最广的省份。此条红色旅游线路，以体验红军长征爬雪山过草地艰苦卓绝革命精神为主题，同时可观赏到世界自然遗产九寨沟、黄龙、川西北大草原湿地等奇山异水，能感受浓郁的藏羌民俗风情。让我们随着红军当年的步伐，追忆那段艰苦奋斗的峥嵘岁月，不忘初心，砥砺前行。

非遗体验

羌族碉楼营造技艺、新繁棕编、蜀绣。

土特产

樱桃、枇杷、核桃、磨西老腊肉、泸定板栗、花椒、鹿茸、贝母、红景天、雪莲花、松茸、白菌、丹巴石榴、丹巴蜂蜜、苹果、金川雪梨、金川辣椒、双边白瓜子、牦牛肉干、花椒、天麻、牦牛奶粉、贝母、虫草、羌族刺绣品、李子、郫县豆瓣、青城茶、四川榨菜、新繁泡菜。

△ 海螺沟 · 夏季冰川 · 蓝冰

△ 海螺沟航拍

行程规划

线路：成都—泸定—海螺沟—丹巴—金川—马尔康—红原—瓦切—唐克—若尔盖—巴西会议旧址—黄龙—松潘—茂县—汶川—成都。

总里程：1590 公里。

推荐时长：6 天。

DAY1 成都—泸定—海螺沟
（行驶里程 280 公里）

从成都出发，来到有名的泸定桥，这是一座决定了中国近、现代历史进程的古桥。之后沿大渡河顺流而下，抵达磨西古镇，游览海螺沟，可乘坐索道去 4 号营地，鸟瞰冰川与森林，遥望贡嘎主峰，也可以徒步约 1.2 公里欣赏城门洞冰川和红石滩等景点。晚上可以泡一泡当地贡嘎神汤温泉，解乏又助眠。

路况：成都—泸定：G5 京昆高速—G4218 雅叶高速；泸定—海螺沟：318 国道—002 乡道，这里的路窄、弯急、盘山碎石公路多，需特别提防山区自然灾害发生对道路的影响。

海拔情况

泸定县：1543 米；海螺沟：景区售票处 1560 米、冰川观景台 3383 米。

沿途特色景区

海螺沟——位于贡嘎雪峰脚下，以低海拔现代冰川著称于世。晶莹的现代冰川从高峻的山谷铺泻而下；巨大的冰洞、险峻的冰桥，使人如入神话中的水晶宫。特别是举世无双的大冰瀑布，高达 1000 多米，宽约 1100 米，瑰丽非凡。是中国至今发现的最高大冰瀑布。

磨西古镇和毛泽东同志住地旧址——这里曾是唐蕃古道驿站，也是川藏茶马古道重镇和重要的交通要道。始建于 1918 年的天主教堂曾是当时西方文化在甘孜州磨西的一个文化交流窗口，当年，红军使用的抗战指挥部和毛泽东住所就在此地。

贡嘎神汤温泉——这是国内高山温泉中海拔低、品质佳的冰川温泉。

泸定桥纪念馆——坐落于泸定县城西南的红军飞夺泸定桥纪念碑公园内，外观造型独特，气势雄伟，融合了川西民居、藏式建筑、明清古建筑的元素，与纪念碑公园大门、红军飞夺泸定桥纪念碑形成了一条延伸的红色文化游览中轴线。纪念馆屋顶模拟天安门城楼，寓意“十三根光秃秃的铁链托起了共和国”。

全国乡村旅游重点村

成都市蒲江县甘溪镇明月村——位于大五面山浅丘地带，地处蒲江、邛崃、名山三（市）县交汇处，属浅丘地区，全村初步形成了以茶叶和雷竹为主导产业的发展模式。2019 年入选首批全国乡村旅游重点村名单、“2019 年中国美丽休闲乡村”名单。2021 年，荣获第八批“全国民主法治示范村（社区）”称号。

成都市郫都区唐昌街道战旗村——地处横山脚下、柏条河畔，先后荣获“全国军民共建社会主义精神文明单位”“全国文明村”“中国美丽休闲乡村”“全国科技示范村”“中国幸福村”“全国乡村振兴示范村”。2019 年 7 月 28 日，入选首批全国乡村旅游重点村名单。

成都市彭州市龙门山镇宝山村——位于成都平原西北部，海拔 1000 米至 4200 米，属四川盆地亚热带湿润气候，气候温和、雨量充沛、四季分明、无霜期长，夏无酷暑、冬无严寒，年平均气温 15.7 摄氏度，交通便利。位于“白水河国家自然保护区”“白水河国家森林公园”“龙门山国家地质公园”内。

成都市崇州市白头镇五星村——五星村属亚热带，常年气候温和，春、夏、秋、冬四季分明，年平均降雨量1000毫米左右，年平均气温在16摄氏度左右，这里有朴实的田园风光，适宜的居住环境。

成都市龙泉驿区山泉镇桃源村——位于老成渝路26公里处，是龙泉水蜜桃栽种发源地，龙泉种桃第一人晋希天的故乡，“桃花诗村”所在地，桃花故里的核心景区。

成都市彭州市桂花镇蟠龙村——这里鲜花绿草，翠竹流水，风光旖旎，两亿年前恐龙脚印化石、北宋时金城窑遗址点缀其间，民居，民宿极有艺术感，是集乡村文创，特色餐饮，山林休憩，休闲度假于一体的旅游度假区，2020年入选第二批全国乡村旅游重点村之列。

旅行锦囊

加油站：

1. 成都—泸定途中共经过3个服务区，其中新津服务区、蒲江服务区有中国石化加油站。
2. 泸定县：有多个中国石油加油站。
3. 海螺沟：有1个中国石油加油站。

> **温馨提示：**1. 泸定—海螺沟途中多为山路，弯道较多，行车请务必注意安全。
> 3. 去往该景区请务必注意高原反应。
> 4. 昼夜温差大，请注意增减衣物。

餐饮推荐

泸定：磨西老腊肉、泸定核桃、泸定板栗、麻辣猪肝、荔枝炒鸡丁、香酥肥鸭。

海螺沟：九大碗、腌腊肉、坨坨肉、坛子肉、烤鸡、香猪肉、菌类、凉拌蕨菜、烤洋芋、石磨凉粉。

海螺沟—丹巴

（行驶里程220公里）

首先前往丹巴。丹巴以“古碉、藏寨、中国最美丽的乡村”享誉中外。丹巴县保存有国内最多的古碉群，号称“千碉之国”。丹巴古碉群于2006年被国务院公布为第六批全国重点文物保护单位。

路况：海螺沟—丹巴：002乡道—318国道—211省道，山路弯道较多，请小心驾驶。

海拔情况

丹巴：2262米。

沿途特色景区

甲居藏寨——“中国美丽的六大乡村古镇”丹巴甲居藏寨，整个藏寨依着起伏的山势迤逦连绵，在相对高差近千米的山坡上，一幢幢藏式楼房散落其间。

中路藏寨——白色的藏房和金顶的寺庙在透蓝的天空下隐约可见，色彩缤纷却毫无零乱之感。

红五军团政治部遗址——前身是巴旺土司头人的一座要隘碉。要隘碉一般建立在视线开阔的山梁或谷岔口，以作为警戒作用，倘若发现紧急情况，便可以烽火为号，通风报信。

红军达维会师桥——位于小金县达维乡政府以东300米处，东南至西北走向横卧在沃日河上，建于民国。桥全长13.80米，宽2.80米，伸臂式结构。1935年6月12日，红四方面军第九军第二十五师第七十四团与中央红军红一军团第二师第四团在达维桥上胜利会师。

小金县两河口会议旧址——会址位于小金县两河乡两河村，中央红军冲破数倍于己的敌军的围追堵截，行程两万余里，与红四方面军胜利会师小金达维，并在两河口召开了长征路上具有重大历史意义的“两河口会议”——这次会议是继遵义会议后又一次重要会议，会议通过了在川陕甘建立根据地的决议，确定了建立以甘

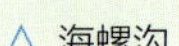
海螺沟

△ 甲居藏寨

南为中心的川陕甘苏区根据地的战略方针，制订了《松潘战役计划》，确定了红军挥师北上的重大战略方针。

全国乡村旅游重点村

丹巴县聂呷乡甲居二村——聂呷乡甲居二村村口就有一座十五层的石碉，且当地村民家家户户都居住在与石碉建筑技艺一样的石木结构房屋中，聂呷乡甲居藏寨远近闻名，吸引了无数游客。

丹巴县中路乡墨尔多山镇基卡依村——基卡依村隶属于丹巴县中路乡，是丹巴县“古碉·藏寨·美人谷”文旅品牌的支撑性村落景点之一，也是该县“中国最美乡村古镇”和“中国最美乡村旅游目的地”的重要组成部分。

旅行锦囊

加油站：

丹巴：有 3 个加油站。

温馨提示：此天途中无服务区，沿途有少量中国石油加油站。途中可能常会遇工程施工或道路封闭，影响车辆通行。车程较长、隧道较多，切勿疲劳驾驶，注意行车安全。

餐饮推荐

丹巴：丹巴香猪腿、冷锅鱼、佛手排骨、高山老腊肉、石巴子。

DAY3 丹巴—金川—马尔康

（行驶里程 190 公里）

先前往位于金川县的世外梨园景区，这里是著名的雪梨产区，春季可以欣赏梨花美景，秋季可以观赏红叶奇景。之后前往马尔康市卓克基镇，参观红军长征纪念馆，这里记录和展示了当年红军长征路上的一段段真实的历史。还可以前往有“第二布达拉”之称的松岗柯盘天街，参观距今已有 800 多年历史的碉楼。最后可以前往当地独具藏族特色的西索民居，这里完好地保存了嘉绒先民的传统建筑风格。

路况：248 国道—317 国道，弯道较多。

海拔情况

金川：2355 米；马尔康：2684 米；红原：3492 米。

沿途特色景区

世外梨园景区——世外梨园景区位于大雪山支脉和邛崃山脉之间，这里有雪域高原规模最大的梨花奇景，有雪域高原规模最大的红叶奇景，是全国闻名的雪梨产区。

卓克基红军长征纪念馆——纪念馆位于马尔康卓克基全国经典红色旅游景区内，以大量丰富的史料、独特的视觉融合现代声、光、电、3D 等技术手段，通过雕塑展板、灯箱场景再现等方式，全面生动地展示了红军长征途经阿坝州翻雪山、过草地和建立革命政权时那段艰苦卓绝的革命奇迹。

松岗柯盘天街——景区位于马尔康市松岗镇梭磨河南岸松岗镇的最高点，始建于宋元之际，有“第二布达拉”之称。距今已有 800 多年历史。马尔康柯盘天街的标志性建筑——松岗直波古碉，是全国重点文物保护单位碉楼，主要有青灰色小石块组成的松岗土司官寨遗址及嘉绒民居建筑群，这是嘉绒藏族流传下来的传统民居。

卓克基西索民居——西索民居独具嘉绒藏族特色，保持了嘉绒先民“垒石为室”的传统建筑风格，寨子鳞次栉比、错落有致，远目望去犹如一座壁垒森严的古堡。整个民居从远处鸟瞰，便会惊奇地发现西索藏寨酷似藏族八宝图案中的“花依”图案，当时居住此地的人多为卓克基土司的科巴（差人）和商人、民间手工艺者，中华人民共和国成立后将此地划为西索村一组，时下居于民居中的村民多为这些人的后代。民居建筑时间有待考证，据了解，居民中连续居于此寨最长者已繁衍数十代人。

全国乡村旅游重点村

阿坝藏族羌族自治州黑水县沙石多乡羊茸村——这里雪山彩林掩映，风光旖旎。近年来，采用“支部＋旅游公司＋农户”经营模式，建设康养目的地。2019 年，羊茸

△ 海螺沟贡嘎神汤

△ 九寨沟

村列入第三批中国少数民族特色村寨之列。2020 年入选第二批全国乡村旅游重点村名单。

旅行锦囊

加油站：

金川：有多个中国石油加油站。

马尔康：有多个中国石油加油站。

餐饮推荐

金川：血肠、香猪腿、烧馍馍、“和尚”包子、酸菜汤。

马尔康：阿坝蜂蜜、梭磨白菜、干奶酪、牦牛肉。

红原：红原牦牛奶、阿坝酸菜面块、元宝酥、莲蕊酥、燕窝饼、糍粑。

DAY4 马尔康—红原—瓦切—唐克—若尔盖

（行驶里程 330 公里）

向北一路前行，途经红原大草原，当年红军长征时曾经过这片草原。之后来到瓦切，在这里还可以看到红军长征纪念碑。随后来到唐克，感受黄河温情的一面。最后抵达若尔盖。

路况：途经 317 国道、248 国道，九红草原风光路，部分路段弯道较多。

海拔情况

唐克：3431 米；阿坝县：3272 米；若尔盖县：3490 米。

沿途特色景区

红原大草原——位于川西北的雪山草地，地域辽阔，自然景观独特，资源丰富，素有高原“金银滩”之称。为了纪念当年红军长征经过这里以及对这片草原的开垦和建设，国务院特把所在县命名为红原县。

瓦切红军长征纪念碑——在四川省阿坝州红原县瓦切镇日干乔山坡上，有着全国著名的红军长征纪念遗址——红军长征纪念碑，大多数中国人耳熟能详的《七根火柴》《金色的鱼钩》和“红军柳”等感人悲壮的故事，就发生在这里。

瓦切塔林——瓦切经幡群位于四川省红原县瓦切乡，此地是一丁字路口，北距黄河第一弯 60 公里，南距红原县城 40 公里，往东 150 公里可去松潘县的川主寺。瓦切塔林藏语意为“大帐篷”，塔林周围是一片连绵的经幡，甚为壮观。

九曲黄河第一弯——这里水流清澈缓慢，从茫茫草海中穿过，牛羊在河边悠闲地漫步，是黄河九十九道弯中最美的一弯。

旅行锦囊

加油站：

唐克：有九曲石化服务区。

餐饮推荐

唐克：黄河鱼。

DAY5 若尔盖—巴西会议旧址—黄龙—松潘

（行驶里程 240 公里）

先来到巴西会议旧址了解，之后前往“人间瑶池”黄龙，结束后前往松潘古城，途经川主寺，游览红军纪念碑园。

路况：主要是 213 国道，限速 80 公里 / 小时，途经九红草原风光路。

海拔情况

黄龙景区沟口：3198 米；五彩池：3576；川主寺：3614 米。

沿途特色景区

巴西会议旧址——巴西会议是决定党和红军前途命运的一次关键会议，使全党更加团结起来。

黄龙——这里是中国唯一保护完好的高原湿地，以彩池、雪山、峡谷、森林“四绝”著称于世，再加上滩流、古寺、民俗称为“七绝”，以丰富的动植物资源享誉人间，享有“世界奇观”“人间瑶池”等美誉。1992 年被列入《世界自然遗产名录》。

松州古城——四川省阿坝藏族羌族自治州东北部的古

△ 黄龙

△ 九寨沟

△ 黄龙

城松潘县，古名松州，是四川省历史名城，也是历史上有名的边陲重镇，被称作“川西门户”，古为用兵之地。史载古松州“扼岷岭，控江源，左邻河陇，右达康藏”，“屏蔽天府，锁阴陲”，故自汉唐以来，此处均设关尉，屯有重兵。松潘县还是前往九寨沟的必经之地。

川主寺红军纪念碑碑园——位于松潘县川主寺镇元宝山，是去世界自然遗产九寨沟、黄龙风景名胜区的必经之地。主碑高41.30米，耸立于元宝山顶，由红军战士铜像、碑体、基座组成。2016年入选《全国红色旅游景点景区名录》。

旅行锦囊

加油站：

川主寺：有中国石油加油站。

松潘县：有中国石油加油站。

温馨提示： 1.松潘古城古老而安静，可以步行或者乘坐人力三轮车在古建筑间穿行。

2.黄龙景区观景途中，上山栈道、台阶较多，应缓步步行循序渐进至各景点最为舒适，建议游玩时间为5个小时。请尽量避免在景区内剧烈运动，如出现紧急情况，请不要惊慌，景区内沿途设有吸氧房，可至吸氧房吸氧休息片刻。

餐饮推荐

黄龙：瑟尔嵯国际大酒店内设有锅庄广场，每晚由当地藏族同胞与游客朋友自主组织在一起欢庆，每一次的锅庄晚会现场都会有烤全羊，美味可口。

川主寺：牦牛肉汤锅。

DAY6 松潘—茂县—汶川—成都

（行驶里程330公里）

由松潘驱车，一路向南返回成都市，途经茂县和汶川，这里曾是“5·12”大地震的震中，经过十多年的重建，这里已焕然一新。途经国家第三大自然保护区——卧龙自然保护区，探寻国宝大熊猫的生活足迹。东距成都市区约68公里的青城山都江堰景区，是著名的世界文化遗产，也是古代人民智慧结晶的最好体现，是巴蜀文化旅游走廊新地标。

路况：213国道—G4217蓉昌高速，川汶公路有区间测速，限速70公里/小时。

海拔情况

茂县：1600米；汶川：1544米；青城山：1092米；都江堰景区：724米；成都：485米。

沿途特色景区

卧龙自然保护区——卧龙自然保护区是国家级第三大自然保护区。四川省面积最大、自然条件最复杂、珍稀动

△ 青城山

△ 都江堰

植物最多的自然保护区。主要保护西南高山林区自然生态系统及大熊猫等珍稀动物。

青城山——世界文化遗产青城山—都江堰的主体景区、全国重点文物保护单位、国家重点风景名胜区、国家5A级旅游景区、全真龙门派圣地、十大洞天之一、中国四大道教名山之一、五大仙山之一、成都十景之一。最高峰老君阁海拔1260米，青城山分为前山和后山，群峰环绕起伏、林木葱茏幽翠，享有“青城天下幽”的美誉。全山林木青翠，四季常青，诸峰环峙，状若城郭，故名青城山。丹梯千级，曲径通幽，以幽静取胜。

都江堰景区——始建于秦昭王末年，是蜀郡太守李冰父子在前人鳖灵开凿的基础上组织修建的大型水利工程，

△ 都江堰

△ 青城山栈道

△ 青城山后山

2000多年来一直发挥着防洪灌溉的作用，使成都平原成为水旱从人、沃野千里的“天府之国”，至今灌区已达30余县市、面积近千万亩，是全世界迄今为止，年代最久、唯一留存、仍在一直使用、以无坝引水为特征的宏大水利工程。都江堰是世界文化遗产、世界灌溉工程遗产、全国重点文物保护单位、国家级风景名胜区、国家5A级旅游景区。2020年11月18日，当选“巴蜀文化旅游走廊新地标”。

全国乡村旅游重点村或全国乡村旅游扶贫重点村

阿坝藏族羌族自治州理县桃坪镇桃坪村——位于理县县治东部约40公里处，东南邻县，西北接本县通化乡，海拔1500米，以乡驻地桃坪得名，是羌族聚居乡。主产玉米、洋芋、小麦、豆类等，盛产花椒、核桃、葡萄、樱桃、桃李、石榴、苹果等干鲜果，牲畜有猪、牛、羊、马、骡、驴。乡境内有被誉为东方古堡的人文景观——桃坪羌寨和西汉时期古墓群——佳山石棺葬墓群，桃坪羌寨正在申报世界文化遗产。境内还有储量较为丰富的石榴子矿和石英石矿。

成都市龙泉驿区山泉镇桃源村——桃源村位于龙泉驿区山泉镇，地处龙泉山脉中西部，自然环境幽美，人文景观丰富，文化底蕴深厚，是中国乡村诗歌之乡。

成都市彭州市桂花镇蟠龙村——这里鲜花绿草，翠竹流水，风光旖旎，两亿年前恐龙脚印化石，北宋时金城窑遗址点缀其间，民居，民宿极有艺术感，是集乡村文创，特色餐饮，山林休憩，休闲度假于一体的旅游度假区，2020年入选第二批全国乡村旅游重点村之列。

成都市都江堰市柳街镇七里社区——七里诗乡位于都江堰市柳街镇金龙、七里社区，面积5739亩，是“中国田园诗歌小镇”的文化传承核心区，省级非物质文化遗产“柳街薅秧歌”实景演出的举办地。成功推出了以现代化手段复原改造的百年木质结构老三合院“花满溪”、文艺界社区名誉村民定期开展“林盘读书会”等文化活动的“又竹堂”。

成都市都江堰市龙池镇飞虹社区——位于国家4A级虹口景区腹地，旅游资源多样，有以虹口漂流、高原河谷综合拓展基地为主的户外运动；以鲑鳟鱼养殖基地、千亩彩叶林、万亩猕猴桃基地为主的观光体验；以健身、骑游绿道为主的森林康养等。社区民俗文化丰富多彩，以鱼凫文化、茶马古道文化等本土民俗文化最为知名。

成都市都江堰市青城山镇泰安社区——青城山镇泰安社区是一个山清水秀、风光旖旎的社区。该社区地处青城山镇西部，坐落于青城山核心景区之中，森林覆盖率80%以上。有味江河川流而过，还有飞泉沟、五龙沟、通灵沟、马家沟纵横穿越，这里平均海拔800米，常年平均气温15℃。泰安古镇，这个静谧的小镇掩映在青山绿水中，空气清新、建筑古朴、满目青翠，溪流潺潺。

旅行锦囊

温馨提示：此天车程较长，5~6小时，途经地质灾害高发区，请注意行车安全。213国道途中无服务区，G4217蓉昌高速途中有1个服务区。全程有多个中国石油、中国石化加油站。

餐饮推荐

茂县：羌族特色土火锅、玉米搅团、洋芋糍粑、荞面。

汶川：三江土腊肉、猪膘、人参果饭、烧馍馍、洋芋糍粑。

成都：火锅、串串香、钵钵鸡、麻婆豆腐、担担面、龙抄手、麻辣兔头、夫妻肺片、钟水饺、三大炮、冒菜。

No.6 阿坝醉美自驾线，每一站都是景观盛宴

上帝的后花园，探访东方小瑞士

手绘线路图

线路概况

郎川公路是213国道上的一段，连接着川主寺和郎木寺，几乎穿越了整个若尔盖大草原，被称作“中国的66号公路”。这里一路都是独特的川西风光，到了秋天，这里变得五彩斑斓，漫山红叶布满峡谷，与金色的草原竞相争艳。

非遗体验

㕭舞、川剧、蜀绣、成都漆艺、羌族瓦尔俄足节、羌族刺绣、羌族羊皮鼓舞、藏族编织、挑花刺绣工艺。

土特产

茂县花椒、茂县苹果、汶川甜樱桃、金川雪梨、九寨刀党、九寨沟柿子、松潘松贝、金川秦艽、汶川羌绣、九寨猪苓、四川麝香、双边白瓜子、黑水贝母、黑水蕨菜、羊肚蘑、阿坝甘松、四姑娘山沙棘、小金猴头菌、羌族刺绣品、松潘虫草、黄龙香菇、茂县野生沙棘、羌民搅团、牦牛肉、干奶酪、老腊肉、黑水绿豌豆、玉米蒸蒸、金裹银、若尔盖牦牛肉、若尔盖藏系绵羊肉、松潘大蒜、编笠菌、三江黄牛、汶川铜羊、地雪茶、九寨沟雪莲花、暗紫贝母、烧馍馍。

行程规划

线路：成都—川主寺—黄龙—九寨沟—花湖—郎木寺—若尔盖—九曲黄河第一弯—红原—汶川—成都。

总里程：1465公里。

推荐时长：6天。

△ 松潘古城

DAY1 成都—川主寺
（行驶里程 340 公里）

沿成灌高速，经都江堰、汶川、抵达茂县，下午沿岷江逆流而上，抵达松潘县川主寺镇。

路况

路况很好，限速 60 公里 / 小时，多连续转弯。川汶公路有区间测速，限速 70 公里 / 小时。

海拔情况

成都：500 米；川主寺：3000 米。

沿途特色景区

松潘古镇——古称松州，始建于明洪武年间，自古既是川西北地区重要的军事要塞，也是历史悠久的藏族、羌族、回族、汉族人民“茶马互市”的重要驿站。

中国古羌城——主要由中国羌族博物馆、非物质文化遗产传习中心、羌文化广场、羌王官寨、羌圣山和大禹纪念大殿等景点组成，都展示着“羌族主题”，这里可以深入了解羌族风俗文化。

全国乡村旅游重点村

理县桃坪镇桃坪村——地处高山峡谷地区，气候呈垂直体分布，差异较大，主产玉米、洋芋、小麦、豆类等，盛产花椒、核桃、葡萄、樱桃、桃李、石榴、苹果等干鲜果，乡境内有被誉为东方古堡的人文景观——桃坪羌寨和西汉时期古墓群——佳山石棺葬墓群。

旅行锦囊

加油站：

川主寺：中国石油 2 家。

温馨提示：高原天气变幻莫测，早晚温差大，紫外线强，备好遮阳伞、防寒服，旅游鞋（最好是防水旅游鞋）、防晒霜（70SPF PA++ 以上）、太阳镜（一定要的）、太阳帽、润肤霜、唇膏。

餐饮推荐

川主寺：蜀味牦牛肉汤锅。

茂县：羌族特色土火锅、玉米搅团、洋芋糍粑、荞面。

DAY2 川主寺—黄龙—九寨
（行驶里程 180 公里）

从川主寺出发，前往黄龙景区游览，黄龙海拔较高，大家根据自己身体状况，量力而行，最高可步行到黄龙寺，无数个大大小小的池子像是装满五彩颜料的调色盘，在阳光下光彩夺目、摄人心魄。下午离开黄龙后，前往九寨沟沟口入住酒店。

路况

沿 544 国道，多连续弯道，限速 70 公里 / 小时。

海拔情况

黄龙：3570 米；九寨：2300 米。

沿途特色景区

九寨沟——世界自然遗产、国家重点风景名胜区、国家 5A 级旅游景区、国家级自然保护区、国家地质公园、世界生物圈保护区网络，是中国第一个以保护自然风景

△ 九寨沟之五花海

△ 九寨沟—诺日朗瀑布

为主要目的的自然保护区。

黄龙——黄龙以彩池、雪山、峡谷、森林“四绝”著称于世，再加上滩流、古寺、民俗称为“七绝”。景区由黄龙沟、丹云峡、牟尼沟、雪宝顶、雪山梁、红星岩、西沟等景区组成。

旅行锦囊

加油站：

景区周边多加油站设施。

温馨提示：黄龙景区观景途中，上山栈道台阶较多，应缓步步行循序渐进至各景点最为舒适，建议游玩时间为 5 小时。请尽量避免在景区内剧烈运动，如出现紧急情况，请不要惊慌，景区内沿途设有吸氧房，可至吸氧房吸氧休息片刻。

△ 黄龙争艳彩池

餐饮推荐

牦牛肉、青稞酒、酥油茶、青稞饼。

DAY3 九寨沟一日游

早餐之后，前往九寨沟景区内进行游览。“九寨归来不看水”，是对九寨沟景色真实的诠释。从景区出来后，前往酒店休息。

海拔情况

九寨：2300 米。

沿途特色景区

翠海、叠瀑、彩林、雪峰、藏情、蓝冰，被称为“六绝”。神奇的九寨，被世人誉为“童话世界”，号称“水景之王”。

旅行锦囊

温馨提示：1. 九寨沟景色丰富，建议早上早点出发进入景区，全程须采用观光车 + 步行的方式进行游览。

2. 如时间充足，也可以多停留一两日，更加悠闲地享受大自然的美，感受传承千年的故事。

3. 九寨沟景色优美，建议穿着颜色艳丽的服装，拍照更美，也可以租件藏服拍摄，这样更能领略九寨沟文化的精妙之处，体验藏族服饰的魅力风情。

餐饮推荐

酸奶、糌粑、酸菜面块、血肠。

DAY4 九寨沟—花湖—郎木寺—若尔盖
（行驶里程 315 公里）

驱车离开九寨沟，沿 S301、朗川线前往若尔盖花湖，花湖位于四川若尔盖和甘肃郎木寺之间的 213 国道旁，是热尔大坝草原上的一个天然海子。热尔大坝是我国仅次于呼伦贝尔大草原的第二大草原，海拔 3468 米。随后前往郎木寺，郎木寺又叫“达仓郎木格尔底寺”，两座寺庙均属藏传佛教格鲁派寺庙。

路况

走 S301、G213，途经九红草原风光路。

海拔情况

花湖：3470 米；郎木寺：3328 米。

沿途特色景区

花湖——花湖是热尔大坝草原上的一个天然海子。花湖最美的时间是在五六月份，湖畔五彩缤纷，好像云霞，而湖中则开满了绚丽花朵，这种植物看起来平淡无奇，在雨水充沛的 8 月却把纯蓝的湖水染成淡淡的藕色，时深时浅，像少女思春时低头的一抹酡红。

郎木寺——在四川和甘肃两省的交界处，周围被草原、树林、山丘、红色的石崖围绕，环境优美，有“东方小瑞士”之称。

全国乡村旅游重点村

碌曲县尕海乡尕秀村——尕秀村如“九色香巴拉”生态旅游的一颗明珠，以它惊人的尕秀速度和曼妙多彩的生态旅游，受到央视新闻联播、人民网等国内外新闻媒体大手笔“点赞”达 50 多次，惊艳了国内外游客。

旅行锦囊

加油站：

若尔盖县、花湖、郎木寺景区均有中国石油加油站。

餐饮推荐

石烹羊肉、牦牛奶、铁板牦牛肉。

DAY5 若尔盖—郎木寺—九曲黄河第一弯—红原
（行驶里程 210 公里）

沿着美丽的川西高原国道继续向前，前往九曲黄河第一弯，九曲黄河第一弯作为黄河大草原最具代表性的景点，它以一种大度的姿态、平和的心态表现了黄河精神“宁静致远”。

路况

走 G213、G248。

海拔情况

九曲黄河第一弯：3450 米；红原：3500 米。

沿途特色景区

九曲黄河第一弯——这里是黄河九十九道弯中的第一弯，在四川若尔盖县唐克乡与白河汇合。这里水流清澈缓慢，从茫茫草海中穿过，牛羊在河边悠闲地漫步，是黄河九十九道弯中最美的一弯。

△ 花湖

红原月亮湾——红原草原的美在月亮湾发挥得淋漓尽致。在一片开阔的草地上，白河呈“S”形蜿蜒流过，如同天上的一弯新月，故而得名“月亮湾”。

查真梁子——查真梁子为红原南部丘状高原之巅。山势虽无奇绝之处，却因丘原两侧有二水发源，一入黄河，一入长江，为一大奇观。

俄么塘花海景区——每年6月开始，方圆数十公里的俄么塘草地变成鲜花的海洋，芳香四溢，堪称“高原桃源”，整个花期将持续到10月。不同时节，不同种类的鲜花竞相绽放，呈现出五彩斑斓的花海仙境，被称为“四川小瑞士”。景区除了草原花海景观，还拥有生态保护完好的20余处大小不等冰渍湖景观，其中较大的措琼神海相当于200个足球场那么大，是措玡沟湖泊群中非常壮观的奇景，当地牧民视为“圣湖”。

全国乡村旅游重点村

阿坝藏族羌族自治州黑水县沙石多乡羊茸村——雪山彩林掩映，风光旖旎。近年来，采用“支部 + 旅游公司 + 农户”经营模式，建设康养目的地，羊茸村已被列入第三批中国少数民族特色村寨之列。

旅行锦囊

加油站：

唐克镇：有中国石油加油站。

红原县：有多个中国石油加油站。

温馨提示：俄么塘花海景区还配备了原生态自驾户外营地、藏族文化风情街，打造了上百间藏文化主题帐篷酒店及特色木屋别墅，设有可同时容纳上千人用餐的湖泊水上中央餐厅，并备有露营帐篷供游客租用。

餐饮推荐

红原：红原牦牛奶、阿坝酸菜面块、清炒山珍、手抓肉、莲蕊酥、藏式小油条、牦牛酸奶。

△ 九曲黄河第一弯

△ 毕棚沟

DAY6 红原—汶川—成都

（行驶里程 420 公里）

踏上返程的路。中途路过米亚罗风景区、毕棚沟风景区、汶川，沿途可游览这些地区。

路况

走 G248 蓉昌高速。

海拔情况

红原：3662 米；汶川 1309 米。

沿途特色景区

米亚罗风景区——景区内群山连绵，江河纵横，林海浩瀚，空气清新，四季风光宜人。其中以金秋红叶、藏羌少数民族风情、古尔沟温泉、雪山银峰出名。景区植被覆盖面积 90%，森林覆盖率有 75%，山、水、林生态环境优良。

毕棚沟——一个集原生态景观博览、登山穿越、极地探险、滑雪滑冰、休闲度假于一体的大型原生态旅游风景区。毕棚沟以其优美的自然风光、完美的自然生态景观、优良的生态环境著称。景区内红叶、杜鹃花种类繁多，森林原始、瀑布飞挂、冰川奇特。

全国乡村旅游重点村

桃坪镇桃坪村——附近有毕棚沟原生态风景区、甘堡藏寨—桃坪羌寨旅游景区、鹧鸪山自然公园、阿坝桃坪羌寨、丘地—大沟景区等旅游景点，有卡子核桃、理县大白菜、猪油麻花、羌民搅团、百合酥等特产。

旅行锦囊

加油站：

红原县：有多个中国石油加油站。

汶川县：有多个中国石油加油站、1 个中国石化加油站。

△ 毕棚沟

No.7 深山净土，追逐莲宝叶则神山的传说

人间美好的仙道净土，旅行者的心灵之旅

手绘线路图

线路概况

成都出发经过汶川、理县，沿着杂谷脑河逆流而上。过米亚罗、鹧鸪山隧道后翻越查真梁子、神座村，之后前往阿坝，继而前往川西的人间秘境，不仅有高山，也有湖泊，还有海子。

非遗体验

这条线路非物质文化遗产很多，例如：藏族编织、挑花刺绣工艺、棕编（新繁棕编）、银花丝制作技艺、蜀绣等。

土特产

冬虫夏草、贝母、金川雪梨、汶川甜樱桃、茂县花椒、阿坝蜂蜜等。

行程规划

线路：成都—神座村—阿坝—莲宝叶则—各莫寺—阿坝—棒托寺—观音桥—情人海—成都。

总里程：1328 公里。

推荐时长：4 天。

DAY1 成都—神座村—阿坝

（行驶里程 639 公里）

经过汶川、理县，沿着杂谷脑河逆流而上。过米亚罗、鹧鸪山隧道后翻越查真梁子，下午抵达神座村，这里被誉为“神仙居住之地”，2006 年曾以其静美自然的风光、田园牧歌的生活，获得中国世外桃源的美誉。之后前往阿坝县城入住酒店，享用晚餐。

△ 神座村风光

路况

走蓉昌高速、G248。

海拔情况

成都：495 米；神座村：3200 米；阿坝：3272 米。

沿途特色景区

神座村——神座，“神仙居住之地”，这个宛若与世隔绝的藏族村落，仅有 57 户人家，背靠高山草场，与绵延不绝的原始森林隔河相望，民俗民风淳朴。

△ 神座村风光

全国乡村旅游重点村

成都市都江堰市柳街镇七里社区——七里社区附近有青城山—都江堰旅游景区。

成都市郫都区唐昌街道战旗村——位于郫都区、都江堰市、彭州市三市县交界处。

成都市龙泉驿区山泉镇桃源村——是龙泉水蜜桃栽种发源地。

阿坝藏族羌族自治州理县桃坪镇桃坪村——境内有储量较为丰富的石榴子矿和石英石矿。

旅行锦囊

加油站：

神座村：有 1 个查理加油站。

阿坝县：有中国石油加油站、中固加油站。

温馨提示：1. 因为到神座会翻越 4000 米海拔的山路。有高原反应的人一定记得提前备好氧气或者提前吃红景天。

2. 高原地区紫外线较强，最好戴上墨镜和防晒装备。

餐饮推荐

成都：红油抄手、蛋烘糕、冷锅串串。

神座村：高原牦牛杂火锅。

阿坝县：金裹银、阿坝蜂蜜。

△ 莲宝叶则

△ 莲宝叶则格桑花开

DAY2 阿坝—莲宝叶则—各莫寺—阿坝
（行驶里程 92 公里）

早餐后前往莲宝叶则风景区，莲宝叶则地处青藏高原东南部，是有名的神山。午餐在景区内自理，之后前往各莫寺参观游览。随后返回阿坝县。

路况

走 S302，路面良好。

海拔情况

阿坝：3272 米；莲宝叶则：5369 米；各莫寺：3400 米。

沿途特色景区

莲宝叶则——地处青藏高原东南部，是巴颜喀拉山南段支脉，位于四川省阿坝县和青海省久治县、班玛县之间，总面积 800 余平方公里。

各莫寺——位于四川省阿坝县城西北部各莫乡唐麦村阿久公路旁。各莫寺又称慧园寺，始建于乾隆年间，距今 200 多年，是藏传佛教格鲁派寺院。由拉卜楞寺大赤巴贡却德庆按第二世嘉木祥大活佛之意所建，是四川省阿坝州藏传佛教三大格鲁派寺院之一，也是格鲁派甘丹圣教六大寺之拉卜楞寺的分寺之一。

△ 莲宝叶则圣湖

旅行锦囊

加油站：

阿坝县附近有丰源加油站、中国石化加油站。

餐饮推荐

阿坝县：和尚包子、玉带酥、羊肉血肠。

莲宝叶则：高原牦牛杂火锅

各莫寺：酸汤肥牛、西湖牛肉羹。

DAY3 阿坝—棒托寺—观音桥
（行驶里程 80 公里）

路况

走阿两路、成那线。

海拔情况

阿坝：3272 米；棒托寺：3270 米；观音桥：2870 米。

沿途特色景区

棒托寺——棒托寺坐落在阿坝州壤塘县茸木达乡则曲河畔，距县城 32 公里。为全国重点文物保护单位。寺庙周围山清水秀、鸟语花香。

观音桥——观音桥风景区宗教文化区位于金川县观音桥镇纳勒神山。

旅行锦囊

温馨提示：情人海目前不收门票，不属于成熟的景区，周边的住宿和餐饮非常稀少，建议备好路餐。

餐饮推荐

阿坝县：阿坝安多面片。

棒托寺：壤塘青稞。

△ 棒托寺

△ 金川情人海风光

DAY4 观音桥—情人海—成都

（行驶里程 435 公里）

早上出发游览金川情人海，又名李西神湖、长海子，藏名“撒尔脚措”，挺拔的云杉、柏树环抱着碧蓝的湖水，像一面镜子平铺在山谷间，湖光山色相映成趣；岸边不远处点缀着藏民红色的木屋，仿佛一座北欧小镇，朴实无华，宁静纯粹。

路况

走蓉昌高速、都汶高速。

海拔情况

观音桥：2870 米；情人海：3400 米；成都：495 米。

沿途特色景区

观音桥——金川观音桥国家 4A 级旅游景区位于阿坝州金川县观音镇境内。山上有观音庙。

情人海——又名长海子，藏名“撒尔脚措”，位于四川省金川县阿科里乡撒尔脚村境内，兼有高山草甸的壮阔和高山峡谷的秀美。

旅行锦囊

温馨提示： 1. 情人海夏季有潮，上午 9 时许与下午 5 时许，在约 1 米的水下有泥沙起伏，涌动如潮。

2. 高原温差大，应及时添加衣服防止感冒，请勿剧烈运动。

餐饮推荐

这条路上堵车也时常发生，建议可以备一些牛肉干、巧克力等零食。

△ 情人海秋景

No.8 置身绝美藏地景色，追寻长征峥嵘岁月

探访黄河上游，造物主亲自描绘的画卷

手绘线路图

线路概况

此路线不仅要多次横跨黄河，还将走近黄河上游，来一场生态溯源之旅。同时沿着红军长征的路线，深入果洛藏族自治州，探访红军长征唯一途经青海的地方——班玛县，追忆中国革命史上在红原爬雪山、过草地、越沼泽的那段最为艰难、最为悲壮的征程。

非遗体验

青海汉族民间小调、乐都县里寺花儿会、青海平弦、塔尔寺酥油花、藏族拉伊、塔尔寺酥油花、羌族瓦尔俄足节等。

土特产

西宁：冬虫夏草、沙棘茶、青稞酒、老酸奶。

贵德：蜂蜜、贵德辣椒、贵德长把梨、醪糟、贵德软儿梨。

果洛：果洛蕨麻、果洛冬虫夏草、烧羊肝。

碌曲：甘加羊、蕨麻猪。

行程规划

线路： 西宁—坎布拉—贵德—同德—玛沁—班玛—阿坝—红原—瓦切—唐克—若尔盖—碌曲—夏河—循化—西宁。

总里程： 1810 公里。

推荐时长： 6 天。

DAY1 西宁—坎布拉—贵德

（行驶里程 190 公里）

早上从西宁出发，沿 G6 京藏高速东行，之后转 G0611 张汶高速南下，沿牙什尕互通立交桥途经黄河大桥，转 310 国道，途经坎布拉镇，游玩坎布拉国家地质公园、夏琼寺、李家峡水库等景点。午餐后继续沿 310 国道西行，下午直达目的地贵德，晚上可以在贵德温泉泡温泉。

路况： G0612 西和高速—G0611 张汶高速—310 国道—

△ 黄河贵德清

227 国道，区间测试 80 公里 / 小时，坎布拉到阿什贡之间有多个弯道隧道，请小心驾驶。

海拔情况

西宁：2261 米；坎布拉国家地质公园平均海拔 2500 米。

沿途特色景区

坎布拉国家地质公园——公园内涵盖丹霞峰林地貌景观、新生界沉积环境和沉积构造类型以及 3800 万年以来的地质生态环境演化遗迹。

贵德地质公园——公园内阿什贡七彩峰丛地貌多姿多彩、秀丽壮美；麻吾峡风蚀地貌鬼斧神工，变幻无穷；黄河景观美轮美奂、如花似锦；龙羊峡谷陡峭险峻、气势磅礴。多种多样的地质遗迹反映了地质历史时期青藏高原的演化过程，也记录了黄河的发育史和贵德自然环境的变迁。被誉为“高原小江南”。

黄河清湿地公园——地处黄河上游龙羊峡水电站和李家峡水电站之间，由于河流的切割和冲刷作用，园区内形成三河（河东、河阴、河西）河谷盆地，在其独特的地理和自然环境作用下，形成了美丽壮观的溶蚀地貌和丹霞地貌。

玉皇阁贵德温泉——亦称扎仓温泉，藏族群众称其为“德仁吉曲库”，意为平安、幸福的热水泉。

全国乡村旅游重点村

西宁市湟中县拦隆口镇拦一村、西宁市湟中县土门关乡上山庄村、西宁市湟中区李家山镇柳树庄村、西宁市湟中县田家寨镇田家寨村——附近有塔尔寺、青海藏文化馆、南滩古城墙、群加国家森林公园、下石城遗址等旅游景点，有湟中胡麻、湟中燕麦、湟中蚕豆、酥油花、加牙地毯等特产。

西宁市大通回族土族自治县朔北藏族乡边麻沟村——边麻沟村是一个有着藏族、蒙古族、土族和汉族村民的多民族聚居村。2018 年 10 月 8 日，农业农村部将边麻沟村推介为 2018 年中国美丽休闲乡村。2019 年 7 月 28 日，入选第一批全国乡村旅游重点村名单。

西宁市湟中区拦隆口镇卡阳村——为汉藏混居民族村落。绿草如茵，山势独特，山间溪水潺潺，原始森林茂密，蓝天白云下牛羊成群，被人们誉为“长寿之乡”与“天然氧吧”，生态条件极为优越。

旅行锦囊

加油站：西宁城区：有多个中国石油、中国石化加油

△ 坎布拉

△ 贵德蓝色黄河

△ 阿尼玛卿雄姿

站，有 92#、95# 汽油以及 0# 柴油供应。

温馨提示： 1. 此次路线全线地处青藏高原东北部，阿尼玛卿山北麓，地形以高原山地为主。在雨雪天气状况下要特别注意行车安全，草原路边随时可能出现牲畜，要注意避让。

2. 青海气候干燥，应多吃蔬菜、水果，羊肉虽好，但不宜多吃，容易上火，要多喝水。

3. 高原温差较大，建议备足衣物。

餐饮推荐

西宁：土火锅、手抓羊肉。

贵德：面食。

DAY2 贵德—同德—拉加—玛沁

（行驶里程 330 公里）

一路南行离开贵德。途经同德县，可以停车驻足，在当地尕巴松多镇的斗后宗古城、和日乡的和日寺院等景点稍作参观。离开同德，经过拉加镇，可以在当地的拉加寺停车参观。之后继续向南，到达玛沁。傍晚时分可驱车到玛沁县南面的阿尼玛卿山附近欣赏雪山落日的美景。

路况：较好，227 国道。

海拔情况

贵德：2220 米；尕巴松多镇：3060 米；玛沁：3447 米。

沿途特色景区

龙羊峡黄河大峡谷——沿途峡谷风光，深深体会到大自然的鬼斧神工，两岸壁立千仞，由于处于两个大坝的中间，河流平缓，峡谷两岸岩石为沉积岩岩石，岩壁的水平岩层清晰明了，这是亿万年前的地质沉积物。

斗后宗古城遗址——为唐汪文化遗址，对探讨黄河上游原始社会向阶级社会过渡的历史提供了极为重要的实物资料。

和日寺院——亦称“切更尔寺”，藏语称“和日贡特却扎西林”，意为“和日妙乘吉祥洲”。该寺为宁玛派寺院。

阿尼玛卿雪山——又称玛积雪山，藏语意为“祖父大玛神之山”。主峰玛卿岗日海拔 6282 米，终年积雪，多冰川。富有珍贵野生动物和矿藏。

拉加寺——初名“扎西功德林”（吉祥广安寺），后改名“甘丹扎西炯尼”（具善吉祥源地），又称“嘉样寺”，是黄河沿岸最著名的格鲁派寺院。该寺由阿柔格西创建，为色拉寺属寺。

全国乡村旅游重点村

海南藏族自治州贵德县尕让乡松巴村、海南藏族自治州贵德县河阴镇红柳滩村、海南藏族自治州贵德县尕让乡二连村——有贵德黄河奇石苑、贵德高原养生休闲度假区、贵德国家地质公园、贵德文庙及玉皇阁、贵德黄河清湿地公园等旅游景点，有贵德蜂蜜、贵德辣椒、贵德长把梨、醪糟、贵德软儿梨等特产。

黄南藏族自治州泽库县和日镇和日村——黄南州石雕技艺的发源地和传承发扬地，这里有被誉为世界“石经史上的一奇”的全国最大的雕刻石群——和日石经墙。和日村的石雕技艺由和日寺的久美多杰多华沃新创，且他及他历代真徒弟子将其发扬光大。

旅行锦囊

温馨提示： 进入高原初期活动不能过于激烈，如急行军、跑步、跳跃等，应逐渐适应高原，避免高原反应带来的不适。

餐饮推荐

麻食儿、牛肉、羊肉、青稞炒面、蕨麻、奶渣点心等。

DAY3 玛沁—班玛

（行驶里程 350 公里）

班玛县城是红军长征唯一途经青海的地方，红军把抗日的种子撒播在玛可河畔、山谷草地和牧民帐篷，也把党的民族平等政策、宗教信仰自由政策带到了这里。

路况：多为 227 国道。

海拔情况

玛沁县：3730 米；官仓峡谷底：3400~3600 米；班玛县城：3970 米。

沿途特色景区

官仓峡景区——这里河水落差极大，水流湍急，两岸多是险峰与陡壁，再加上多处大小与规模不等的瀑布，形成了壮观的气势。各景点之间相距不远，有简易公路相通，较为便捷。

夏日乎寺——寺庙全称“夏日乎寺不变大乐渊”，位于岗龙乡黄河西岸的隆木切沟口，距县城 70 公里，背依班玛仁拓圣山，面向东流的黄河。该寺最早创建于 1804 年，距今有 200 多年的历史，是甘德县境内建寺最早的寺院。该寺的建筑风格庄严，寺内古迹文物及壁画、雕刻艺术品较多。

东吉多卡寺——寺为宁玛派和格鲁派合住寺院，藏语全称为“东吉多卡旦尼达吉林”。位于甘德县东吉乡的赛日滩，距县城 12 公里。寺院的庞大经文幡群和数十万块刻有经文、佛像的石经墙，构成了高原上一幅别具特色的自然景观。

△ 班玛红军沟

班玛县红军沟革命遗址——位于班玛县以南 39 公里处的子木达沟。班玛作为红军长征唯一途经青海的地方，主要遗迹有红军标语、红军沟、红军哨所、红军桥、红军泉、红军墓、纪念亭等。

旅行锦囊

温馨提示：鄂陵湖、扎陵湖、黄河源牛头碑、年保玉则峰以及仙女湖等景致十分优美，但由于游客人为破坏环境严重，景区自 2018 年开始一直处于关闭状态，所以我们唯有等待，究竟什么时候才能再次见到年保玉则，无人知晓。这也给人们警示，每个人都要爱护周围环境，不要让你喜欢的地方变成第二个年保玉则。

餐饮推荐

班玛烧羊肝。

△ 尖扎黄河岸边

△ 班玛

△ 寂静的黄昏——阿尼玛卿

DAY4 班玛—阿坝—红原
（行驶里程 290 公里）

沿着红军长征的路线，走向阿坝，途经九红草原风光路抵达红原。1960 年，周恩来总理为红原县命名，意为红军长征走过的大草原。

路况：多为国道，山区弯道较多，请小心驾驶。

海拔情况

阿坝县城：3290 米；红原县：3504 米。

沿途特色景区

红原大草原——红原大草原地域辽阔，自然景观独特，资源丰富，素有高原“金银滩”之称。红原大草原是花的世界和草的海洋，风情独特。当年红军长征时曾经经过这片草原。

玛可河——玛可河是青海三江源国家级自然保护区保护分区之一。总面积为 1970 平方公里，其中核心区面积 364 平方公里，缓冲区面积 586 平方公里，试验区面积 1020 平方公里。

旅行锦囊

温馨提示：进入高原初期活动不能过于激烈，如急行军、跑步、跳跃等，应逐渐适应高原，避免高原反应带来的不适。

餐饮推荐

烤牦牛排、青海锅盔、手工面片、牦牛酸奶、烤羊肉串、烤羊排。

DAY5 红原—瓦切—唐克—若尔盖—碌曲
（行驶里程 310 公里）

在瓦切红军长征纪念碑感受红军长征爬雪山过草地的峥嵘岁月，沿着九红草原风光路，一路欣赏周边美景，观黄河第一弯的壮阔宁静，以及热尔大坝上花湖景色。

路况：九红草原风光路限速 40~70 公里 / 小时，多为 248 国道、213 国道，限速 80 公里 / 小时。

海拔情况

唐克：3431 米；若尔盖县：3490 米；若尔盖花湖：3472 米；九曲黄河第一弯：3450 米。

沿途特色景区

瓦切红军长征纪念碑——大多数中国人耳熟能详的《七根火柴》《金色的鱼钩》和“红军柳”等感人悲壮的故事，就发生在这里。1935 年 7 月至 1936 年 8 月，一、二、四方面军长征在红原爬雪山、过草地、越沼泽，历时一年零两个月，红原县的草地深印着红军的足迹，镌刻下中国革命史上那段最为艰难、最为悲壮的征程。

瓦切塔林——瓦切塔林藏语意为“大帐篷”，塔林周围是一片连绵的经幡，甚为壮观。

九曲黄河第一弯——这里水流清澈缓慢，从茫茫草海中穿过，牛羊在河边悠闲地漫步，是黄河九十九道弯中最美的一弯。

巴西会议旧址——巴西会议是决定党和红军前途命运的一次关键会议。

若尔盖花湖——热尔大坝草原上的一个天然海子，也是众多野生飞禽的主要栖息地。

郎木寺——在四川和甘肃两省的交界处，周围被草原、树林、山丘、红色的石崖围绕，环境优美，有“东方小瑞士”之称。

全国乡村旅游重点村

碌曲县尕海乡尕秀村——尕秀村如“九色香巴拉”生态旅游的一颗明珠，以曼妙多彩的生态旅游，受到央视新闻联播、人民网等国内外新闻媒体大手笔“点赞”达 50 多次。

旅行锦囊

加油站：

红原县：有多个中国石油加油站。

若尔盖县：有多个中国石油加油站。

唐克：有九曲石化服务区。

温馨提示： 1. 郎木寺每年会举行多次宗教民族节日，例如晒大佛、跳法舞等，一般集中在正月和夏季期间（每年的晒佛节法会在正月十三到十五左右），感兴趣的朋友可以赶在此时前往。

2. 进入两座寺院游览前最好找一个当地人或者寺内僧侣帮忙讲解，寺院故事十分精彩。

3. 游览花湖最佳季节是在五六月份，湖畔五彩缤纷，好像云霞委地，而湖中则开满了水妖一样的绚丽花朵，这种植物在雨水充沛的八月把纯蓝的湖水染成淡淡的藕色，时深时浅，像少女思春时低头的一抹酡红。

4. 索格藏寺后有一个九曲第一弯观景台，有台阶可以到达，是观赏第一弯晚霞的最好位置。

餐饮推荐

唐克：黄河鱼。

DAY6 碌曲—夏河—循化—西宁

（行驶里程 340 公里）

沿着国道一路向北，途经桑科草原，以及藏学府拉卜楞寺。最后返回西宁。

路况：有 213、316 国道，部分路段弯道较多，还有张汶高速。

海拔情况

拉卜楞寺：3012 米；桑科草原：3105 米；夏河：3058 米。

沿途特色景区

拉卜楞寺——拉卜楞寺是藏语“拉章”的变音，意思为活佛大师的府邸。是藏传佛教格鲁派六大寺院之一，被世界誉为“世界藏学府”。

桑科草原——桑科草原属于草甸草原，平均海拔在 3000 米以上，草原面积达 70 平方公里，是甘南藏族自治州的主要畜牧业基地之一。这里人口少、草原面积大，是一处极为宝贵的自然旅游景区。

循化赞普呼（红光）清真寺——红光村清真寺是青海唯一由红军西路军修建的清真寺，这在全国实属罕见，且造型独特，具有重要的历史研究和文物保护价值。

中国工农红军西路军纪念馆——烈士陵园建于 1954 年 7 月，位于青海省西宁市市区凤凰山下，傍依南川河，风景秀丽。陵园门前有中国工农红军西路军烈士群雕塑像。

全国乡村旅游重点村

夏河县曲奥乡香告村——这里四季分明，风景宜人，物产丰富，地处要塞，有“甘南第一村、青藏第一关”的美誉。

海东市循化撒拉族自治县查汗都斯乡红光村——上榜 2015 年中国最美休闲乡村名单、第二批国家森林乡村名单、第二批全国乡村旅游重点村名单。红光上村附近有循化西路红军革命旧址、撒拉族绿色家园、骆驼泉、孟达天池、文都寺，有循化花椒、循化薄皮核桃、循化线辣椒、羊筋、三套碗席等特产。

黄南藏族自治州尖扎县昂拉乡德吉村——“德吉”藏语意思为“幸福”，依托依山傍水的独特优势，打造水上乐园，还有花海、果蔬农事体验园，办起农家乐，成为美丽新农村，游客络绎不绝。德吉村也被列入第三批中国少数民族特色村寨之列。

旅行锦囊

加油站：

碌曲县：有中国石油加油站。

服务区：有群科服务区，提供 92#、95# 汽油以及 0# 柴油。

温馨提示： 在当地要尊重少数民族的信仰和习俗，进入寺院大殿前要脱帽，进入后不能喧哗，不可以直接用手指指佛像。另外，所有殿内不可以拍照。

餐饮推荐

夏河：虫草炖雪鸡、蘑菇炖羊肉、蕨麻米饭。

△ 尖扎黄河风光

No.9 重温河西走廊，探索丝路美景

经典大环线，西北自然与人文大集成

手绘线路图

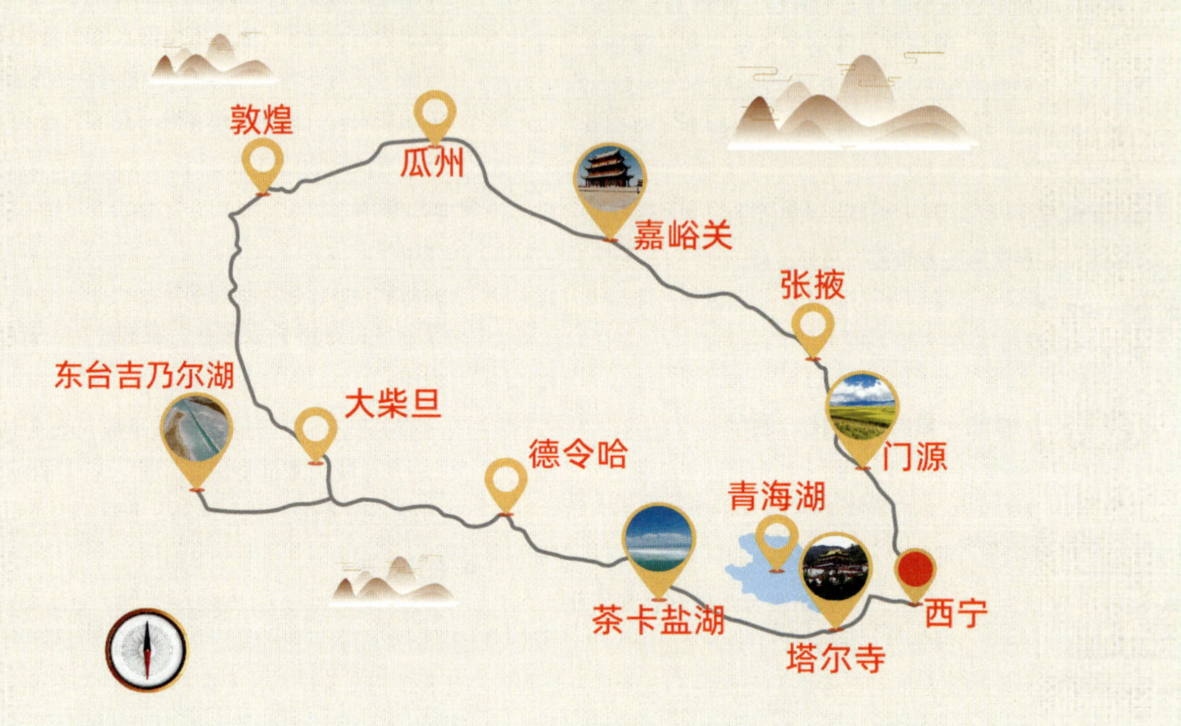

线路概况

从西宁出发向北，沿着河西走廊感受古丝绸之路带来的文明，之后沿着茶德高速向南，途经大柴旦翡翠湖、“东方马尔代夫”之称的东台吉乃尔湖等静美之地，之后还有中国最大的内陆湖青海湖，一路会有草原、花海、湖泊、高山等多个景观让你应接不暇，海拔由低到高，每一寸土地都磅礴大气，每一帧风景都壮阔非凡。

非遗体验

这条线路非物质文化遗产很多，例如：青海汉族民间小调、海西蒙古族婚礼、海西蒙古族剪发礼、青海平弦、塔尔寺酥油花等。

土特产

青海冬虫夏草、沙棘茶、青稞酒、老酸奶、瓜州蜜瓜等。

行程规划

线路：西宁—门源—张掖—嘉峪关—瓜州—敦煌—大柴旦—东台吉乃尔湖—德令哈—茶卡盐湖—青海湖—塔尔寺—西宁。

总里程：2680 公里。

推荐时长：7 天。

DAY1 西宁—达坂山观景台—门源油菜花 / 雪山—张掖丹霞

（行驶里程 396 公里）

早餐后翻越达坂山，途经观景台可以远眺岗什卡雪峰，以及更被人熟悉的油菜花或青稞海。之后抵达张掖，张掖古为河西四郡之一，在中国第二大内陆河黑河的滋润下，孕育了河西走廊文化。这里还是摄影师的偏爱地，可以于落日时分前往，感受柔和的夕阳西下美景。

路况

走西张线（国道 227），二级路面。

海拔情况

西宁：2261 米；门源：2388 米；张掖：1491 米。

沿途特色景区

门源油菜花——门源县是北方小油菜发源地，是全国乃至全世界最大的小油菜种植区，种植面积达 50 万亩，每年都会吸引众多游客前往观赏。

△ 门源油菜花

张掖丹霞地貌——这里的丹霞地貌发育于距今约 2 亿年的前侏罗纪至第三纪，是中国发育最大最好、地貌造型最丰富的地区之一，特别是窗棂式、宫殿式丹霞地貌，是丹霞地貌中的精品。彩色丘陵色彩之缤纷、面积之大冠绝全国，是国内唯一的丹霞地貌和彩色丘陵复合区。

全国乡村旅游重点村

海北藏族自治州门源回族自治县仙米乡桥滩村——桥滩村附近有门源百里油菜花海景区、浩门古城、五色湖、岗什卡雪峰、永安古城等旅游景点，有门源青稞、门源奶皮、门源蕨麻、门源白牦牛、门源小油菜籽等特产。

海北藏族自治州门源回族自治县珠固乡东旭村——2015 年农业部推介东旭村为 2015 年中国最美休闲乡村。2016 年入选为第四批美丽宜居村庄示范名单。2019 年入选第一批国家森林乡村名单。2020 年入选第二批全国乡村旅游重点村名单。

海北藏族自治州门源回族自治县东川镇麻当村——麻当村是青海省海北州门源回族自治县东川镇下辖的行政村，2020 年入选第二批全国乡村旅游重点村名单。

旅行锦囊

加油站：

西宁城区：有多个中国石油、中国石化加油站；张掖：有多处中国石油、中国石化加油站；门源青石嘴镇：有中国石油、中国石化加油站；大通县：有中国石油加油站、星星加油站；民乐县：有中国石油加油站；有 92#、95# 汽油以及 0# 柴油供应。

温馨提示：1. 在翻越垭口的时候尽量不要打开车窗，以保持车内温度和气压，预防高原反应。

2. 翻越达坂山时弯道较多，道路较窄，大货车居多，如需停靠观景台，上下车请注意观察来往车辆。

3. 如果想拍照好看，记得多带些颜色鲜艳的衣服，红色、白色与景色对比明显。

4. 油菜花花期很短，只有 7 月中下旬到 8 月上旬。

△ 嘉峪关

餐饮推荐

西宁：土火锅、手抓羊肉。

民乐：石锅豆腐、铁板羊羔肉。

张掖：大锅台、甘州排骨、牛肉拨鱼子。

DAY2 丹霞日出—嘉峪关城楼—瓜州—敦煌

（行驶里程 590 公里）

晨起二进丹霞，观丹霞日出，享受与日落不同的景致，之后登嘉峪关城楼，感受当年的金戈铁马，之后沿着河西走廊一路前行经过茫茫戈壁，眼前是连绵不断的祁连雪山，途经瓜州，抵达敦煌。

路况

全程高速，限速 100~120 公里 / 小时，路面良好。

海拔情况

嘉峪关：1721 米；瓜州：1121 米；敦煌：1141 米。

沿途特色景区

嘉峪关——嘉峪关关城是明长城西段的第一重关，也是古代丝绸之路的交通要塞。始建于明朝，是万里长城沿线最为壮观的关城，不仅有着单独的关隘，还分内城外城和城壕，可以看到祁连山麓。

旅行锦囊

加油站：

玉门、酒泉、嘉峪关有多处中国石油、中国石化加油站。

高速服务区：

瓜州服务区（中国石化）、玉门服务区（中国石油）、玉门服务区（中国石油）、酒泉服务区（中国石油），这些地方有 95#、92# 汽油以及 0# 柴油供应。

餐饮推荐

嘉峪关：石锅豆腐、铁板羊羔肉。

△ 张掖丹霞地貌

△ 鸣沙山月牙泉

DAY3 敦煌—莫高窟—鸣沙山—沙洲夜市—敦煌

（行驶里程 80 公里）

早餐后前往莫高窟，这里各窟均是洞窟建筑、彩塑、绘画三位一体的综合性艺术，之后来到鸣沙山和月牙泉，感受千古奇绝的山泉共存。

海拔情况

莫高窟：1348 米。

沿途特色景区

莫高窟——建于十六国的前秦时期，经过历代兴建，形成巨大的规模，现有洞窟 735 个、壁画 4.5 万平方米、泥质彩塑 2415 尊，是世界上现存规模大、内容丰富的佛教艺术圣地。

△ 莫高窟

鸣沙山月牙泉——月牙泉、莫高窟九层楼和莫高窟艺术景观融为一体，是敦煌城南一脉相连的“三大奇迹”，成为中国乃至世界人民向往的旅游胜地。

温馨提示：莫高窟门票需自行至官网提前预订，旺季时 A 类票一票难求，请提前 30 天实名预订。

餐饮推荐

敦煌：羊肉焖饼、驴肉黄面、酱驴肉、烤全羊。

DAY4 敦煌—石油小镇—翡翠湖—大柴旦

（行驶里程 385 公里）

早餐后沿着 215 国道一路往南，中途可在石油小镇停留，可以在雪山下的废弃小城探索一番。之后沿着柳格高速前往大柴旦翡翠湖，这里有许多大小不一、颜色不同的湖泊，站在湖边，宛若镜面般的湖面倒映着蓝天白云和皑皑雪峰。最后抵达大柴旦。

路况

良好，部分国道，部分高速。

海拔情况

翡翠湖：3148 米；大柴旦：3400 米；南八仙魔鬼城：3700 米。

沿途特色景区

翡翠湖——大柴旦翡翠湖属硫酸镁亚型盐湖，是海西州第三大人工湖，由于盐床由淡青、翠绿以及深蓝的湖水辉映交替、晶莹剔透，当地人称之为“翡翠湖”。

石油小镇——这里曾是一座哈萨克族县城，之后人们迁移，小城废弃，因《九层妖塔》等电影在这里取景拍摄而被关注。

南八仙魔鬼城——中国面积最大的雅丹地貌，也是大柴旦最值得去的地方。

温馨提示： 1. 翡翠湖暂不适合中巴、大巴进入，且车辆停放时注意不要影响矿区的通行与生产。
2. 建议不要随意下水，以免发生意外。
3. 高原温差大，应及时添加衣服防止感冒，请勿剧烈运动。
4. 逐渐适应高原，建议多次喝水，每次少量饮用，晨起后不建议饮用牛奶。
5. 大柴旦 N37° 星空营地，可以在这里安排露营。

餐饮推荐

一路上吃饭的地方较少，车程长，可提前备点食物和水果在车上。

DAY5 大柴旦—致美公路—东台吉乃尔湖—水上雅丹—德令哈

（行驶里程 620 公里）

早餐后前往致美天路，被称为中国 66 号公路，之后前往新网红青海“马尔代夫”——东台吉乃尔湖。继续出发前往水上雅丹，这里经历了千万年的地质运动和时空仓变，孕育了一片世界上面积最大、最为壮观的雅丹群落。最后抵达“金色世界”德令哈。

路况

全程多为高速，路面平坦开阔。

海拔情况

德令哈：2980 米；水上雅丹：3000 米。

沿途特色景区

致美公路——中国的“66 号公路”，在保证安全的情况下，还可以在这条笔直的荒漠公路上拍上一组公路大片。

东台吉乃尔湖——被誉为“青海版马尔代夫”，满眼的蒂芙尼蓝色给人以很强烈的视觉冲击，犹如人间天堂。

水上雅丹——是一种奇特的风蚀地貌，由于亿万年的地质变迁，因褶皱而隆起和因断裂破碎的裸露第三级地层在外因力的长期作用下，吹蚀一部分地表物质形成的多种残丘和槽形低地，是目前发现的世界上最早的一处水上雅丹景观。

旅行锦囊

加油站：

德令哈：中国石油、中国石化加油站均有。

温馨提示： 1. 车辆请提前检修好（夏季车辆轮胎要充氮气），车辆一旦发生故障，道路救援需要很长时间，且费用较贵。
2. 注意控制车速，特别注意陡坡拐弯的视线盲点。
3. 让车、超车、会车时不要太靠路边，防止路基松软卡陷轮胎造成事故。
4. 当天行程时间较长，在途中多喝水补充水分，带好防晒物品，如遮阳帽、伞、太阳镜等。
5. 不要开野路子到湖边，盐碱地很软，很容易陷车。从正常入口沿 315 国道再往前（路碑 887~889 处），也有不错的拍照位置。

餐饮推荐

德令哈：可鲁克湖中华绒螯蟹、青海冬果梨、炕羊排。

△ 大柴旦翡翠湖

△ “中国 66 号公路”

DAY6 德令哈—茶卡盐湖—青海湖
（行驶里程 360 公里）

早餐后从德令哈出发，前往茶卡网红打卡胜地，位于海西州乌兰县茶卡镇的“天空壹号”景区，景区以盐为主题，盐花为形状，可通过栈道观赏盐湖湿地景观，最后来到中国最大的内陆湖青海湖，一路感受西北特色湖景。

路况

全程多为高速，小部分是国道，路面平坦开阔，路况较好。

海拔情况

茶卡盐湖：3100 米；青海湖：3100 米；可鲁克湖：2817 米。

沿途特色景区

茶卡盐湖——青海四大景之一，被旅行者称为中国的“天空之境”，被《中国国家地理》杂志评为“人一生必去的 55 个地方”之一。

可鲁克湖——位于德令哈市西南 30 公里处，可鲁克湖与托素湖一淡一咸水域相通，人称“褡裢湖”。湖中有飞禽群集的鸟岛，湖畔有芦苇。

全国乡村旅游重点村

海西蒙古族藏族自治州乌兰县茶卡镇莫河骆驼场——这里是柴达木盆地东大门第一片绿洲，灌木林郁郁葱葱，骆驼自由自在地在散步，现是远近闻名旅游胜地，有林间小屋、星空帐篷、特色博物馆、骆驼骑行等特色活动，还有地道美食，入选第一批全国乡村旅游重点村名单。

旅行锦囊

加油站：

茶卡服务区：有一个加油站。

茶卡镇：中国石油、中国石化、富海能源加油站各有一处。

温馨提示： 1. 盐湖形成不易，请爱护生态环境。

2. 青海湖海拔较高，请不要剧烈运动，尽量不要开车窗，以保持车内温度和气压，预防高反。

3. 7、8 月及国庆期间茶卡盐湖游客较多，请自行把控出游时间。

餐饮推荐

青海湖：羊肠面、尕面片、粉汤。

△ 茶卡盐湖

△ 青海湖

DAY7 青海湖—黑马河—日月山—塔尔寺—西宁

（行驶里程 250 公里）

晨起前往黑马河观日出，也可以沿着环湖西路骑行，感受湖边静怡时光，之后翻越“丝绸南路”途经重要通道日月山，来到西北藏传佛教活动中心塔尔寺，最后回到西宁。

路况

1. 全程路况较好，大部分是高速，部分景点海拔落差大，对车辆无过分要求。

2. 青海湖到西宁段车流量较大，在进入隧道及上下山道路时，请保持足够车距。

海拔情况

西宁：2261 米；青海湖：3196 米；日月山：4877 米；黑马河：3200 米。

沿途特色景区

青海湖——蒙古语为“库库诺尔”（意为青色的湖），是中国最大的内陆湖。

黑马河——青海湖环湖公路的起点，从这里沿环湖公路走 78 公里，便是著名的鸟岛，黑马河往鸟岛方向这一段，又被称为环湖西路，不少“暴走族”驴友或自行车迷，都选择从黑马河开始他们的环湖梦幻之旅。黑马河到鸟岛这一段被誉为青海湖最美的路段，不同时节有不同美景，也是观青海湖日出的最佳地点之一。

日月山——历史上“羌中道”“丝绸南路”“唐蕃古道”的重要通道，是青海省内外流域的天然分界线、季风气候分界线。

塔尔寺——中国西北地区藏传佛教的活动中心，在中国及东南亚享有盛名，藏传佛教格鲁派六大寺院之一，酥油花、壁画和堆绣被誉为“塔尔寺艺术三绝”。

全国乡村旅游重点村

西宁市湟源县和平乡小高陵村——2020 年小高陵村入选第二批全国乡村旅游重点村名单。同年 9 月，农业农村部推介小高陵村为 2020 年中国美丽休闲乡村。

西宁市湟中区拦隆口镇卡阳村——“卡阳”，藏语译为“干净，纯洁的地方”。

西宁市湟源县申中乡前沟村——先后获得第一批全国一村一品示范村镇、2016 年中国美丽休闲乡村等荣誉，2020 年入选第二批全国乡村旅游重点村名单。

旅行锦囊

加油站：

青海湖：二郎剑景区附近有一处中国石油加油站，有 92#、95# 汽油以及 0# 柴油供应。

餐饮推荐

西宁：白条手抓、羊羔肉、青海酿皮、青海土火锅、青海老酸奶。

△ 塔尔寺

No.10 找寻“指尖传承”酥油花，追忆万宝祁连情怀

探秘天空之境，邂逅最美大西北

手绘线路图

线路概况

从西宁出发，一路向西，听塔尔寺佛音绕耳，邂逅圣湖茶卡，洗涤心灵。之后向北，感受卓尔山、七彩丹霞的波澜壮阔。途经最美国道277线，沿途风景随手一拍就是大片。还有祁连山大草原、门源油菜花海等景点，蓝天白云、金色花海、牛羊等交相辉映，每一幕的景色都让人沉醉其中。

非遗体验

塔尔寺酥油花、青海平弦、加牙藏族织毯技艺等。

土特产

青海冬虫夏草、青稞酒、老酸奶、黑枸杞等。

行程规划

线路：西宁—塔尔寺—拉脊山—青海湖—茶卡盐湖—冰沟林海—祁连—卓尔山—七彩丹霞—张掖—祁连山草原—门源—西宁。

总里程：1410公里。

推荐时长：4天。

△ 塔尔寺

DAY1 西宁—塔尔寺—拉脊山—青海湖—茶卡镇

（行驶里程 590 公里）

早餐后从西宁市出发，行驶 40 分钟到达塔尔寺，听佛音绕耳，看寺内“艺术三绝”。途经拉脊山——行程途中高海拔之一，可到达海拔 3820 米的山顶，远观远方碧绿点点、雪山皑皑。之后来到“高原明珠”青海湖，最后抵达茶卡镇，“茶卡”为藏语，意为“盐海之滨”，是柴达木盆地和海西州的“东大门”，素有“盆地第一镇”之称。

路况

铺装路面，路况良好，根据道路限速值行驶即可（为避免危险不要随意在路边停车，注意横穿公路的牛羊）。

海拔情况

西宁：2261 米；塔尔寺：2670 米；拉脊山：3800~4800 米；青海湖：3196 米；茶卡镇：3100 米。

沿途特色景区

塔尔寺——中国藏传佛教格鲁派六大寺院之一，也是世界第二大佛宗喀巴大师的诞生地。因先有塔，而后有寺，故名塔尔寺，有 400 多年历史，是西宁最受欢迎的旅游目的地之一。栩栩如生的酥油花、绚丽多彩的壁画和色彩绚烂的堆绣被誉为“塔尔寺艺术三绝”。寺内还珍藏了许多佛教典籍和历史、文学、哲学、医药、立法等方面的学术专著。

拉脊山——又称拉鸡山、积石山，藏语称“贡毛拉”，意为嘎拉鸡（石鸡）栖息的地方。海拔在 3800~4800 米。拉脊山一年四季都有积雪，算是距离省会西宁很近的雪山。山上出产著名的冬虫夏草。每当夏季来临，山坡上绿草如茵，繁花似锦，牛羊成群，牧歌声声，还有空阔的蓝天、悠悠的白云，是都市人向往的佳境。

青海湖——蒙语称“库库淖尔”，即“青色的海”之意，位于青海省东北部的青海湖盆地内，是中国的内陆湖泊，也是中国的咸水湖。湖中有 5 个小岛，海心山面积较大。湖面海拔 3260 米，环湖 360 公里，烟波浩渺，碧波连天，是我国高原湖泊，被誉为“高原明珠”。

全国乡村旅游重点村

西宁市湟源县日月藏族乡兔儿干村——村内有东科寺、全神庙等古迹遗址。村内的社火表演和别处不同，与东科寺的佛事“观经”相结合举行，别有一番特色。

旅行锦囊

加油站：

西宁城区：有多个中国石油、中国石化加油站。

上新庄镇：有多个中国石油、中国石化加油站。

江西沟镇：有多个中国石油、中国石化加油站。

京拉线：有黑马河加油站。

温馨提示：1. 西宁至青海湖以及环湖地区道路较好，但全程有限速规定（限速 60~80 公里 / 小时），有固定和流动测速点，请自驾前往时控制车速，注意安全，避免被处罚或导致事故。

2. 沿途照相的游客，不要擅自进入网围栏草地或油菜花地，请注意路边的提示或标志，无任何提示标志（包括无人看管的草地和油菜花地）也不要未经同意随意进入。

3. 牧区道路上牲畜（主要是马、牛、羊、狗等）较多，要谨慎驾车。

4. 5、6、9、10月去青海请准备抓绒冲锋衣或棉服一件，7、8月请准备秋季外套一件，在甘肃境内短袖即可。沿途紫外线强，记得准备防晒服、墨镜、防晒霜等。

5. 塔尔寺旅游禁忌声明：禁忌穿超短裙、短裤等不庄重服装进入寺内参观；禁忌吸烟、饮酒；禁忌触摸、乱动殿堂内的佛像、供品、法器等；禁忌在僧人诵经、辩经等期间打闹喧哗；禁忌攀援佛塔、踩踏经幡等佛教标志、桑炉内焚烧不净物；禁忌逆转佛塔经轮；禁忌对着僧人和磕长头、转经筒的信徒拍照录像；禁忌携带宠物进入参观；禁忌乱刻乱画、随地吐痰、乱扔垃圾；禁忌谈论不利于民族团结、宗教和谐的话题。

餐饮推荐

炮仗面、手抓羊肉、青海老酸奶、青海酿皮、羊肠面。

DAY2 茶卡盐湖—刚察草原—大冬树垭口4120—冰沟林海—祁连

（行驶里程 385 公里）

早餐后前往茶卡盐湖，游人眼中的梦幻天空之镜。之后走环湖西路，途经刚察草原，这里不同于金银滩草原和祁连山草原，刚察草原最大的特点就是辽阔。站在一碧千里的刚察大草原，仿佛置身一个翡翠的世界里。随后向北，从大冬树垭口经过，这里是大多数川藏线驴友行程中的最高点。其间可前往原始秘境冰沟林海，最后抵达祁连。

路况

近祁连时弯路较多，但路面好，比较好开。祁连山夏季可能有泥石流，道路遭遇山体滑坡，需注意天气状况。

海拔情况

茶卡盐湖：3200 米；刚察草原：3200~3400 米；大冬树垭口：4120 米。

沿途特色景区

天空之镜茶卡盐湖——别称茶卡或达布逊淖尔，是位于青海省海西蒙古族藏族自治州乌兰县茶卡镇的天然结晶盐湖。茶卡盐湖与塔尔寺、青海湖、孟达天池齐名，是“青海四大景”之一，被旅行者们称为中国的“天空之镜”，茶卡盐湖被《中国国家地理》杂志评为“一生必去的 55 个地方之一”。

刚察草原——刚察草原不同于金银滩草原和祁连山草原，刚察草原最大的特点就是辽阔，更显原生态和安静，景色也不输于别的草原。

大冬树垭口——青海海北州的自然景观，入选《中国国家地理》杂志青海 100 个“最美观景拍摄点”榜单。

冰沟林海——冰沟林海景区位于祁连县南侧冰沟村，是一片坐落在峡谷河岸边的茂密森林，环境非常清新，是

△ 茶卡盐湖

△ 茶卡盐湖

祁连县自然风光的一处亮点。这里松林密布，河水清澈湍急，远处是辽阔草原和茫茫雪山，很有瑞士的感觉。景区内有一个露营基地，适合喜欢户外的朋友。

全国乡村旅游重点村

海西蒙古族藏族自治州乌兰县茶卡镇莫河骆驼场——柴达木盆地东大门第一片绿洲，灌木林郁郁葱葱，骆驼自由自在地散步其中，现是远近闻名的旅游胜地。

旅行锦囊

加油站：

茶卡盐湖：附近有中国石油加油站。

刚察县：有中国石油、中国石化加油站。

祁连县：有较多中国石油、中国石化加油站。

温馨提示： 1. 茶卡盐湖拍摄取景主要为盐湖的天空之镜，需要穿雨鞋进入盐水池，进入盐池后注意盐水的深浅，女士拍摄可穿艳丽衣服，披颜色亮丽的披肩或纱巾，因湖边风比较大，注意防风防晒。

2. 大冬树垭口海拔 4120 米，是绝大多数自驾川藏线的驴友行程中的最高点。注意预防高原反应，可预备好相关药品，如高原红景天（提前服用）、奥默蓝养片、西洋参含片。

餐饮推荐

牦牛酸奶、刚察黄蘑菇、祁连藏系羊肉、尕面片。

DAY3 祁连—卓尔山—阿柔大寺—扁都口—七彩丹霞—张掖

（行驶里程 300 公里）

早餐后从祁连出发，到达卓尔山，祁连山的一条支脉，赏赤红丹霞地貌与碧绿草原交错的美景。途经阿柔大寺、扁都口等景点，最后来到张掖市，看七彩丹霞地貌，这里集广东丹霞山的雄、险、奇、幽、美于一身，揽新疆五彩城的色彩斑斓为一体。

路况

走 S302、国道 227。路况良好，但是有部分弯道，开车的时候注意车速。国道 227 被称为“最美国道”，沿途风景迷人。

海拔情况

卓尔山：2808 米；阿柔大寺：3023 米；七彩丹霞：1718 米。

△ 张掖七彩丹霞

△ 张掖七彩丹霞

沿途特色景区

卓尔山——卓尔山是祁连山的一条支脉，呈现丘陵状的草原风光，而其本身地貌又属于丹霞地貌，山体露出的地方都是赤红的砂岩，与碧绿的草原层叠交错，非常漂亮。卓尔山对面就是一山尽览四季风光的牛心山，其山顶积雪终年不化，而山下则是碧绿林海，在此遥望景色很是优美。

阿柔大寺——阿柔大寺位于青海省海北藏族自治州祁连县境内，是祁连地区规模较大、影响较大的藏传佛教格鲁派寺院，也是较大的藏传佛教活动场所，阿柔大寺亦称“阿力克大寺”，藏语法名“尕日登群派林”，属格鲁派，为阿柔即阿力克部落的寺院。不仅在祁连藏传佛教寺院和信教群众中享有盛名，而且在海北地区中也颇具影响。

张掖七彩丹霞——张掖祁连山丹霞主要由红色砾石、砂岩和泥岩组成，有明显的干旱、半干旱气候的印迹，以交错层理、四壁陡峭、垂直节理、色彩斑斓而示奇，它是一个以自然风光为主的自然风景区。

全国乡村旅游重点村

白杨沟村——临近卓尔山风景区，景色优美，流水潺潺，树木葱茏，芳草萋萋。

旅行锦囊

加油站：

石乃亥镇：有石油服务区加油站。

刚察县：有中国石油、中国石化加油站。

哈尔盖镇：有附近较多加油站。

祁连县：有较多中国石油、中国石化加油站。

温馨提示：1. 卓尔山最佳旅游时间：6~8 月是比较不错的，而在 7、8 月的时候，也是青海湖的最佳旅游时间，可以多个景点一起去逛逛。这个时候，卓尔山的青草嫩绿，另外还有油菜花海，十分美丽。

2. 在寺院里，不能用手摸佛经、佛像、法器等，更不能跨越；转经轮时，一定是从左向右；不要乱摸藏族人的头和帽子。寺内很多经院殿堂有禁止拍照的告示牌，需注意。

3. 丹霞还有很多地方没有被开发，比较危险，所以不要前往未开发的区域；有的地方没有护栏，需注意人身安全。

餐饮推荐

搓鱼面、酿皮子、牛肉小饭、炒炮。

DAY4 张掖—祁连山草原—岗什卡雪峰（远观）—门源油菜花海—西宁

（行驶里程 380 公里）

早餐后从张掖出发，来到祁连山草原，西北著名大草原之一，山清水秀景如画，天高云淡夏如春。途中远观岗什卡雪峰美景，山顶常年白雪皑皑、银光熠熠，宛如一条玉龙。之后来到门源，蓝天白云、金色花海、民居、蜂农交相辉映，处处是迷人风景。最后返程，回到西宁。

路况

走国道 227，路况良好，会经过一段山路，转弯比较大所以要开得慢一些。

海拔情况

岗什卡雪峰：5254.5 米；门源油菜花田：3000 米左右。

沿途特色景区

天然牧场祁连大草原——祁连山草原是中国美丽的草原，祁连山山清水秀景如画，天高云淡夏如春，巍峨的雪峰捧起洁白的哈达，草原铺展开千里碧毯，让祁连山的情怀深藏在每个人的心间。

百里花海门源油菜花海——与普罗旺斯薰衣草齐名的十大花海之一，这里有着青海的油菜花基地，是西北地区的主要油料产区。每年的 7 月，油菜花开，整个门源变成一片金色的海洋花景，与当地的蓝天白云、高山流水、林海草原的民居、蜂农等交相辉映，变幻出一道道独具特色的迷人风光。

达坂山观景台——达坂山，位于青海省大通县与门源县的交界处，是青海通往甘肃的交通要道，依山而建的道路就像是点缀在群山之中的飘带，达坂山虽比不上昆仑山脉的辽阔豪迈，却也是“万峰丛中”令人心动的存在。

全国乡村旅游重点村

张掖市甘州区长安镇前进村——这里有油菜花、香雪球等百亩花海。

张掖市山丹县李桥乡高庙村——以农耕文化为主题打造体验式旅游村，游客可体验驴拉磨、打场、春耕秋收等农事活动。

海北藏族自治州门源回族自治县珠固乡东旭村——因周边山势如伸颈饮水的卧驼，在滔滔浩门河中静卧憩息，故称为“骆驼曲流”，为门源古八景之一，且只有一个山洞与外界相连，被称为“世外桃源、藏家秘境”。

旅行锦囊

加油站：

张掖市：有较多加油站。

民乐县：有中国石油加油站。

西宁市：有较多加油站。

温馨提示： 1. 门源油菜花开放时间为 7 月中旬到 8 月中旬之间，花期内观景台游人众多，可选择一处游客相对较少的花田小路徒步进入，8 月油菜花陆续凋谢。

2. 7、8 月为青海的旅游旺季，达坂山隧道常发生交通堵塞、交通管制等不可控现象，游客返程时建议购买次日的机票或火车票，以免造成损失。

餐饮推荐

门源：奶皮、哈里海（背口袋）、青稞面长饭。

△ 门源回族自治县油菜花

No.11 梦回丝绸之路，行走千年苍茫

玩转青甘宁三省区九城，纯享大西北精华景区

手绘线路图

线路概况

大环线路况良好，景色优美。旅途从银川开始，观雄伟独特的贺兰山，探秘历史悠久的西夏王陵。之后向南，到中卫沙坡头感受浩瀚无垠的沙漠。之后一路向西北，途经张掖七彩丹霞、嘉峪关等特色景点，领略西北的别样风情。之后还有敦煌莫高窟、月牙泉、“天空之镜”茶卡盐湖等特色景点，包含众多的西北旅游精华景点。最美戈壁滩、网红U形公路、最圣洁的湖泊……每一帧都是无法忘却的动人美景。

非遗体验

裕固族民歌、夜光杯雕、敦煌曲子戏、青海越弦、兰州太平鼓、兰州鼓子等。

土特产

宁夏大米、贺兰山东麓葡萄酒、宁夏枸杞、敦煌李广杏、香水梨、冬虫夏草、青稞酒、兰州冬果梨等。

行程规划

线路： 银川—贺兰山岩画—水洞沟—西夏王陵—镇北堡西部影城—中卫沙坡头—张掖七彩丹霞—嘉峪关—鸣沙山月牙泉—莫高窟—东台吉乃尔湖—翡翠湖—茶卡盐湖—青海湖—兰州。

总里程： 3294 公里。

推荐时长： 9 天。

DAY1 银川—贺兰山岩画—水洞沟—银川

（行驶里程 170 公里）

到达银川，早餐后前往游览贺兰山岩画景区，雄浑的贺兰山因为古岩画和古人类文化遗迹而有了历史文化内涵，是中外游客向往的胜地。午餐后参观 5A 级景区水洞沟，聆听 3 万年前人类在此繁衍生息的故事。游览结束后返回市区。

路况

路况较好。

海拔情况

银川：1111 米；贺兰山岩画：1432 米；水洞沟：1217 米。

沿途特色景区

贺兰山岩画——贺兰山在古代是匈奴、鲜卑、突厥、回

△ 贺兰口遗址区

鹘、吐蕃、党项等北方少数民族驻牧游猎、生息繁衍的地方。他们把生产生活的场景凿刻在贺兰山的岩石上，来表现对美好生活的向往与追求，再现了他们当时的审美观、社会习俗和生活情趣。在南北长 200 多公里的贺兰山腹地，就有 20 多处遗存岩画，其中具有代表性的是贺兰口岩画。

水洞沟——水洞沟是中国最早发掘的旧石器时代文化遗址，被誉为“中国史前考古的发祥地”“中西方文化交流的历史见证”，水洞沟独特的雅丹地貌，鬼斧神工地造就了魔鬼城、旋风洞、卧驼岭等 20 多处奇绝景观，记录了 3 万年前人类生生不息的活动轨迹。

全国乡村旅游重点村

银川市西夏区镇北堡镇华西村——华西村附近有镇北堡古城址、镇北堡西部影视城、西夏王陵、西夏博物馆、张裕摩塞尔十五世酒庄等旅游景点，有“白宝”滩羊皮、“黑宝”发菜、宁夏羊绒、宁夏地毯、宁夏玫瑰花等特产。

银川市西夏区镇北堡镇昊苑村——是绿化大村，也是中国酿酒葡萄最佳种植区之一。村内酒窖各有特色，一酒窖一景。

旅行锦囊

加油站：

银川市区：有多个中国石油、中国石化加油站。

西夏区镇北堡：有中国石油加油站。

青银高速：路上有多个服务区加油站。

△ 水洞沟——红山堡

△ 水洞沟——气势雄浑的水洞沟大门

△ 水洞沟——红山湖美景

△ 水洞沟——水洞沟村

温馨提示： 1. 银川早晚温差大，注意带好保暖衣物以及防晒用品。
2. 有些景点，比如贺兰山的山里，无线网络不是很好，可能会遇到关键时刻没有网络，无法查资料的情况，建议提前做好熟悉线路的准备。

餐饮推荐

银川：糖醋黄河鲤鱼、扒驼掌、清蒸羊羔肉、羊杂碎、牛羊肉酥。

DAY2 银川—西夏王陵—镇北堡—西部影城—银川

（行驶里程 80 公里）

早餐后参观西夏王陵，西夏王陵有“东方金字塔”之称，距市区大约 35 公里，是西夏历代帝王陵墓所在地。之后游览镇北堡西部影城，在这里拍摄了《红高粱》《大话西游》等影片，享有“中国电影从这里走向世界”的美誉。

路况

途经银川绕城高速和京银线，路况良好。

海拔情况

银川：1111 米；西夏王陵：1130~1200 米。

沿途特色景区

西夏王陵——西夏王陵有“东方金字塔”之称，坐落在银川市西郊贺兰山东麓，距市区大约 35 公里，是西夏历代帝王陵墓所在地。

镇北堡西部影城——镇北堡西部影视城在中国众多的影视城中以古朴、原始、粗犷、荒凉、民间化为特色，是中国三大影视城之一，也是中国西部唯一著名影视城。

△ 远眺西夏陵

△ 镇北堡西部影视城的月亮门

△ 沙坡头——黄河大漠

全国乡村旅游重点村

银川市西夏区镇北堡镇镇北堡村——空气清新，绿荫成林，特色农产品有洋蓟、甜椒等。

旅行锦囊

加油站：

银川市区：有多个中国石油、中国石化加油站。

京银线：路上有多个中国石油、中国石化加油站。

温馨提示： 宁夏地区民用饮用水大多为地下水，水质硬度高，因此，胃肠抵抗力较弱、过敏性体质的人，应携带理气、抗过敏药物以备使用。

餐饮推荐

凉拌沙葱、西夏贡米、蒜仔烧黄河鲇鱼。

DAY3 银川—高庙—沙坡头—中卫

（行驶里程 194 公里）

早餐后赴中卫，前往参观儒释道三教一体的宗教场所——高庙。午餐后前往参观游览《爸爸去哪儿》多次拍摄地沙坡头，近距离感受大漠风光的壮阔广袤、雄浑气象。游览结束后在中卫住宿。

路况

途经银川绕城高速、乌玛高速，路况良好。

海拔情况

中卫：1225 米；沙坡头：1322 米。

沿途特色景区

中卫高庙——据传，始建于明永乐年间（1403~1424 年），经历代增建重修，至清代已成为一处规模较大的古建筑群，表现出宁夏古建筑的风貌。它与“大漠奇观”齐名，是中卫两大景观之一。

沙坡头——沙坡头旅游区位于宁夏中卫县西 20 公里的腾格里沙漠东南边缘处，浩瀚无垠的腾格里沙漠，沙海莽莽、金涛起伏，由北面滚滚而来，到这里遇到九曲黄河受阻，戛然而止，伏首在黄河北岸的香山脚下，开成了一条长约 2000 米、高 160 多米的沙漠瀑布，沙坡头由此而得名。

全国乡村旅游重点村

中卫市沙坡头区迎水桥镇沙坡头村——位于国家 5A 级景区沙坡头旅游区东 1 公里处。这里有童家园子民俗部，景色优美，是休闲乡村旅游的好去处。

旅行锦囊

加油站：

中卫市区：有较多中国石油、中国石化加油站。

乌玛高速：路上有较多加油站。

温馨提示： 1. 沙坡头风沙较大、沙子较多，要小心保护好照相机、摄像机、手机等，建议用塑料袋或布袋等包好，建议随照随关镜头盖。

2. 沙漠气候干燥，气温高，容易中暑，应多喝水。

3. 骑骆驼时，要防止骆驼起来和卧倒将人甩下，在这时要抱紧骆驼鞍或驼峰。平时不要靠近骆驼的后脚和头部，以防它踢到或用嘴喷人。骆驼虽然温顺，但受惊后却很危险，要防止突然的响声和刺目的颜色刺激骆驼。

餐饮推荐

中卫：中卫鸽子鱼、浑酒小炒肉。

△ 张掖

DAY4 中卫—张掖—七彩丹霞
（行驶里程 580 公里）

早餐后前往张掖市，张掖位于甘肃省西北部，是古时河西走廊四郡之一。抵达张掖后吃午饭，下午游览张掖丹霞地质公园，感受丹霞地貌的斑斓神奇。随后前往游览张掖丹霞口小镇。

路况

途经定武高速、连霍高速，路况良好。

海拔情况

张掖：1483 米；七彩丹霞：1850 米。

沿途特色景区

张掖丹霞地质公园——这里是张艺谋的《三枪拍案惊奇》、姜文执导的《太阳照常升起》和电视剧《神探狄仁杰》的外景地，被《中国国家地理》评为中国美丽的七大丹霞地貌之一。神奇的丹霞地貌群，有红色、黄色、白色、绿蓝色，色调有顺山势起伏的波浪状，也有从山顶斜插山根的，犹如斜铺的彩条布，在太阳的照耀下，色彩异常艳丽，让人惊叹不已。

张掖丹霞口小镇——张掖丹霞口旅游度假小镇位于七彩丹霞景区必经之路上，距离丹霞区北门 2.8 公里。这里是集文化演绎、民俗体验、美食品尝于一体的打卡胜地。

全国乡村旅游重点村

张掖市临泽县板桥镇红沟村——风景秀丽，气候宜人，盛产葡萄、小枣，旅游景点峡谷奇观可与丹霞媲美。

旅行锦囊

温馨提示： 1. 参观丹霞景区，最好是在日出日落的时候或者雨过天晴之后。

2. 丹霞景区内的观景台之间都有大巴接送，要合理安排参观时间。

3. 一天车程较长，可以提前一天备点干粮水果、晕车药在车上。

餐饮推荐

张掖：炒拨拉、油泡泡、蒸饼子、醪糟蛋、牛肉火烧。

DAY5 张掖—嘉峪关—敦煌
（行驶里程 610 公里）

早餐后乘车前往嘉峪关，游览嘉峪关城楼，登上城楼，去体会当年的金戈铁马、漫道苍茫。午餐后前往敦煌市，抵达后享用晚餐，入住休息。

路况

全程多为高速，路面平坦开阔。

海拔情况

嘉峪关关城：1500~1800 米；敦煌：1139 米。

沿途特色景区

嘉峪关城楼——嘉峪关是举世闻名的万里长城西端险要关隘，也是长城保存完整的一座雄关。这里是古丝绸之路的交通要道，张骞曾带着满载丝绸的骆驼商队，缓缓西行。这里是明时万里长城的西起点，古时出了嘉峪关就是茫茫戈壁，告别了中原故土，进入蛮荒之地，雄关漫道是沧桑。

沙州夜市——沙州夜市是敦煌旅游精品线路上的一个重要旅游景点。位于敦煌市阳关东路，是敦煌市最大的夜市。这里以其鲜明的地方特色和浓郁的民俗风情，被誉为敦煌“夜景图”和“风情画”。

全国乡村旅游重点村

张掖市甘州区长安镇前进村——前进村附近有张掖大佛寺、张掖国家湿地公园、平山湖大峡谷、甘泉公园、二坝湖等旅游景点，有张掖红地球葡萄、张掖玉米种子、甘州搓鱼子、煎血肠、甘州胰子等特产。

酒泉市肃州区泉湖镇永久村——附近有西汉酒泉胜迹、大法幢寺、酒泉民俗博物馆等旅游景点，有河西走廊葡萄酒、酒泉洋葱、酒泉夜光杯、肃州洋葱、肃州酿皮子等特产。

张掖市民乐县民联镇东寨村——东寨村附近有扁都口风光旅游区（祁连山扁都口大峡谷）、童子寺石窟、民乐圣天寺等旅游景点，有民乐紫皮大蒜、民乐苹果梨、丰源马铃薯、香饭、糊饽等特产。

旅行锦囊

加油站：

嘉峪关市、酒泉市：市内较多加油站。

敦煌市：有较多中国石油、中国石化加油站。

温馨提示： 1. 每年5~10月是嘉峪关的最佳旅游时间。嘉峪关属温带干旱气候，年温差较大，年平均气温6℃左右，年降水量80多毫米。冬季1月最冷，最低气温-28.6℃，夏季7月最热，最高气温38℃。

2. 7月中旬会举办嘉峪关国际滑翔节，届时会有精彩的演出和赛事，一定不要错过。10月是攀登七一冰川的好时节。

餐饮推荐

嘉峪关：粉蒸牛羊肉、虹鳟鱼、丝路驼掌。

敦煌：胡羊焖、饼烤全羊、泡耳油糕。

DAY6 莫高窟—鸣沙山月牙泉—敦煌

（行驶里程60公里）

早餐后游览“丝路明珠”莫高窟，位于甘肃敦煌鸣沙山东麓崖壁上，是世界上现存规模较大、内容丰富的佛教艺术地。午餐后前往游览鸣沙山·月牙泉，欣赏“银山四面沙环抱，一池清水绿漪涟”的奇妙景观，更可以欣赏到壮美的沙漠日落奇观。

路况

去莫高窟走Z110专线，沿途两侧是茫茫戈壁，注意限速，不要疲劳行驶，刮风天气可能会有流沙上路。

海拔情况

莫高窟：1334米；鸣沙山：1650米。

沿途特色景区

莫高窟——俗称“千佛洞”，坐落于河西走廊西端的沙洲敦煌。它始建于十六国的前秦时期，历经十六国、北朝、隋、唐、五代、西夏、元等历代的兴建，形成巨大的规模，有洞窟735个、壁画4.5万平方米、泥质彩塑2415尊，是世界上现存规模较大、内容丰富的佛教艺术地，也是中土文明与西域外来文化的辉煌交融。

鸣沙山·月牙泉——鸣沙山和月牙泉是大漠戈壁中一对孪生姐妹，“山以灵而故鸣，水以神而益秀”，确有“鸣沙山怡性，月牙泉洗心”之感。自汉朝起即为“敦煌八景”之一，得名“月泉晓澈”，月牙泉南北长近100米，东西宽约25米，泉水东深西浅，较深处约5米，弯曲如新月，因而得名，有“沙漠第一泉”之称。

全国乡村旅游重点村

敦煌市月牙泉镇杨家桥村——杨家桥村附近有鸣沙山—月牙泉风景名胜区、月牙泉、敦煌民俗博物馆、佛爷庙等旅游景点，有敦煌李广杏、敦煌葡萄、鸣山大枣、消冰香水梨等特产。

△ 嘉峪关

△ 莫高窟

旅行锦囊

加油站：

敦煌市：中国石油加油站。

文博路：中国石油、中国石化加油站。

温馨提示：1. 莫高窟如同一颗渐渐褪去光华的明珠，在自然氧化和人为因素的作用下，彩塑壁画正在慢慢失去神韵，所以出于文物保护的目的，在窟穴参观时是禁止使用摄像设备的。

2. 莫高窟门票需自行至官网提前预订 A 类票，旺季一票难求，请提前 30 天实名预订。

3. 每年 5~10 月西北经常会出现特殊天气，如沙尘暴、大风、洪水等，不利出行，或者可能造成道路受阻、严重堵车等，请提前安排游览行程。

餐饮推荐

敦煌：驴肉黄面、杏皮水、敦煌臊子面、胡羊焖饼、泡油糕。

DAY7 敦煌—U 形 315 国道—东台吉乃尔湖—大柴旦

（行驶里程 660 公里）

早餐后从酒店一路疾驰，进入荒芜广阔的柴达木盆地，顺着中国的 66 号公路——U 形 315 国道，游览东台吉乃尔湖，还可以在路上看到南八仙雅丹群美景，拍摄公路大片。最后到达大柴旦。

路况

多为柏油路，道路状况良好。

海拔情况

东台吉乃尔湖：2681 米；南八仙雅丹群：3200 米；大柴旦：3400 米。

沿途特色景区

东台吉乃尔湖——东台吉乃尔湖区深居柴达木盆地腹地，是一个以卤水为主的特大型锂矿床。湖的颜色与青海湖不同，由于含铜量较高湖水呈现出鲜绿色，岸边尽是覆盖着的白色结晶。湖的周围是大片的雅丹地貌，搭配上鲜绿色的湖水，犹如“海上舰队”。

△ 翡翠湖

南八仙雅丹群——南八仙距大柴旦镇约 200 公里，是柴达木盆地中比较大，也比较典型的一组雅丹地貌群。

旅行锦囊

加油站：

敦煌市：较多中国石油加油站，有中国石油阿克塞县城加油站，还有中国石化海子八段加油站、中国石化阿克塞长草沟加油站。

大柴旦：有较多加油站。

温馨提示：1. 东台吉乃尔湖湖水盐分含量极高，最好不要用手触摸。

2. 由于 315 国道工程车很多，打卡点交通混乱，现在交警查得很严，出于安全考虑，可能无法停车。

3. 一天路程较长，可以准备水和干粮。

餐饮推荐

大柴旦炕锅羊排、粉汤。

DAY8 大柴旦—翡翠湖—茶卡盐湖—青海湖 / 共和

（行驶里程 580 公里）

早餐后出发前往在卫星地图上就能看到碧绿色钻石状的翡翠湖，站在湖边，镜面般的湖面倒映着蓝天白云和皑皑雪峰，宛如仙境。之后翻越橡皮山前往被誉为“天空之镜”的茶卡盐湖景区，也是西北必打卡的圣湖景点。午餐后前往参观青海湖，游览青海湖二郎剑景区，这里是欣赏大美青海湖的最佳之地！结束后前往共和县。

路况

多为高速路，路况良好。

海拔情况

翡翠湖：3148 米；茶卡盐湖：3100 米；青海湖：3100 米。

沿途特色景区

翡翠湖——翡翠湖位于青海省海西蒙古族藏族自治州原大柴旦化工厂盐湖采矿区内。因湖水在阳光下清澈湛蓝，色如翡翠，故得名“翡翠湖”。

茶卡盐湖——茶卡盐湖面积空旷、地势平坦，湖面具有强烈的反射能力，如同一面为天空梳洗打扮而准备的镜子，故被称为中国的“天空之镜”，被《中国国家地理》杂志评为“一生必去的 55 个地方之一”。

青海湖二郎剑景区——二郎剑景区位于青海湖东南部，因距离西宁 151 千米，这里又被称为 151 基地。6 月底至 7 月末，金黄的油菜花开满在青海湖畔，蓝天、白云、色彩多变的青海湖，水天一色，远远交接，宛若梦境。

全国乡村旅游重点村

海西蒙古族藏族自治州乌兰县茶卡镇莫河骆驼场——柴

△ 茶卡盐湖

达木盆地东大门第一片绿洲，灌木林郁郁葱葱，骆驼自由自在地散步于此，现在是远近闻名的旅游胜地。

旅行锦囊

加油站：

G315：中国石油（饮马峡服务区）、中国石油（怀头他拉服务区加油站），中国石化（柯鲁克服务区加油站）。

乌兰县：较多中国石油、中国石化加油站。

温馨提示：1. 盐湖形成不易，请爱护生态环境。

2. 青海湖海拔较高，请不要剧烈运动，尽量不要开车窗，以保持车内温度和气压，预防高原反应。

3. 7、8 月及国庆期间茶卡盐湖游客较多，请自行把控出游时间。

餐饮推荐

羊肠面、青海老酸奶、酿皮、尕面片。

DAY9 共和县—兰州

（行驶里程 360 公里）

早餐后，一路驱车前往兰州市。在兰州用完午餐后，可游览兰州市著名景点。推荐甘肃省博物馆、黄河母亲像、黄河铁桥、五泉山公园等景点，感受甘肃源远流长的历史文化。

路况

全程路况较好，大部分是高速。

海拔情况

兰州：1580 米。

沿途特色景区

甘肃省博物馆——拥有东汉铜奔马、黄河剑齿象等众多国宝级文物，位居全国五强、世界十强，还是值得一看的。

黄河母亲像、黄河铁桥——黄河母亲像象征了哺育中华民族生生不息、不屈不挠的黄河母亲和快乐幸福、茁壮成长的中华儿女，该雕塑构图简洁，寓意深刻，反映了甘肃悠远的历史文化。黄河铁桥是黄河干流上第一座大型铁结构桥，百年沧桑的历史衬托了兰州的深厚底蕴。

秦腔博物馆——坐落在甘肃省兰州市金城关风情区二台阁，分原汁原味的秦腔表演区、历代秦腔名人蜡像区，还有小型皮影戏。

五泉山公园——兰州网红景点，历史悠久，因传说霍去病将军曾在山上鞭打五下打出五眼泉水而得名。山间修建了众多的古代建筑和寺庙等，公园内绿树成荫，环境古朴优雅。

全国乡村旅游重点村

西宁市湟源县和平乡小高陵村——小高陵村附近有湟源元山遗址、丹噶尔古城、日月山、华石山、哈拉库图城遗址等旅游景点，有湟源马牙、湟源陈醋、湟源排灯、干板鱼等特产。

西宁市湟源县日月藏族乡兔儿干村——当地河湟特色和藏汉融合的古旧民居、历史遗存较多，现在已按照村落原有布局，有效保护并开发古村落传统建筑群。

旅行锦囊

加油站：

中共日月藏族乡委员会东北有中国石油加油站。

西宁市：较多中国石油、中国石化加油站。

兰州市：较多中国石油、中国石化加油站。

温馨提示：1. 兰州紫外线照射强烈，气候干燥，游客要准备好充足的防晒品，自备防晒霜、润唇膏、太阳镜、太阳帽等防晒用品。

2. 对当地的僧人、道士以及身穿当地民族服饰的少数民族的民众拍照时，一定要征得他们的同意以后才可以，避免产生不必要的矛盾。如果承诺他们冲洗好照片寄回来，一定要遵守诺言。

餐饮推荐

兰州拉面、黄焖羊肉、百合桃、高三酱肉、干面锅盔。

△ 兰州

No.12 九色甘南醉美川西，梦中的香巴拉

行走在美丽风景之中，重温红色记忆，感受藏羌风情

手绘线路图

线路概况

这条线路将会是一场视觉盛宴，带你从自然风光、人文地理、历史文化领略非同凡响的旅行意义，雪山镜湖和草原胜景，浪漫的古老部落和藏族风情，多层次的壮丽景观，多方位的摄影角度，这既是视觉上的饕餮盛宴，更是一场摄影发烧友的狂欢！

非遗体验

天水太昊伏羲祭典、甘南藏戏、羌族多声部民歌、羌戈大战、羌族羊皮鼓舞、羌年。

土特产

花牛苹果、秦安花椒、秦州大樱桃、冬虫夏草、蘑菇、蕨麻、暗腹雪鸡、茂县李等。

行程规划

线路：西安—麦积山石窟—天水—拉卜楞寺—夏河—郎木寺—若尔盖—唐克—九寨沟—黄龙—川主寺—松潘古镇—茂县—成都。

总里程：2030 公里。

推荐时长：7 天。

DAY1 西安—麦积山—天水

（行驶里程 350 公里）

顺着渭河，一路高速向西前行，过了宝鸡多隧道，一路穿行在山里，领略西北的灵秀之美，之后沿 629 乡道抵达天水后参观“东方雕塑馆”之称的麦积山石窟，结束后前往“羲皇故里”天水，这里自古是丝绸之路必经之地。

路况

1. 全程可走高速，路况很好，连霍高速有区间测速，限

△ 迎宾池夕阳

速 100~120 公里 / 小时。

2. 后半程多隧道，限速 80~100 公里 / 小时，弯道较多。

海拔情况

西安：415 米；麦积山石窟：1576 米；天水：1213 米。

沿途特色景区

麦积山石窟——因山形酷似麦垛而得名，以其精美的泥塑艺术闻名世界，被誉为东方雕塑艺术陈列馆。

全国乡村旅游重点村

西安市长安区王曲街道南堡寨村——这里是一个古老的村庄，建于清朝嘉庆年间，位于终南山北、神禾原上，山清水秀，一派江南的景象，古时还是一个具有防御功能的长方形村庄。

天水市秦州区玉泉镇李官湾村——位于天水秦州城南慧音山，凭借着良好的区位优势和生态资源，吸引了众多文化、休闲、旅游项目先后在此落地。

旅行锦囊

加油站：

沿途服务区较多，汉城服务区：有中国石油，提供 0# 柴油。

武功服务区：有中国石油，提供92#、95#汽油以及0#柴油。

眉县服务区：有中国石油，有 92# 汽油、0# 柴油供应。

宝鸡西服务区：有中国石化，提供 92#、95# 汽油以及 0# 柴油。

温馨提示：过了宝鸡，弯道较多，隧道内、陡坡上请小心驾驶。

餐饮推荐

西安：腊汁肉夹馍、陕西凉皮、锅盔、荞面饸饹、牛羊肉泡馍、灌汤包、甑糕等。

天水：打卤面、面皮、天水捞捞、呱呱、猪油盒、浆水面。

△ 麦积山石窟

DAY2 天水—拉卜楞寺—桑科草原—夏河

（行驶里程 460 公里）

一大早迎着晨光，前往夏河进入甘南地区，去探寻格鲁派六大寺之一的拉卜楞寺。在桑科草原自由撒野、自由拍照、骑马奔驰，桑科草原属于草甸草原，平均海拔 3000 米以上，草原面积达 70 平方公里，是甘南藏族自治州的主要畜牧业基地之一，草原却辽阔无际，是一处极为宝贵的自然旅游区。

路况

路况很好，高速和国道、省道，限速 120 公里 / 小时，弯道较多，乌玛高速段有陡坡，请小心驾驶。

海拔情况

拉卜楞寺：3012 米；桑科草原：3105 米；夏河：3058 米。

沿途特色景区

拉卜楞寺——拉卜楞寺是藏语“拉章”的变音，意思为活佛大师的府邸。是藏传佛教格鲁派六大寺院之一，被世界誉为“世界藏学府”。

桑科草原——桑科草原属于草甸草原，平均海拔在 3000 米以上，草原面积达 70 平方公里，是甘南藏族自治州的主要畜牧业基地之一。这里人口少、草原面积大，是一处极为宝贵的自然旅游景区。

全国乡村旅游重点村

夏河县曲奥乡香告村——这里四季分明，风景宜人，物产丰富，地处要塞，有“甘南第一村、青藏第一关”的美誉。

旅行锦囊

加油站：

服务区较多，有甘谷服务区、鸳鸯服务区、临夏服务区、王格尔塘服务区，均有中国石油，提供 92#、95# 汽油以及 0# 柴油。

夏河：有中国石油加油站。

△ 拉卜楞寺

△ 黄河九曲第一弯

温馨提示： 1. 在当地要尊重少数民族的信仰和习俗，进入寺院大殿前要脱帽，进入后不能喧哗，不可以直接用手指指佛像。另外，所有殿内不可以拍照。

2. 夜晚时夏河县城一侧灯火通明，而古色古香的寺院区则是漆黑一片，穿过交界处进入寺院便会有种时空穿梭的神奇感觉，而晚上在寺院区观看拍摄星空也非常不错。

餐饮推荐

拉卜楞寺：特色藏餐。

桑科草原：手抓羊肉、糌粑、酥油茶、烤羊排。

DAY3 夏河—郎木寺—若尔盖花湖—唐克

（行驶里程 360 公里）

早餐后沿着 316 国道，前往“东方小瑞士”郎木寺，小镇中心的马路两端铺设了不同颜色的石板，两种石板之间便是省界，可以在这里体验“一步跨省”的神奇体验。之后来到四川阿坝州若尔盖，欣赏沿途风光，沿 213 国道前行，若尔盖大草原一路美景尽收眼底，若尔盖素有“川西北高原的绿洲”之称。最后来到唐克入住。

路况

多个区间测速路段，316 国道限速 60~70 公里 / 小时，

△ 桑科草原

△ 花湖

△ 郎木寺

213 国道限速 80 公里 / 小时。

海拔情况

若尔盖花湖：3472 米；九曲黄河第一弯：3450 米；郎木寺镇：3471 米。

沿途特色景区

若尔盖花湖——热尔大坝草原上的一个天然海子，也是众多野生飞禽的主要栖息地。

郎木寺——在四川和甘肃两省的交界处，周围被草原、树林、山丘、红色的石崖围绕，环境优美，有“东方小瑞士”之称。

全国乡村旅游重点村

碌曲县尕海乡尕秀村——尕秀村如“九色香巴拉”生态旅游的一颗明珠，以曼妙多彩的生态旅游，受到央视新闻联播、人民网等国内外新闻媒体大手笔“点赞”达 50 多次，惊艳了国内外游客。

旅行锦囊

加油站：

316 国道和 213 国道交叉口处有中国石油加油站。

碌曲县：有中国石油加油站。

温馨提示：1. 郎木寺每年会举行多次宗教民族节日，例如晒大佛、跳法舞等，一般集中在正月和夏季期间（每年的晒佛节法会在正月十三到十五左右），感兴趣的朋友可以赶在此时前往。

2. 进入两座寺院游览前最好找一个当地人或者寺内僧侣帮忙讲解，寺院故事十分精彩。观赏花湖最好的时间是在五六月份，湖畔五彩缤纷，好像云霞委地，而湖中则开满了水妖一样的绚丽花朵，这种植物在雨水充沛的 8 月把纯蓝的湖水染成淡淡的藕色，时深时浅。

餐饮推荐

夏河：虫草炖雪鸡、蘑菇炖羊肉、蕨麻米饭。

郎木寺：牦牛肉汉堡、特色苹果派。

DAY4 唐克—九曲黄河第一弯—巴西会议旧址—九寨沟

（行驶里程 340 公里）

早餐后，前往黄河九曲第一弯，黄河岸边碧草青青、野花遍地，之后来到巴西会议旧址，会址原为藏传佛教寺院班佑寺，现仅存残墙，最后沿着 213 国道、九红草原风光路、544 国道一路到九寨沟，沿途草原风光无限。

路况

248 国道，限速 70 公里 / 小时，多弯道；213 国道限速 80 公里 / 小时。

海拔情况

唐克：3431 米；阿坝县：3272 米；若尔盖县：3490 米。

沿途特色景区

九曲黄河第一弯——这里水流清澈缓慢，从茫茫草海中穿过，牛羊在河边悠闲地漫步，是黄河九十九道弯中最美的一弯。

巴西会议旧址——巴西会议是决定党和红军前途命运的一次关键会议。

旅行锦囊

加油站：

唐克：九曲石化服务区

温馨提示：1. 索格藏寺后有一个九曲第一弯观景台，有台阶可以到达，是观赏第一弯晚霞的最好位置。

2. 接下来九寨沟一日游对体力有所要求，建议今日早些休息。

餐饮推荐

唐克：黄河鱼。

△ 黄河九曲第一弯晚霞

DAY5 九寨沟一日游

早餐后前往九寨沟景区内进行游览，“九寨归来不看水”，是对九寨沟景色真实的诠释。翠海、叠瀑、彩林、雪峰、藏情、蓝冰，被称为“六绝”。美丽的九寨，被世人誉为“童话世界”。

海拔情况

芳草海：3115 米；箭竹海：2721 米；五彩池：4160 米。

沿途特色景区

九寨沟——由则查洼沟、日则沟、树正沟三条主沟形成“Y”形分布，总长度约 60 公里。“Y”字形的右边枝头是日则沟，这是九寨沟最主要也是最精华的区域，晚上还可观赏九寨沟藏羌原生态的《藏谜》表演，体验不一样的民族风情。

△ 九寨沟

旅行锦囊

温馨提示： 1. 九寨沟景色丰富，建议早上早点出发进入景区，全程须采用观光车 + 步行的方式进行游览。
2. 如时间充足，也可以多停留一两日，更加悠闲地享受大自然的美，感受传承千年的故事。
3. 九寨景色优美，建议穿着颜色艳丽的服装，拍照更美，也可以租藏服拍摄，这样更能领略九寨沟文化的精妙之处，体验藏族服饰的魅力风情。

餐饮推荐

九寨沟：藏式小火锅、烤肠、凉拌核桃花、九寨菌煲、天麻乳鸽盅、洋芋糍粑、烤全羊、手扒牛排、九寨柿饼、九寨酸菜面。

DAY6 九寨—黄龙—川主寺

（行驶里程 180 公里）

前往黄龙景区游览，黄龙海拔较高，可根据自己身体状况，量力而行，可步行到黄龙寺，无数个大大小小的池子像是装满五彩颜料的调色盘，在阳光下光彩夺目、摄人心魄，之后来到川主寺，前往红军长征纪念碑碑园，夕阳西下时，主碑在阳光的照耀下金光四射。

路况

走 544 国道，多连续弯道，限速 70 公里 / 小时。

海拔情况

黄龙景区沟口：3198 米；五彩池：3576 米。

沿途特色景区

黄龙——这是一个以奇幻美丽的钙华池闻名于世的景区，景区内众多的钙华池池水清澈见底，五光十色，十

△ 黄龙五彩池

分漂亮，还有森林、峡谷、雪山、瀑布等众多的自然风光，被称为“人间瑶池”。

红军长征纪念碑碑园——由红军战士铜像、碑体、基座组成，它不是红军长征总纪念碑。主碑耸立于元宝山顶，气势恢宏，当夕阳西下时，金光四射，被誉为“中华第一金碑”。

旅行锦囊

温馨提示： 黄龙景区观景途中，上山栈道台阶较多，应缓步步行循序渐进至各景点最为舒适，建议游玩时间为 5 小时。请尽量避免在景区内剧烈运动，如出现紧急情况，请不要惊慌，景区内沿途设有吸氧房，可至吸氧房吸氧休息片刻。

餐饮推荐

黄龙：瑟尔嵯国际大酒店内设有锅庄广场，每晚由当地藏族同胞与游客朋友自主组织在一起欢庆，每一次的锅庄晚会现场都会有烤全羊，美味可口。

川主寺：牦牛肉汤锅。

DAY7 川主寺—松潘古镇—茂县—成都

（行驶里程 340 公里）

今日继续沿 213 国道南下来到松潘县，松潘县是一个民族风情浓郁的地方，也是阿坝地区民族文化的缩影。之后一路沿着岷江，来到茂县，这里是全国最大的羌族聚居县，更有着众多非遗文化，最后途经汶川抵达成都。

路况

路况很好，限速 60 公里 / 小时，多连续转弯，川汶公路有区间测速，限速 70 公里 / 小时。

海拔情况

川主寺：3614 米；渭门乡：2847 米。

沿途特色景区

松潘古镇——古称松州，始建于明洪武年间，自古既是川西北地区重要的军事要塞，也是历史悠久的藏族、羌族、回族、汉族人民“茶马互市”的重要驿站。

中国古羌城——主要由中国羌族博物馆、非物质文化遗产传习中心、羌文化广场、羌王官寨、羌圣山和大禹纪念大殿等景点组成，都展示着“羌族主题”，在这里可以深入了解羌族风俗文化。

全国乡村旅游重点村

理县桃坪镇桃坪村——地处高山峡谷地区，气候呈垂直体分布，差异较大，主产玉米、洋芋、小麦、豆类等，盛产花椒、核桃、葡萄、樱桃、桃李、石榴、苹果等干鲜果，乡境内有被誉为东方古堡的人文景观——桃坪羌寨和西汉时期古墓群——佳山石棺葬墓群。

旅行锦囊

加油站：

茂县：有中国石化加油站。

川主寺：有中国石油加油站。

松潘县：有中国石油加油站，明都加油站。

温馨提示： 松潘古城古老而安静，可以步行或者乘坐人力三轮车在古建筑间穿行。

餐饮推荐

茂县：羌族特色土火锅、玉米搅团、洋芋糍粑、荞面。

No.13 探秘藏传文化，行摄九色小江南

甘南环游，身与心的双重洗礼

手绘线路图

线路概况

从兰州向南而行，环游甘南，自然风景绝美，人文积淀瑰丽。沿途汇聚麦积山石窟 、郎木寺、拉卜楞寺等藏传佛教文化宝地，鹅嫚沟、官鹅沟、若盖尔花湖、黄河九曲第一弯、桑科草原，山川、湿地、草原、森林尽情游览。

非遗体验

兰州太平鼓、兰州黄河大水车制作技艺、天水太昊伏羲祭典。

土特产

兰州百合、秦安花椒、花牛苹果、玛曲牦牛肉干、迭部土蜂蜜、青稞酒。

行程规划

线路：兰州—麦积山石窟—天水—宕昌—官鹅沟—迭部—花湖—唐克—郎木寺—碌曲—拉卜楞寺—兰州。

总里程：1735 公里。

推荐时长：6 天。

DAY1 兰州—麦积山石窟—天水

（行驶里程 590 公里）

品尝过兰州美食，一路向南进入秦岭山脉，麦积山石窟位于天水东南约 35 公里的秦岭山脉之中，麦积山因山形酷似农家积麦之状，故得此名，周围山奇林郁，溪石联映，风景优美，有小江南之称，素有“秦地林泉之冠”之美誉。

路况

1. 全程可走高速，路况很好，连霍高速有区间测速，限速 100~120 公里 / 小时。

2. 后半程多隧道，限速 80~100 公里 / 小时，弯道较多。

海拔情况

兰州：2774 米；天水：1841 米。

沿途特色景区

麦积山石窟——麦积山石窟是中国佛教的四大石窟之一，与丝绸之路上的其他胜地一起被列为世界文化遗产，早已名扬海内外。石窟开凿始于十六国后秦时期，经过历代开凿修葺，共有佛像 7000 余尊，壁画 1000 多平方米，

△ 麦积山石窟

△ 胡氏古民居建筑

分布在近 200 个洞窟里，并完整保存至今，如今来此便可以观看。另外，石窟所在的麦积山是一座岩壁陡峭的孤山，山体形状十分特别，周围有绿植环绕，景色清秀，登上山崖上的悬空栈道，既可以观赏佛教艺术，又能欣赏周围的景色，还能体验到山脚下隧道的惊险刺激。

全国乡村旅游重点村

兰州市皋兰县什川镇上车村——上车村附近有什川古梨园、五泉山公园、石洞寺、皋榆工委纪念馆、长城烽燧遗址等旅游景点，有皋兰软儿梨、皋兰禾尚头小麦、皋兰旱砂西瓜、皋兰红砂洋芋、黑瓜子等特产。

天水市秦州区玉泉镇李官湾村——李官湾村附近有南郭寺、天水伏羲庙、天水玉泉观、天水炳灵寺、李广墓等旅游景点，有秦州大樱桃、呱呱、天水鸡丝馄饨、秦州酿皮、油攒虾等特产。

旅行锦囊

加油站：

兰州：有多个中国石油、中国石化加油站。

天水：有多个中国石油、中国石化加油站。

服务区：

定西服务区、鸳鸯服务区有 92#、95# 汽油以及 0# 柴油供应。

甘谷服务区、甘泉服务区有 92#、95#、98# 汽油以及 0# 柴油供应。

> 温馨提示：1. 参观麦积山石窟允许带包和相机，无须寄存。由于麦积山是人文景观，所以可以找讲解。
> 2. 景区内室内石窟一般都不允许拍照，为保护文物，在可以拍照处也请注意不要使用闪光灯。

餐饮推荐

兰州：这里有鼎鼎大名的兰州牛肉面，推荐：马子禄、金鼎牛肉面。

劲道西北面食——扁豆面、浆水面、羊肉面片、炒面、“风云”炸酱面等。

特色小吃——灰豆子、甜胚子、酿皮子、晶糕、各式烤肉、甜胚子奶茶等。

张掖路大众巷杜记甜食——灰豆子、晶糕、酿皮子、炒粉、热冬果、甜胚子。

正宁路夜市德林牛奶鸡蛋醪糟、塔山半坡牛肉面（兰州牛肉面的新地标）。

天水：打卤面、面皮、天水捞捞、呱呱、猪油盒、浆水面。

DAY2 天水—胡氏古民居—伏羲庙—鹅嫚沟—宕昌

（行驶里程 350 公里）

天水是新丝绸之路上的一颗璀璨明珠，胡氏民居也是天水的民宿博物馆，小小的庭院中却风景万千，能真切地体会到当时主人精致的生活。古树环绕的伏羲庙，天宫宝刹，高贵典雅，气度非凡。沿着 G212 线到达宕昌县城，根据路标提示进入鹅嫚沟北部景区，这里春季山花烂漫、争奇斗艳，夏日绿荫蔽日、凉爽惬意，秋天枫叶红遍、层林尽染，冬则琼花玉树、冰瀑晶莹，既具北国之雄奇，又有南国之秀丽。

路况

一路高速，途经 G30 连霍高速、G7011 十天高速、平绵高速，限速 100 公里 / 小时，隧道和弯道较多，限速 80 公里 / 小时。

海拔情况

伏羲庙：1213 米；宕昌县：1783 米。

沿途特色景区

胡氏古民居建筑——胡氏古民居建筑俗称南北宅子，天水古民居是保存至今不可多得的历史文化遗产，是天水

△ 伏羲庙

△ 鹅嫚沟

市现存的明代民居建筑的杰出代表之一，也是我国西北地区现存的明代官府宅第，具有很高的历史、文化、艺术价值，在全国范围内其规模也是不多见的古民居。

伏羲庙——伏羲庙本名太昊宫，俗称人宗庙，始建于明成化十九年至二十年间（1483—1484 年），前后历经九次重修，形成规模宏大的建筑群。院落重重相套，四进四院，宏阔幽深。庙内古建筑包括戏楼、牌坊、大门、仪门、先天殿、太极殿、钟楼、鼓楼、来鹤厅等共 10 座；新建筑有朝房、碑廊、展览厅等共 6 座。新旧建筑共计 76 间。

鹅嫚沟——鹅嫚沟与官珠沟是姊妹沟，与木隆沟、庙沟合称为官鹅沟。鹅嫚沟景区内有天池、金樽瀑、神象瀑等景点。如果说官鹅沟的看点是瀑布和地貌，那么鹅嫚沟就凸显了江南水韵。

旅行锦囊

服务区：

秦州服务区：有中国石油加油站。

礼县服务区：有中国石油加油站。

沙湾服务区：有中国石油加油站。

温馨提示：胡氏古民居、伏羲庙的古典人文风情环境非常适合古典汉服拍照。

餐饮推荐

甜醅子、面鱼、手抓羊肉。

DAY3 宕昌—官鹅沟—腊子口纪念馆—迭部

（行驶里程 165 公里）

出宕昌便入官鹅沟，观山赏水，湖泊如珠、峡谷如线、瀑布如织。腊子口周围群山耸列，峡口如刀劈斧削，腊子口河从峡口奔涌而出，两崖林密道隘，仿佛还回荡着当年激战的轰鸣，游览后前往迭部入住。

路况

212 国道限速 70 公里 / 小时，209 省道、210 省道、345 国道弯道和隧道较多，需小心驾驶。

海拔情况

腊子口景区：2050 米。

沿途特色景区

官鹅沟——是一条长约 30 公里的峡谷。峡谷里有 20 多个颜色深浅不一的碧绿湖泊，湖水清澈，还有老树等盘桓水中，是摄影家眼中的“小九寨”。峡谷两侧山势陡峭，山崖上有很多瀑布飞流直下，景观众多。同时官鹅沟也是有名的森林公园，景区内有广阔的森林，还有高山草甸，环境非常优美。

腊子口战役纪念馆——成立于 2005 年，隶属于迭部县人民政府。2009 年，被中宣部公布为第四批全国爱国主义教育示范基地，馆藏革命文物 303 件。举办有“历史和红色革命文物展”，通过腊子口艺术节、中央电视台“我的长征”、全国公安民警重走长征路、周边各地县党员先进性教育、军地青年再走长征路等大型活动，突出饮水思源的革命历史教育。

全国乡村旅游重点村

甘南藏族自治州迭部县达拉乡高吉村——附近有俄界会议遗址、腊子口、茨日那毛主席旧居景区、石城扎尕

△ 腊子口战役纪念碑

△ 官鹅沟

那、古叠州城遗址等旅游景点，有迭部县蕨菜、迭部羊肚菌、迭部蕨麻猪肉、甘南牦牛奶粉、黄芪等特产。

甘南藏族自治州迭部县电尕镇谢协村——距高吉村 51 公里，有迭部羊肚菌、迭部蕨麻猪肉、甘南牦牛奶粉、黄芪、迭部蕨麻猪等特产。

旅行锦囊

加油站：

宕昌县：有多个中国石油加油站。

迭部县：有多个中国石油加油站。

温馨提示：官鹅沟国家森林公园内居住有藏族、羌族民众 3000 余人，保留着独特的服饰、风俗。

餐饮推荐

官鹅沟农家乐、甜醅子、面鱼、手抓羊肉。

DAY4 迭部—扎尕那—花湖—唐克

（行驶里程 240 公里）

早餐后前往扎尕那，一路欣赏草原美景。这里距迭部县城 30 公里，三面秀峰环拱，苍松翠柏，郁郁葱葱，犹如高峻浑厚、坚不可摧的城墙，扎尕那四村一寺隐在其中。沿着 248 国道继续南行，在热尔大坝草原上你会遇见水色纯美的花湖，俯仰之间，就有世界上最美的风景，游览后前往唐克。

路况

248 国道、345 国道限速 70 公里 / 小时，弯道较多。

海拔情况

扎尕那：2947 米。

沿途特色景区

扎尕那——藏语意为“石匣子”，是一座完整的天然石城，有“阎王殿”之称。其地形地貌既像一座规模宏大的巨型宫殿，又似用岩石修筑的一座完整的古城，堪称自然奇观。若干个世纪以来，这座天然石城一直是洮迭古道边的一个重要驿站。

△ 若尔盖花湖

若尔盖花湖——位于若尔盖县城以北的热尔大坝草原上，岸边芦苇茂密，因湖中盛开的一种白色小花而得名花湖。此外，这里还是观看保护动物黑颈鹤的好去处。花湖湖面辽阔，水下是深不可测的沼泽地，在阳光的照耀下，水面反射出不同的光彩，摄人心魄。湖边是大片茂密的芦苇丛，随微风拂动，越发映衬出湖面的宁静与沧桑。

旅行锦囊

唐克：九曲石化服务区

温馨提示：1. 扎尕那的住宿地点集中在东洼村，都是藏族民居，拍摄当地居民时请事先获得许可，避免直接拍摄引起争吵。

2. 扎尕那海拔较高，要注意预防高原反应。

3. 最适宜去花湖的季节是每年的 6 月底、7 月初，此时花湖阳光充足，水色纯美，湖畔开满了鲜花，如入仙境。花湖气温比平原要低 10℃左右，建议做好防寒工作。

餐饮推荐

迭部：蕨麻猪肉、羊肚菌、野蕨菜、糌粑、青稞酒。

唐克：黄河鱼。

△ 扎尕那

△ 九曲黄河第一弯

△ 九曲黄河第一弯

DAY5 唐克—九曲黄河第一弯—郎木寺—碌曲

（行驶里程 215 公里）

早餐后来到黄河九十九道弯中的第一弯，这里水流清澈缓慢，从茫茫草海中穿过，牛羊在河边悠闲地漫步，是黄河九十九道弯中最美的一弯。之后经 U13 县道前往郎木寺，感受藏传佛教带来的心灵静怡，之后前往碌曲县。

路况

途经 U13 县道、213 国道，部分路段弯道较多。

海拔情况

郎木寺：3325 米。

沿途特色景区

九曲黄河第一弯——黄河在四川若尔盖县唐克乡与白河汇合，形成了壮美的九曲黄河第一弯，这里能观赏到奇特且壮丽的自然景观，也是摄影师钟爱的取景地。

郎木寺——郎木寺为藏传佛教寺院，创建于 1748 年。经过历世活佛的创建、扩建，现有闻思学院、续部学院、时轮学院、医学院和印经院。

△ 郎木寺

全国乡村旅游重点村

甘南藏族自治州碌曲县尕海乡尕秀村——附近有则岔石林、郎木寺、尕海乡、西仓寺、朗木寺仙女洞等旅游景点，有藏羊、碌曲藏獒、碌曲蕨麻猪、碌曲县药材、碌曲冬虫夏草等特产。

旅行锦囊

加油站：

碌曲县：有多个中国石油加油站。

温馨提示：想要观赏九曲黄河第一弯，可以爬楼梯或是乘坐电梯到达观景台。观景台上的景色会让人忘却一切烦恼，曲折蜿蜒的黄河在落日的余晖下分外妖娆。

餐饮推荐

郎木寺：牦牛肉汉堡、特色苹果派、藏包、酥油茶。

DAY6 碌曲—桑科草原—拉卜楞寺—兰州

（行驶里程 350 公里）

驶出县城进入草原，就看到路边夏河缓缓流淌，野鸭在自由嬉戏，马儿在岸边慢悠悠地吃草，草原延伸再延伸，直到远处的高山。像道路一样没有尽头的还有拉卜楞寺的转经长廊，环绕寺院绵延近 4 公里，看过电影《天下无贼》就知道这个地方，拨动经筒，从头走到尾，仿佛走过一个轮回。

路况

走 213 国道、316 国道，限速 70 公里 / 小时。G1816 乌玛高速、G75 兰海高速，限速 120 公里 / 小时，经兰海高速时多关注实时路况，事故较多。

海拔情况

桑科草原：3105 米。

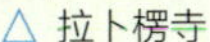

△ 拉卜楞寺

△ 桑科草原

沿途特色景区

桑科草原——位于甘南州夏河县西侧，靠近拉卜楞寺。桑科草原属于草甸草原，平均海拔超过3000米，草场面积达70平方公里，视野开阔，野花遍野，色彩艳丽，牛肥马壮。这里是传说中格萨尔王祭奠神灵的地方，更是现代甘南州的主要畜牧产品基地。

拉卜楞寺——位于甘肃省甘南藏族自治州夏河县城西，坐落在大夏河北岸、凤岭山脚下。拉卜楞寺是中国最大的十大宗教寺院之一和藏传佛教格鲁派六大宗主寺之一，被誉为“世界藏学府，中国拉卜楞”。大夏河自西向东北蜿蜒而流，呈右旋海螺状，是藏族人民心目中的吉祥圣地。

全国乡村旅游重点村

临夏市折桥镇折桥村——位于临夏市东侧，靠山临河，植被茂密，田园风光秀美，交通便捷，十分适合度假、休闲。

旅行锦囊

加油站：

临夏：多个中国石油加油站。

服务区：

王格尔塘服务区：中国石化，有92#、95#汽油以及0#柴油供应。

临夏服务区：中国石化，有92#、95#汽油以及0#柴油供应。

买家巷服务区：中国石油，有92#、95#、98#汽油以及0#柴油供应。

温馨提示： 1. 草原上除了骑马游乐，还可以去牧民家体验传统的糌粑、酥油茶，以及跳锅庄等各种民俗。

2. 若要在桑科草原骑马，可以与牧民直接讨价还价。铁丝网内区域一般为私人场所，不要随意进入。

3. 游览拉卜楞寺时请尊重当地少数民族的风俗和宗教信仰，进入寺院大殿内需要脱帽，不要在寺院内喧哗，不可用手指佛像，也不可以在殿内拍照。

餐饮推荐

拉卜楞寺的藏餐非常有名，游客可以在寺院的食堂内品尝到最正宗的藏餐。

△ 桑科草原

No.14 拾遗甘南九曲第一弯

落霞、孤鹜、秋水、长天，大美无言！

手绘线路图

线路概况

探秘甘南藏地，逛寺庙、赏美景、品藏餐、住藏寨，体会地道的藏族文化。

非遗体验

兰州太平鼓、兰州鼓子、临夏砖雕、兰州黄河大水车制作技艺。

土特产

软儿梨、黑瓜子、冬虫夏草、牦牛奶粉。

行程规划

线路：兰州—拉卜楞寺—尕海湖—郎木寺—九曲黄河第一弯—唐克—花湖—扎尕那—米拉日巴佛阁（合作市）—八坊十三巷—兰州。

总里程：1291 公里。

推荐时长：5 天。

DAY1 兰州—拉卜楞寺—尕海湖

（行驶里程 386 公里）

今日将游览藏传佛教六大寺院之一的拉卜楞寺，体会藏传佛教的神奇，后驱车前往尕海湖，可以选择在这里露营，享受火锅、烤肉等美食，拍摄美丽星空。

路况

兰海高速、乌玛高速限速 100~120 公里 / 小时，316 国道、213 国道，区间测速限速 70~80 公里 / 小时。

海拔情况

兰州：2774 米；拉卜楞寺：3012 米；尕海湖：3482 米。

沿途特色景区

拉卜楞寺——拉卜楞寺是藏传佛教格鲁派六大寺院之一，始建于 1709 年，它保留有全国很好的藏传佛教教学体系，被誉为“世界藏学府”。寺内珍藏的民族文物和佛教艺术品共计 1 万余件。拉卜楞寺下设六大学院，

△ 拉卜楞寺

其中 1 个显宗学院，5 个密宗学院。

尕海湖——尕海，藏语称“姜托措柑”意思是“高原古湖”。当地牧民群众称其为“高原神湖”，又称“勒加秀姆”，是甘南草原第一大淡水湖。夏日的尕海湖，野花铺盖着一望无际的辽阔草原，烟波浩渺的神湖万鸟聚会，这里是雪域高原真正的香巴拉，是甘南碌曲境内的高原明镜。

全国乡村旅游重点村

兰州市皋兰县什川镇上车村——附近有什川古梨园、五泉山公园、石洞寺、皋榆工委纪念馆、长城烽燧遗址等旅游景点，有皋兰软儿梨、皋兰禾尚头小麦、皋兰旱砂西瓜、皋兰红砂洋芋、黑瓜子等特产。

临夏回族自治州临夏市折桥镇折桥村——附近有临夏东郊公园、枹罕山庄、东公馆、王尚书墓园、人民红园等旅游景点，有河州面片、河州搅团、甜麦子、临夏酿皮子等特产。

甘南藏族自治州夏河县曲奥乡香告村——香告村附近有拉卜楞寺、熊猫沟景区、桑科草原、德哇仓文殊佛殿、八角城等旅游景点，有甘加藏羊、甘加羊、草原三珍、夏河县蘑菇、夏河蹄筋等特产。

旅行锦囊

加油站：

兰州：有多个中国石油、中国石化加油站。

服务区：

太石服务区、买家巷服务区、临夏服务区、王格尔塘服务区。

温馨提示：游览拉卜楞寺时请尊重当地少数民族的风俗和宗教信仰，进入寺院大殿内需要脱帽，不要在寺院内喧哗，不可用手指佛像，也不可以在殿内拍照。

△ 尕海湖

餐饮推荐

河州面片、河州搅团、临夏酿皮子。

DAY2 尕海湖—郎木寺—黄河九曲第一弯—唐克

（行驶里程 155 公里）

早餐后前往郎木寺，在镇上品尝特色藏餐；之后驱车前往黄河九曲第一弯，沿途欣赏草原美景，欣赏至美日落。

路况

走 213 国道、248 国道。

海拔情况

郎木寺：3325 米；黄河九曲第一弯：3450 米；唐克：3431 米。

沿途特色景区

郎木寺——藏传佛教寺院，创建于 1748 年。经过历世活佛的创建、扩建，现有闻思学院、续部学院、时轮学院、医学院、印经院。在郎木寺镇上，主路由青石板铺成，藏餐馆林立，在这里可以穿藏装、喝奶茶、捏糍粑、学藏语，体验藏族人的生活。

△ 黄河九曲第一弯

△ 郎木寺

△ 花湖

黄河九曲第一弯——黄河发源于巴颜喀拉山，自西向东迂回曲折，在唐克镇与白河汇合，形成了壮美的九曲黄河第一大转弯。这里是黄河流经四川的唯一一段。“九曲”是唐时对贵德以上黄河段的称呼。

全国乡村旅游重点村

甘南藏族自治州碌曲县尕海乡尕秀村——附近有则岔石林、郎木寺、尕海乡、西仓寺、朗木寺仙女洞等旅游景点，有藏羊、碌曲藏獒、碌曲蕨麻猪、碌曲县药材、碌曲冬虫夏草等特产。

旅行锦囊

加油站：

唐克：九曲石化服务区。

餐饮推荐

唐克：黄河鱼。

郎木寺：牦牛肉汉堡、特色苹果派、藏包、酥油茶。

DAY3 唐克—花湖—扎尕那

（行驶里程 260 公里）

今日将走进热尔大坝草原上的一个天然海子——花湖，之后来到迭部县西北的一座古城，藏在深山之中的扎尕那，似仙境一般。

路况

走 345 国道、248 国道。

海拔情况

花湖：3472 米；扎尕那：2896 米。

沿途特色景区

花湖——花湖是热尔大坝草原上的一个天然海子。花湖中开满了绚丽的花朵，在雨水充沛的 8 月，纯蓝的湖水被染成淡淡的藕色，非常美丽。

扎尕那——藏语意为“石匣子”。周边山势险峻，云雾缭绕，宛若仙境。这片世外桃源早在近百年前就被洛克誉为亚当和夏娃的诞生地。这里是徒步和摄影的天堂，这里还有地道的藏族风情等你体验。

全国乡村旅游重点村

甘南藏族自治州迭部县达拉乡高吉村——高吉村附近有俄界会议遗址、腊子口、茨日那毛主席旧居景区、石城扎尕那、古叠州城遗址等旅游景点，有迭部县蕨菜、迭部羊肚菌、迭部蕨麻猪肉、甘南牦牛奶粉、黄芪等特产。

甘南藏族自治州迭部县电尕镇谢协村——谢协村附近有俄界会议遗址、腊子口、茨日那毛主席旧居景区、石城扎尕那、古叠州城遗址等旅游景点，有迭部羊肚菌、迭部蕨麻猪肉、甘南牦牛奶粉、黄芪、迭部蕨麻猪等特产。

△ 扎尕那

△ 米拉日巴佛阁

△ 八坊十三巷

温馨提示：1. 扎尕那的住宿地点集中在东洼村，都是藏族民居，拍摄当地居民时请事先获得许可，避免直接拍摄引起争吵。

2. 扎尕那海拔较高，要注意预防高原反应。

3. 最适宜去花湖的季节是每年的 6 月底、7 月初，此时花湖阳光充足，水色纯美，湖畔开满了鲜花，如入仙境。花湖气温比平原要低 10℃左右，建议做好防寒工作。

餐饮推荐

羊蝎子、烤羊肉。

DAY4 扎尕那—米拉日巴佛阁

（行驶里程 250 公里）

早起享受扎尕那安静的清晨，之后前往藏传佛教噶举派在安多地区的代表寺院——米拉日巴佛阁。

路况

走 248 国道、345 国道、213 国道。

海拔情况

米拉日巴佛阁：2920 米。

沿途特色景区

米拉日巴佛阁——位于甘肃安多合作市，它的全称是“安多合作米拉日巴九层佛阁”，名字虽然有点儿长，却也讲得很明白。始建于清乾隆四十二年（1777 年），原建楼阁已毁于“文革”。现存建筑重建于 1988 年 5 月，历时 4 年落成。米拉日巴佛阁是为纪念米拉日巴而修建的佛阁。

旅行锦囊

温馨提示：进入佛阁不能穿鞋，可以带双厚袜子换上保暖。

餐饮推荐

手抓羊肉、牛杂割、蕨麻米饭。

DAY5 米拉日巴佛阁—八坊十三巷—兰州市

（行驶里程 240 公里）

今日将来到临夏，临夏古称河州，知道河州的人，还会知道临夏市内的回民又称“八坊人”。

路况

走 G1816 乌玛高速、G75 兰海高速。

海拔情况

八坊十三巷：1893 米。

沿途特色景区

八坊十三巷——位于甘肃临夏回族自治州首府临夏市。“八坊”和“河州”是临夏的别称，而八坊十三巷便是河州民族风情的古街区。从唐朝至今，围绕着八座清真寺形成了八个教坊、十三条街巷，故称为“八坊十三巷”。它融合了回族砖雕、汉族木刻、藏族彩绘，集民族特色、休闲旅游、绿色生态、人文科教为一体，呈现出美好的生活画卷，是河州民族民俗文化名片，民族建筑艺术“大观园”。

全国乡村旅游重点村

临夏回族自治州临夏县北塬镇钱家村——钱家村附近有龙首山、关滩沟风景区、红园、清真寺拱北、滴珠山等旅游景点，有临夏砖雕、临夏大红袍、临夏花椒、清真食品系列、民族特需用品等特产。

旅行锦囊

温馨提示：八坊十三巷道路复杂，洗手间比较难找，建议提前准备。

餐饮推荐

八坊十三巷内有非常多好吃的本地小吃，值得体验。

No.15 深入会宁隆德，重温红色经典

感受黄河千姿百态的同时，了解革命历史

手绘线路图

线路概况

这条线路既有黄河沿岸的自然风光，还有甘肃宁夏一带红色经典景点，同时结合中国首座百万千瓦级水电站——刘家峡水电站，将甘肃和宁夏人文的一面展现给大家。在这里可以缅怀革命先烈、了解长征史诗故事。

非遗体验

兰州太平鼓、兰州黄河大水车制作技艺、天水太昊伏羲祭典、传统技艺–滩羊皮鞣制工艺（二毛皮制作技艺）、抬阁（芯子、铁枝、飘色）（隆德县高台）。

土特产

兰州百合、青稞酒、刘家峡红草莓、永靖红枣、永靖苹果、永靖樱桃西红柿、六盘水蚕豆、隆德马铃薯、中卫硒砂瓜。

行程规划

线路： 兰州—炳灵寺石窟—刘家峡—红军会宁会师旧址—隆德—将台堡红军长征会师纪念碑—中卫—景泰黄河石林—兰州。

总里程： 1220 公里。

推荐时长： 4 天。

DAY1 兰州—刘家峡—炳灵寺石窟—兰州

（行驶里程 270 公里）

早餐后前往刘家峡水库上游的炳灵寺石窟游览，炳灵寺石窟的石刻造像，时代不同，风格各异。炳灵寺壁画，保存到现在虽然数量不多，却反映了十六国时期西北地区人民的社会风貌、音乐舞蹈以及装饰艺术。之后前往以“黄河魂、水电情、中国梦”为主题的刘家峡黄河水电博览馆，感受文化的滋养。结束后返回兰州。

路况

兰州至永靖一级公路，213 国道限速 70 公里 / 小时。

海拔情况

兰州：2774 米；刘家峡：1762 米；炳灵寺石窟：2017 米。

△ 刘家峡

沿途特色景区

炳灵寺石窟——始建于西秦建弘元年（420 年），炳灵寺最早称“唐述窟”，是羌语“鬼窟”之意，唐代称“龙兴寺”，北宋称“灵岩寺”，明永乐年后，称“炳灵寺”，又名“冰灵寺”。炳灵藏语为“笨郎”，即“十万佛”之意。建立在南北长 2 公里的陡峭峻险的红砂岩悬崖上，石窟神龛鳞次栉比，栈道凌空，雄伟壮观，是甘肃三大石窟之一。

△ 炳灵寺石窟

刘家峡水库——东起刘家峡大坝，西至炳灵寺峡口，呈西南—东北走向，南接东乡、临夏县，北连永靖县，湖岸线长 55 公里，水面最宽处 6 公里。水库地处高原峡谷，被誉为“高原明珠”，景色壮观。向阳码头以东，10 里河岸白沙展露，绿柳婆娑，被称为“十里柳林”，景观奇妙，带给人一种回归自然、人在画中游的美好氛围。

刘家峡水电站——中国首座百万千瓦级水电站，是我国自己设计、自己施工、自己建造的大型水电工程，兼有发电、防洪、灌溉、养殖、航运、旅游等多种功能。游人可乘游艇溯黄河而上，入峡奇峰对峙，千岩壁立，出峡则为高山湖，黄土清波，水天一色。

全国乡村旅游重点村

兰州市皋兰县什川镇上车村——上车村借助一年一度的“黄河奇峡、花漾什川”旅游节平台，培育出了一条以梨花、梨园、生态游为主打品牌的乡村旅游经济产业链。

临夏回族自治州临夏县北塬镇钱家村——附近有龙首山、关滩沟风景区、红园、清真寺拱北、滴珠山等旅游景点，有临夏砖雕、临夏大红袍、临夏花椒、清真食品系列、民族特需用品等特产。

临夏回族自治州临夏市南龙镇马家庄村——有马的地方就有马家庄马鞍。

临夏回族自治州临夏市折桥镇折桥村——附近有临夏东郊公园、枹罕山庄、东公馆、王尚书墓园、人民红园等旅游景点，有河州面片、河州搅团、甜麦子、临夏酿皮子等特产。

旅行锦囊

加油站：

兰州：有多个中国石油、中国石化加油站。

永靖县：多个中国石油，1 个中国石化加油站。

△ 刘家峡大桥

温馨提示：如果想乘船前往炳灵寺石窟，建议安排在13:00以前，因为下午的游客较少，不容易找到人拼船。最好是在早上8:00以前从兰州出发到刘家峡，经过2小时车程到景区，视能否凑够人数拼船而决定具体的游览顺序。

餐饮推荐

兰州：鼎鼎大名的兰州牛肉面——推荐："马子禄"、金鼎牛肉面。

筋道西北面食——扁豆面、浆水面、羊肉面片、炒面、"风云"炸酱面等。

特色小吃——灰豆子、甜胚子、酿皮子、晶糕、各式烤肉、甜胚子奶茶等。

张掖路大众巷杜记甜食（灰豆子、晶糕、酿皮、炒粉、热冬果、甜胚子）。

正宁路夜市德林牛奶鸡蛋醪糟、塔山半坡牛肉面（兰州牛肉面的新地标）。

永靖：黄河鲤鱼、炳灵全鱼宴、手抓羊肉、全羊宴、馓饭、扁豆面、地锅锅、搅团、酿皮、浆水面、浆水排骨。

DAY2 兰州—会宁—隆德

（行驶里程270公里）

今天开始我们将重温红军的恢宏的抗战历史。首先来到八路军驻兰州办事处纪念馆，了解甘肃在抗战中发挥的不可磨灭的作用。之后前往以"中国革命圣地"为标志的会宁，温故历史，深度了解会宁在共和国成长历程中的重要地位。

路况

良好，有G22青兰高速、312国道。

海拔情况

会宁县：2024米；隆德县：2190米。

沿途特色景区

八路军驻兰州办事处纪念馆——八路军兰州办事处纪念馆馆址分为酒泉路314号和甘南路700号两处。酒泉路新馆于2011年10月建成开放。新馆展示面积达2894平方米，展出《八路军驻甘办事处与甘肃抗日救亡展览》和《八路军驻甘办事处原状陈列展览》两个基本陈展，甘南路旧址基本陈展《中国工农红军西路军事迹展》，纪念馆常年开放，无休息日。

会宁县红军会宁会师旧址——又名会师园，位于会宁县南侧会师北路上，是纪念红军三大主力第一、二、四方面军长征会师的纪念园区。

红军长征胜利景园——为庆祝红军会宁会师暨长征胜利 60 周年而建立，是会宁第二大红色旅游景区，省级爱国主义教育和国防教育基地。占地 36 公顷 (540 亩)，分布面积约 7000 平方米。与会宁城内“会师园”遥相呼应，形成了一个有机整体，是瞻仰凭吊、旅游观光胜地。

全国乡村旅游重点村

固原市隆德县温堡乡新庄村——附近有六盘山国家森林公园、红崖老巷子民俗村、六盘天池景区（北联池）、六盘山红军长征景区、清凉世界景区（清凉寺）等旅游景点，有六盘山秦艽、六盘山黄芪、六盘山蚕豆、隆德马铃薯、隆德中药材等特产。

固原市隆德县神林乡辛平村——空气清新，气候宜人，友好好客，主要农产品：南瓜、黄瓜、油桃、丝瓜、洋葱。

固原市泾源县大湾乡杨岭村——地处六盘山腹地，生态环境良好，自然和旅游资源丰富，产业以草畜、苗木、养殖为主。

固原市隆德县城关镇红崖村——凭借优美的乡野画卷和浓郁的西部乡村风情，还有成熟的旅游配套，很快成为宁夏最美的老巷子。

旅行锦囊

加油站：

会宁县：有多个中国石油加油站。

服务区：

定西服务区：有 92#、95# 汽油以及 0# 号柴油供应。

会宁服务区：有 92#、95#、98# 汽油以及 0# 号柴油供应。

温馨提示：六盘山红军长征纪念馆周一闭馆。

餐饮推荐

会宁：浆水荞面节节、搅团、荞面削片、扁豆面、糜面甜馍馍、荞面馍馍、荞圈、油饼、丸子、卷帘子。

DAY3 隆德—将台堡—中卫

（行驶里程 350 公里）

六盘山是中国工农红军长征翻越的最后一座大山，六盘山地区是中国工农红军长征三军会师地之一，是革命老区。今天我们先走进六盘山红军长征纪念馆，这里陈列和展示了红军长征中的众多文物、遗物、图片资料。之后来到将台堡红军长征会师纪念碑，缅怀英勇牺牲的红军将士。结束后抵达中卫。

路况

良好，国道、高速为主。

海拔情况

六盘山红军长征纪念馆：2832 米；将台堡：1828 米。

沿途特色景区

六盘山红军长征纪念馆——位于宁夏回族自治区固原市隆德县境内的六盘山上，在 2005 年 9 月 18 日竣工，由纪念馆、纪念碑、纪念广场、纪念亭和吟诗台五部分组成。是宁夏回族自治区党委和政府为纪念红军长征翻越六盘山暨长征胜利 70 周年而建的红色旅游景点。

将台堡红军长征会师纪念碑——为纪念 1936 年 10 月 22

△ 炳灵寺石窟

△ 黄河石林

日，红二方面军总指挥部及二军团与一军团二师在将台堡会师而建立。

全国乡村旅游重点村

固原市泾源县泾河源镇冶家村——附近有凉殿峡遗址、泾河新城乐华城、泾河源、石窑湾石窟、瓦亭城等旅游景点，有泾源黄牛、泾源黄牛肉、泾源黄牛、固原银耳、牛杂汤等特产。

中卫市中宁县石空镇倪丁村——附近有石马湾岩画、石空寺、中宁县枸杞博物馆、宁舟宝塔、玺赞生态枸杞庄园等旅游景点，有宁夏枸杞、中宁枸杞、中宁圆枣、中宁硒砂瓜、枸杞芽等特产。

固原市隆德县观庄乡前庄村——附近有六盘天池景区（北联池）、六盘山国家森林公园、红崖老巷子民俗村、六盘山红军长征景区、清凉世界景区（清凉寺）等旅游景点，有六盘山秦艽、六盘山黄芪、六盘山蚕豆、隆德马铃薯、隆德中药材等特产。

固原市隆德县陈靳乡新和村——北村庄中心地带从东到西有一条小河流淌，村内有岳家峡等生态旅游资源，森林植被良好，民俗文化氛围浓厚。

旅行锦囊

加油站：

隆德县：有多个中国石油、中国石化加油站。

中卫市：有多个中国石油加油站。

温馨提示：六盘山红军长征纪念馆周一闭馆。

餐饮推荐

隆德：暖锅、长面。

中卫：蒿籽面、羊杂碎水面、浑酒小炒肉、羊肉臊子面、凉拌沙葱、酱爆牛肉、煎猪脏、糖醋黄河鲤鱼、酸辣汤。

DAY4 中卫—景泰黄河石林—兰州

（行驶里程 330 公里）

今日我们将来到黄河石林景区，黄河石林深藏在白银景泰的黄河峡谷之中，不仅有神奇的峰林和峰丛，地貌魅力无穷，还有黄河曲流、坝滩戈壁等美景辉映，山环水绕，宛如世外仙源。之后返回兰州。

路况

主要延 G2012 定武高速、G6 京藏高速，217 省道。

△ 黄河石林

海拔情况

中卫：1233 米；景泰：1624 米。

沿途特色景区

景泰黄河石林——以一条黄河边的长约 9 公里的大峡谷为主体，峡谷两旁遍布着高耸的石林，地貌非常独特。这里的石林规模宏大而且十分雄伟，石笋都在 100 米左右，高处甚至达到 200 多米，高耸壮观。石林是黄河边的黄色砂岩材质，在西北的戈壁之上显得格外的苍凉悲壮。

全国乡村旅游重点村

白银市景泰县喜泉镇大水𥕢村——紧邻大敦煌影视城，省道 201 线穿村而过，地理位置优越，交通条件便捷，是连接黄河石林、永泰龟城，集观光、娱乐、休闲于一体的黄金旅游中转站。

中卫市中宁县石空镇太平村——附近有石马湾岩画、石空寺、中宁县枸杞博物馆、宁舟宝塔、玺赞生态枸杞庄园等旅游景点，有宁夏枸杞、中宁枸杞、中宁圆枣、中宁硒砂瓜、枸杞芽等特产。

旅行锦囊

温馨提示： 1. 游览黄河石林景区的线路比较复杂，一般交通的到达地（即景区的入口，私家车不得入内）在黄河南侧。首先到达南侧的入口处需乘坐区间车向北来到龙湾村。从龙湾村需要乘坐电瓶车前往黄河码头，在码头处乘坐羊皮筏子或游轮前往黄河北侧的峡谷入口处。在此换乘驴车或骑马进入峡谷，再乘卡丁车或索道游览观景台。游览完观景台后原路返回到峡谷入口，乘坐游轮返回码头，然后返回龙湾村，再到景区门口离开。以上线路除去住宿外游览整个景区的时间大约需要半天。

2. 黄河石林内气候很干燥，进入峡谷之前需准备好饮水，可以提前在景区外或龙湾村购买。

3. 西北地区沙尘较多，且晴天时阳光很强，可以准备头巾、口罩、墨镜等装备保护皮肤和眼睛。

餐饮推荐

景泰：五佛豆腐、五佛大碗鱼、大米糁饭、麻腐包子、红水千层饼。

No.16 行摄甘蒙，寻访河西丝路

古丝路今连霍，沙漠绿洲观沧桑变化

手绘线路图

线路概况

茫茫大漠，夕阳下孤单的背影，这种凄美的感觉总让人心存向往，从荒芜沙丘走到似江南般的水光潋滟，从深蓝湖泊走到如梦似幻的粉红海子，浪漫惊喜突如其来。巴丹吉林沙漠是中国八大沙漠之一，年降水量不足 40 毫米，但沙漠中的湖泊竟然多达 100 多个，高耸入云的沙山，神秘莫测的鸣沙，静谧的湖泊、湿地，构成了巴丹吉林沙漠独特的迷人景观。

非遗体验

河西宝卷、裕固族民歌、兰州太平鼓、夜光杯雕、临夏砖雕、兰州黄河大水车制作技艺。

土特产

兰州百合、黄花菜、甘谷辣椒、兰州香桃、临泽红枣、瓜州蜜瓜。

行程规划

线路： 兰州—河口古镇—扎隆沟—武威—巴丹吉林沙漠—平山湖大峡谷—张掖—酒泉。

总里程： 1190 公里。

推荐时长： 4 天。

DAY1 兰州—扎隆沟—武威

（行驶里程 430 公里）

从兰州出发，一路向西北方向行进，途经河口古镇，是古代黄河上游著名的四大渡口之一。之后来到一处不为人知的冷门景点——扎隆沟，这里属于青海省北山国家森林地质公园，郁郁葱葱的林区点染上了秋天的五颜六色。步行其中，道路旁小溪潺潺，不仅身心舒畅，相机更是“咔嚓”不停。尽情地在园区享受远离城市的大山里的空气。之后前往武威，途中会经过具有重要经济意义的乌鞘岭隧道。

△ 巴丹吉林沙漠湖泊——庙海子

路况：有连霍高速、天互公路，路况良好，途中多隧道。

海拔情况

兰州：1500 米；扎隆沟：2710 米。

沿途特色景区

兰州河口古镇——素有“金城西大门”之称，地处兰州西固区黄河北岸。多年以前，河口是黄河“黄金水道”的重要港口，西北各地的长途运输多要途经此处。

兰州吐鲁沟国家森林公园——吐鲁沟在蒙古语中意为“美好的果园”，是兰州周边的一处山清水秀的自然风景区，距离兰州城区约 200 多公里车程，是兰州市本地居民周末郊游放松的好去处。

扎隆沟——位于青海省互助北山林场，是北山国家森林公园的组成部分。这里是天然的寻幽探奇之地，寒潭碧水，曲径通幽，瀑布随着山势在小径旁边成群出现。秋季的扎隆沟，漫山彩林，小溪潺潺，风景如画。

全国乡村旅游重点村

武威市天祝藏族自治县天堂镇天堂村——因古老的藏传佛教寺院天堂寺而得名。小村四面环山，好似莲花，村子好似花蕊。

旅行锦囊

加油站：

扎隆沟景区旁和互助土族自治县岗青公路旁都有石油服务区加油站。

餐饮推荐

沙漠土鸡、三套车、民勤羊肉、米汤油馓子、拨鱼子。

DAY2 武威—巴丹吉林沙漠

（行驶里程 260 公里）

前往雷台，著名的雷台汉墓就在这里。之后驱车前往一个有着无限可能的地方——巴丹吉林沙漠，属内蒙古阿拉善右旗。在这里已经能够看到巨大的沙丘，高到完全挡住视线，前行一段距离到达巴丹吉林驿站，呈现在眼前的是巴丹吉林唯一的一汪淡水湖——巴丹湖，在不急不躁的微风下波光粼粼，对岸的树枝摇晃，一点不似沙漠中该有的场景，除非用相机将这相对立的景色框进一张相片中。

路况：有武金高速、省道 S228、国道 G307，路况良好。

海拔情况

阿拉善右旗：1500 米；巴丹吉林沙漠：1150 米。

沿途特色景区

雷台——雷台汉墓是汉朝时“守张掖长张君”之墓，墓主算是汉朝时的一方守将。使这座汉墓闻名天下的原因是这里出土了中国旅游标志物，也是甘肃省博物馆著名的镇馆之宝——铜奔马像。另外，这座汉墓内同时出土了 231 种器皿，还有众多的钱币等文物，被誉为一座“地下博物馆”。

巴丹吉林沙漠旅游区——位于内蒙古西部的阿拉善盟阿拉善右旗，中国四大沙漠之一，虽然年降水量不足 40 毫米，沙漠中的湖泊却多达 100 多个，奇峰、鸣沙、湖泊、神泉、寺庙堪称巴丹吉林“五绝”，构成了巴丹吉

△ 平山湖大峡谷

△ 张掖大佛寺

林沙漠独特的迷人景观，神秘而美丽的红海子因其独一无二的色泽而让人向往。

全国乡村旅游重点村

阿拉善盟阿右旗巴丹吉林镇额肯呼都格嘎查——附近有巴丹吉林沙漠、曼德拉山岩画群、诺日图湖、阿拉善沙漠国家地质公园、海森楚鲁怪石城等旅游景点，有阿拉善白绒山羊、阿右旗奇石、阿拉善骆驼、糖腌锁阳、阿拉善仿古地毯等特产。

旅行锦囊

加油站：

武威：有多个中国石油加油站。

金昌：有多个中国石油加油站。

温馨提示： 1. 如对沙漠腹地感兴趣，可以多花一天时间，尝试跟着专业自驾团队来场沙漠穿越之旅。需要注意的是，需要景区的专职司机来开车，没有训练过的车手完全无法驾驭这样的沙漠之路。巴丹吉林景区内，很难近距离看到车辆或者其他人，起伏连绵的沙丘、沙山高低不一，100多个海子总是趁人不注意的时候，在一个个沙丘凹处赫然出现，海子边茂密的苇草摇曳，树木长势喜人，简直和沙漠呈现极端对比，带给人惊喜。尤其是红海了，在阳光下，为这片沙漠带来不一样的生机。这将是非常刺激和难忘的体验。

2. 建议带好适合自己的各种风格服装，以便拍出美美的沙漠大片。

3. 雷台每周一闭馆，需要注意的是，墓内出土的珍贵文物都已运至博物馆，著名的铜奔马在兰州的甘肃省博物馆收藏。

餐饮推荐

扒驼掌、沙米凉粉、阿拉善白绒山羊、粉汤饺子。

DAY3 巴丹吉林沙漠—平山湖大峡谷—张掖

（行驶里程 290 公里）

离开内蒙古，来到属于甘肃的平山湖大峡谷，这里像是科罗拉多大峡谷甘肃分谷，赭红色的巨大岩石鳞次栉比地陈列在这片土地上。最后抵达张掖。

路况： G307 国道、228 省道为主，路况良好。

海拔情况

平山湖大峡谷：1885 米；张掖：1488 米。

沿途特色景区

平山湖大峡谷——这里峡谷幽深、峰林奇特，大自然用鬼斧神工的创造力将五彩斑斓的山体镌刻成一幅幅无与伦比、摄人心魄的山水画卷。一条深不见底的峡谷，无比的苍劲壮丽。曾被《中国地理杂志》及中外知名地质专家和游客誉为“比肩张家界”“媲美科罗拉多大峡谷”。

张掖大佛寺——始建于西夏王朝永安年间，距今已经有 900 多年的历史。大佛寺以寺内供奉着的一尊国内最大的室内泥塑卧佛闻名，另外还有土塔、山西会馆等各具特色的古老建筑，可以参观朝拜，寺内还有展览可以帮助游客了解佛教的艺术和大佛寺的历史。

全国乡村旅游重点村

张掖市临泽县板桥镇红沟村——红沟村入选第一批全国乡村旅游重点村名单，附近有香古寺、张掖七彩丹霞景区、梨园口战役纪念馆、双泉湖、沙河望春等旅游景点，有临泽红枣、临泽沙河梨、圣泽牌红枣枸杞汁、小

△ 嘉峪关

△ 巴丹吉林沙漠景区

枣粽子、鸡肉卷子等特产。

旅行锦囊

温馨提示：1. 在观景台进行拍摄或者走到栈道深入其中拍摄，都是不错的选择。还可以进行一次峡谷穿越，感受在巨型雅丹地貌中穿行的快感。

2. 平山湖景区免费开放日：农历正月初一（春节），3 月 8 日（国际劳动妇女节），5 月 18 日（国际博物馆日），6 月的第二个星期六（中国文化遗产日），11 月 11 日，12 月 12 日。

3. 为保护文物和尊重佛教信仰，佛殿内不可拍照。

4. 在大佛寺东北侧约 300 米处有张掖的木塔寺，步行可至，可以一并游玩。

餐饮推荐

山丹羊肉、猫耳子、油泡泡、牛肉小饭、卤肉炒炮。

DAY4 张掖—酒泉
（行驶里程 210 公里）

前往酒泉，酒泉为汉代河西四郡之一，丝绸之路的重镇，因“城下有泉，其水若酒”而得名。酒泉是敦煌艺术的故乡、现代航天的摇篮。

路况：有 G30 连霍高速，路况良好。

海拔情况

酒泉：1100~1500 米。

沿途特色景区

西汉酒泉胜迹——又名酒泉公园、泉湖公园，是酒泉市区内的标志性景点。传说汉朝大将霍去病将军在取得胜利后获得皇帝赏赐的一坛酒，将军将酒倒入泉中与将士一起饮用，因此这眼泉水得名酒泉，这也是如今酒泉市名称的由来。

富康天宝景区——景区位于酒泉新老城区交会中心，内有多个展览项目，其中天宝皇家赏珍馆展陈面积约 1200 平方米，布展展品 120 余件。包含 12 个展区，主展区全景呈现了满汉全席、后宫花宴、锦绣隆恩的写实场景，深度还原出古代帝王身份之尊贵，宫廷陈设家居之精美。根雕艺术展区，有神韵俱存的宫廷舞乐反手琵琶，笑靥生桃、云堆春鬓的宫廷侍女，沉鱼落雁、闭月羞花的四大美女，高贵典雅、飘逸妩媚的嫦娥仙子等，将中国古典美女秀外慧中的女神气质展现得淋漓尽致。

嘉峪关关城——关城位于嘉峪关市西 5 公里处，这里是明长城的西段。关城始建于明朝，是明长城沿线最为壮观的关城。因地势险要，建筑雄伟而有“天下第一雄关”“连陲锁钥”之称。

全国乡村旅游重点村

嘉峪关市峪泉镇黄草营村——入选第二批全国乡村旅游重点村名单。黄草营村附近有嘉峪关、紫轩葡萄酒庄园、中华孔雀苑、东湖生态旅游景区、嘉峪关方特欢乐世界等旅游景点，有嘉峪关泥沟胡萝卜、嘉峪关洋葱、嘉峪关野麻湾西瓜、粉蒸牛羊肉等特产。

旅行锦囊

加油站：

酒泉：有多个中国石油加油站。

餐饮推荐

酒泉：锁阳油饼、“油老鼠”、油馃子、油塔子、驴肉黄面。

No.17 探神秘西夏王朝，访现代沿黄城市

壮志饥餐牛羊肉，笑谈渴饮贺兰雪

手绘线路图

阿拉善盟
镇北堡
西部影城
沙湖
西夏陵
银川
水洞沟
通湖草原
中卫市
黄 河
沙坡头

线路概况

“两横三纵”城市化战略格局有一环在宁夏，这条行程将从宁夏回族自治区的“凤凰城”银川开始，围绕宁夏沿黄经济区中主要城市：银川、吴忠、中卫、石嘴山等，沿着古丝绸之路，深度游览宁夏。

非遗体验

回族民间器乐、回族服饰、羊皮筏子制作技艺、山花儿、口弦、隋唐秧歌。

土特产

宁夏羊绒、宁夏地毯、宁夏玫瑰花、永宁红提葡萄、南长滩软梨子、南长滩大枣、香山压砂西瓜、香山硒砂瓜、宣和鸡蛋。

行程规划

线路： 银川—镇北堡西部影城—中卫—通湖草原—沙坡头—西夏陵—银川—沙湖—水洞沟—银川

总里程： 950 公里。

推荐时长： 3 天。

△ 黄河大漠

△ 镇北堡西部影城

△ 宁夏中卫沙坡头旅游景区

DAY1 银川—镇北堡西部影城—吴忠—中卫
（行驶里程 270 公里）

今日从银川开始，银川地处中国西北的宁夏平原中部，西近贺兰山、东临黄河水，3 万多年前就有人类在此繁衍生息，这里还诞生过神秘的党项族西夏王朝。游览有“中国一绝、宁夏之宝”美誉的镇北堡西部影城之后，来到有着“塞上明珠”之称的回族之乡吴忠市。吴忠市自古就是丝绸之路的重要通道，是新丝绸之路经济带重要的节点城市，也是新亚欧大陆桥沿线的区域性商贸城市。游览四大名楼之一的黄河楼，最后抵达中卫。

路况

走 110 国道、307 国道、218 省道。

海拔情况

银川：1309 米；镇北堡西部影城：1134 米。

沿途特色景区

镇北堡西部影城——镇北堡历经数百年沧桑，以其雄浑、古朴的风格，成为贺兰山东麓风景旅游景观。西部影城由作家张贤亮先生创办于1993年，在此拍摄了《牧马人》《红高粱》《黄河谣》等获得国际大奖的电影及《大话西游》《新龙门客栈》《锦衣卫》《刺陵》等 200 部脍炙人口的影视片，不仅享有“中国电影从这里走向世界”的美誉，更是“中国古代北方小城镇”的主题公园。

△ 水洞沟遗址

中华黄河楼——是宁夏黄河金岸的点睛之笔和标志性的景观工程之一，将打造出全国展示黄河文化第一楼，与黄鹤楼、滕王阁和鹳雀楼并称中国四大名楼。

青铜峡黄河大峡谷——黄河上游最后一道峡谷，素有“黄河小三峡”之称。景区内的青铜峡拦河大坝、宁夏水利博览馆、一百零八塔、大禹文化园、十里长峡、鸟岛、牛首山西寺、中华黄河坛等众多景点坐落在黄河两岸，让人目不暇接，集中展现了黄河文化、西夏文化、回族文化以及塞上江南风光。

全国乡村旅游重点村

银川市西夏区镇北堡镇昊苑村、银川市西夏区镇北堡镇华西村、银川市西夏区镇北堡镇镇北堡村——村子离得很近，附近有镇北堡古城址、镇北堡西部影视城、西夏王陵、西夏博物馆、张裕摩塞尔十五世酒庄等旅游景点，有“白宝”滩羊皮、“黑宝”发菜、宁夏羊绒、宁夏地毯、宁夏玫瑰花等特产。

旅行锦囊

温馨提示：镇北堡西部影城为热门拍照地，准备好装备拍个够吧！

餐饮推荐

银川：迎宾楼涮羊肉、三益轩羊羔肉、老毛手抓的手抓肉、仙鹤楼宁夏当地菜。

吴忠：吴忠手抓羊肉、中宁清炖土鸡、同心碗蒸羊羔肉、固原水盆羊肉、平罗黄渠桥辣爆羊羔肉、石嘴山大武口凉皮。

△ 羊皮筏子

△ 黄河飞索

DAY2 中卫—通湖草原—沙坡头—西夏陵—银川

（行驶里程 230 公里）

中卫是人类的重要发祥地之一，连接西北与华北的铁路枢纽，京藏等 5 条高速公路穿境而过，交通便利。黄河自西向东穿境而过。游览古丝绸之北路要塞通湖草原，在沙坡头游玩，之后前往西夏王朝的皇家陵园西夏王陵参观，感受西夏文化，最后返回银川。

路况

走 202 省道、G6 京藏高速。

海拔情况

中卫：1230 米；通湖草原：1299 米；沙坡头：1326 米；西夏陵：1122 米。

沿途特色景区

通湖草原——位于内蒙古和宁夏交界处的腾格里沙漠腹地，是古丝绸北路的要塞，还保留着古代商道、盐道、大盛魁古驼道，可见当年留下的沙山岩画、古旧的买卖城遗址。这里也是电影《刺陵》的拍摄地。这里与沙坡头相邻，被称为“沙坡头的后花园”，却比沙坡头苍茫，草原、沙漠、湖水形成天然美景，空气清新，牛羊成群，与洁白的蒙古包融合成一幅迷人的画卷。

沙坡头——位于宁夏中卫市城区以西 18 公里腾格里沙漠东南边缘，集大漠、黄河、高山、绿洲、长城、丝路于一身，既具西北风光之雄奇，又兼江南景色之秀美。金涛起伏、浩瀚无垠的腾格里沙漠由北滚滚而来，到这里遇到九曲黄河戛然而止，伏首在黄河北岸的香山脚

△ 通湖草原

△ 西夏陵

△ 水洞沟燧迹

下，形成了一条长约2000米、高160多米的沙漠瀑布，沙坡头由此而得名。

西夏陵——西夏王朝的皇家陵园，西夏国历代帝王的陵寝所在。作为西夏文化的活化石，向我们展示着西夏的与众不同与特立独行。

全国乡村旅游重点村

中卫市沙坡头区迎水桥镇沙坡头村——沙坡头村附近有铁龙越沙、沙坡头、高庙保安寺、寺口子、腾格里湿地水利风景区等旅游景点，有南长滩软梨子、南长滩大枣、香山压砂西瓜、香山硒砂瓜、宣和鸡蛋等特产。

旅行锦囊

温馨提示： 1. 西夏陵每年4月20日至10月20日开放参观，其他时间不开放。

2. 沙坡头春季风沙较大，建议带防风沙衣服和纱巾；沙漠中阳光充足、照射强烈，请做好防护措施，多喝水补充水分。

餐饮推荐

红烧黄河鱼。

DAY3 银川—沙湖—水洞沟—银川

（行驶里程150公里）

前往宁夏标志性景点、魅力生态地标沙湖参观，之后来到石器时代遗址，被誉为“史前考古的发祥地”的水洞沟，体验边塞另一种风情。

路况

走G6京藏高速、G85银昆高速。

海拔情况

沙湖：1190米；水洞沟：1217米。

沿途特色景区

沙湖——宁夏沙湖以自然景观为主体，资源蕴藏量丰富，“沙、水、苇、鸟、山、荷”六大景源有机结合，构成独具特色的秀丽景观。沙湖独特秀美的自然景观和得天独厚的旅游资源，是西部丝绸之路上埋藏的宝藏，宁夏沙湖是我国北方荒漠半荒漠地区不可多得的自然生态综合体，此地湖水与长天一色，沙丘与兰山共姿。多年来，沙湖吸引了百万四海宾客，被誉为“塞上旅游明珠”。

水洞沟——独特的雅丹地貌鬼斧神工地造就了魔鬼城、摩天崖等奇绝景观，它们和蓝天、碧水、淡云、断崖、芦苇、鸳鸯、野鸭共同构筑了宁静逸然的世外桃源。从史前遗址到边塞文化，从土林景观到高峡平湖，从大漠边关到江南秀色，水洞沟可谓雄丽、奇妙。

全国乡村旅游重点村

银川市永宁县闽宁镇原隆村——原隆村附近有宁夏川民俗园、鹤泉湖、纳家户清真大寺、银川多宝塔、回族博物馆等旅游景点，有民间刺绣、宁夏石烤羊、“白宝”滩羊二毛皮、永宁红提葡萄、红腹锦鸡等特产。

旅行锦囊

温馨提示： 1. 因天气或者湖面结冰等特殊原因，11月中旬到3月湖面结冰后水洞沟可能会停止开放，去之前建议提前一天打电话咨询。

2. 沙湖景区周边开阔，加上湖面的反射，所以在这里游玩时，一年四季都需要特别注意防晒。

3. 应避免在夏季的正午时分前往沙漠区游玩，此时的沙漠温度很高。

餐饮推荐

羊肉水饺、芝麻烧饼、香酥闷仔鸭、清蒸羊羔肉、牛羊肉酥、清真奶油糕点、马三白水鸡、各种面食等。

No.18 大漠豪情，深入阿拉善腾格里沙漠腹地

毅行腾格里，邀您一起行走天地间！

手绘线路图

线路概况

银川出发赴阿拉善盟，深入腾格里沙漠腹地，穿越沙漠梦想公路，那浩瀚无边、一望无际的沙漠包揽乌兰湖的美景，随后一路南下去领略西夏文化和中华四大名楼的黄河楼。

非遗体验

砚台制作技艺（贺兰砚制作技艺）

土特产

灵武长枣、贺兰砚、贺兰螺丝菜、枸杞、阿拉善肉苁蓉等。

行程规划

线路：银川—巴彦浩特—阿拉善腾格里沙漠—贺兰山—镇北堡西部影城—西夏陵—吴忠市—中华黄河楼—银川。

总里程：311 公里。

推荐时长：3 天。

△ 水洞沟

△ 水洞沟——藏兵洞

DAY1 银川—阿拉善腾格里沙漠—贺兰山

（行驶里程 124 公里）

早餐后赴阿拉善盟巴彦浩特，蒙语意为“富饶的城”，素有“塞外小北京”之称，途经三关口明长城遗址参观中国大漠奇石文化博物馆，之后前往沙漠梦想公路，穿越腾格里沙漠公路，返回贺兰山下入住酒店。

路况

有银川绕城高速、乌银高速。

海拔情况

银川：1115 米；腾格里沙漠：1298 米；贺兰山天沐温泉度假酒店：1432 米。

沿途特色景区

贺兰山岩画——大致诞生于一万年前，是古代先民们在漫长的岁月里运用写实或抽象的艺术手法，在岩石上绘制和凿刻的图画，它记录了银川地区古代人类社会生活的各个方面。

宁夏水洞沟旅游区——中国最早发掘的旧石器时代遗址，被誉为“中国史前考古的发祥地”。水洞沟还是我国明代长城、城堡、藏兵洞、大峡谷等军事防御建筑大观园，是中国目前唯一保存最为完整的长城立体军事防御体系。

沙漠梦想公路——有着雄踞千里的连绵沙丘，如同定格的波浪般此起彼伏。

全国乡村旅游重点村

银川市永宁县闽宁镇原隆村——宁夏回族自治区“十二五”期间永宁县境内最大的生态移民村，也是宁夏十大特色产业村之一。目前，原隆村已形成了特色种植、特色养殖、光伏产业、劳务产业、旅游产业五大产业格局。

旅行锦囊

加油站：

银川：有多个中国石油加油站。

贺兰山：有 1 个中国石化加油站。

温馨提示： 1. 沙漠日照比较强，做好防晒工作；

2. 由于沙漠的沙子很细小，所以把精密仪器保管好，比如手机、相机、摄像机等，否则沙粒进入后不容易清理而且还会划伤显示屏。

3. 可以乘坐越野车前往腾格里沙漠腹地乌兰湖，享受美景，也可以进行沙漠轻徒步。

4. 沙漠昼夜温差大，要多准备衣服。

5. 翻越沙丘的时候应该臀部和大腿后侧肌肉发力，这样可避免脚尖用力而陷进沙里太多。若沙面平整、颜色较黄说明较软，有纹路、颜色较暗说明风没有经常吹，较硬好走。

餐饮推荐

银川：手抓羊肉、八宝茶、牛肉面。

阿拉善腾格里沙漠：烤全羊、烩羊杂。

△ 水洞沟——藏兵洞

△ 镇北堡西部影城的月亮门

△ 镇北堡西部影城

DAY2 贺兰山—镇北堡西部影城—西夏陵—银川

（行驶里程 50 公里）

早餐后乘车前往镇北堡西部影城，张艺谋导演的一部《红高粱》让镇北堡西部影城有了“中国电影从这里走向世界的美誉”，之后前往西夏历代帝王陵以及皇家陵园的西夏王陵，后返回银川。

路况

走京银线、银川绕城高速。

海拔情况

镇北堡西部影城：1134 米；西夏陵：1143 米。

沿途特色景区

镇北堡西部影城——在这个以古朴、粗犷、荒凉为特色的影城中，拍摄了《牧马人》《红高粱》《大话西游》《刺陵》《锦衣卫》等经典影片以及具有影响力的影视片 200 余部，一大批中国电影界名人都在这里留下过足迹，如巩俐、姜文、张艺谋、葛优、周星驰、甄子丹等。

西夏王陵——西夏王朝的皇家陵寝，埋葬了西夏王朝的多位皇帝。现在整个陵区有 9 座帝陵和 140 多座陪葬墓，是中国历史上占地面积最大的皇家陵寝之一。陵墓的形状与其他中国陵墓都不一样，呈倒扣的窝头形。

全国乡村旅游重点村

银川市西夏区镇北堡镇昊苑村、银川市西夏区镇北堡镇华西村、银川市西夏区镇北堡镇镇北堡村——村子附近有镇北堡古城址、镇北堡西部影城、西夏王陵、西夏博物馆、张裕摩塞尔十五世酒庄等旅游景点，有“白宝”滩羊皮、“黑宝”发菜、宁夏羊绒、宁夏地毯、宁夏玫瑰花等特产。

旅行锦囊

加油站：

镇北堡西部影城附近有 1 个中国石油加油站。

△ 西夏王陵

温馨提示：1. 去影城游玩，最好避免夏季的正午时分前往，此时的太阳可以把人烤干。如果只能这时候去，那么防晒和补充水分就十分的重要。
2. 这里是银川乃至宁夏的著名景点，每逢黄金周或者重要节假日，客流量非常大，最好能够错峰前往。
3. 景区提供免费导游服务，游客进入景区大门后，就能看到导游人员。
4. 去西夏王陵建议自驾或包车，若打车前去则回程找车会比较困难。

餐饮推荐

镇北堡西部影城：老银川一条街、羊杂碎、牛肉面。

DAY3 银川—吴忠市—中华黄河楼—银川
（行驶里程 137 公里）

早餐后前往“中国回族之乡”宁夏吴忠市，回族人口占53%，是全国回族比例最高的地级市，黄河穿城而过，造就了悠久的历史，同时也成就了这里独特的清真美食文化，吴忠美食占据了宁夏美食的半壁江山，之后赴青铜峡，参观中国四大名楼之一中华黄河楼。最后返回银川。

路况

走京藏高速、亲水南大街。

海拔情况

中华黄河楼：1170 米。

沿途特色景区

中华黄河楼——是宁夏黄河金岸的点睛之笔和标志性的景观工程之一，将打造出全国展示黄河文化第一楼，与黄鹤楼、滕王阁和鹳雀楼并称中国四大名楼。

全国乡村旅游重点村

吴忠市利通区上桥镇牛家坊村——以桃源农庄、牛家大院为龙头的生态观光农业取得了可观的社会效益和经济效益，吸引了周边县市区各类游客 50 万人次，综合经济收入达 300 万元。同时成功举办了利通区首届桃花节及邻居节活动，承办了利通区休闲农业推进年——观光季的现场会。

旅行锦囊

加油站：

吴忠：有多个中国石油加油站。

餐饮推荐

吴忠市：吴忠风味羊杂碎、手抓羊肉、臊子饸烙面、羊肉枸杞芽、茴香饼、羊肉揪面、盐池甜瓜、羯羊脖炖黄芪、生汆面、馓子。

△ 远眺西夏陵

No.19 戈壁驼铃声声沧桑变幻，丝路雄关漫漫重回故里

胡杨林三千年的守望，聆听生命之魂的赞歌

手绘线路图

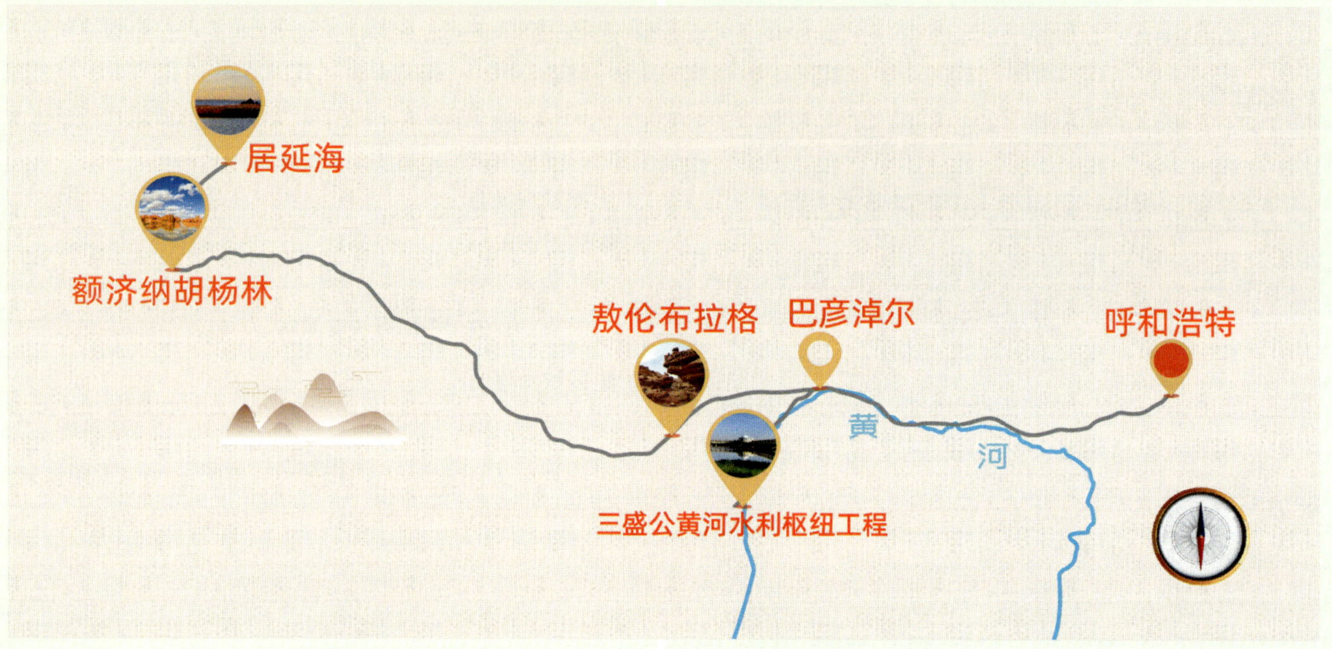

线路概况

这是一条穿越沙漠，聆听生命赞歌的旅程，你会惊叹于胡杨林不朽的生命、沙漠海子的勃勃迹象、充分利用黄河之水的滋润之情。

非遗体验

蒙古族长调民歌、蒙古族呼麦、蒙古族马头琴。

土特产

驼掌、奶酒、手扒肉、烤全羊、沙漠玫瑰、麝香、肉苁蓉、蘑菇、蒙古刀、马头琴、风干牛羊肉。

行程规划

线路： 呼和浩特—敖伦布拉格—额济纳胡杨林—居延海—巴彦淖尔—三盛公黄河水利枢纽工程—呼和浩特。

总里程： 2560 公里。

推荐时长： 5 天。

DAY1 呼和浩特—梦幻大峡谷—敖伦布拉格

（行驶里程 560 公里）

早餐后途经巴盟口，抵达“七彩神山”，游览西部梦幻大峡谷，全长 5 公里，经历万年的风剥雨蚀，洪水冲刷，而今沧桑壮美。置身其间，峰回路转，一步一景，十步不同天，仿佛步入梦幻世界。

路况

路况良好，有京藏高速、京新高速。

海拔情况

敖伦布拉格：1039 米；呼和浩特：1070 米；梦幻大峡谷：平均海拔 1000 米。

沿途特色景区

西部梦幻大峡谷——蒙古语“布勒格斯太”，意为有柳树的地方。西部梦幻大峡谷融雅丹地貌与丹霞地貌为一体，记录了百万年来地貌的变迁及地质的演化过程，风力与地质的相互作用形成了这里沙漠、戈壁为主体的地质景观。

全国乡村旅游重点村

呼和浩特市回民区攸攸板镇东乌素图村——这里物华天宝，山清水秀，主要农产品有栗子、山药、番石榴、莲藕、冬瓜、土豆、油桃。

△ 巴丹吉林沙漠落日

呼和浩特市托克托县河口管理委员会郝家窑村——附近有神泉生态旅游风景区、黄河万家寨水库、云中郡故城、呼和浩特飞来寺等旅游景点，有托县彩米、托县茴香、托县辣椒、托县莜面、一溜弯红辣椒等特产。

呼和浩特市赛罕区黄合少镇石人湾村——主要农产品有通菜、沙果、洋菇、马铃薯、青椒。

旅行锦囊

服务区：

包头服务区、乌拉山服务区、临河服务区。

加油站：

呼和浩特有多个中国石油、中国石化加油站。

餐饮推荐

呼和浩特：手扒肉、驼峰肉、托县莜面、托县豆腐。

DAY2 敖伦布拉格—额济纳

（行驶里程 570 公里）

沿京新高速 G7 一路西行，是目前世界最长的穿越沙漠高速，行驶在苍凉的茫茫西北之上，塞上秋来，风景独特。一路欣赏戈壁与沙漠苍茫的荒芜，其中点缀着聚居区种植出的绿色，蓬勃着生生不息的期望。

路况

良好，有京新高速。

海拔情况

额济纳：1070 米。

沿途特色景区

人根峰——在磴口县哈腾套海苏木西 25 公里的沟内，有一巨大石柱巍然耸立、直指苍天，该柱呈红褐色，高 28 米，粗 10 人可以合围，有着丹霞山之貌、兔耳岭山势，成为游客流连忘返的地方。

全国乡村旅游重点村

阿拉善盟阿右旗巴丹吉林镇额肯呼都格嘎查——附近有巴丹吉林沙漠、曼德拉山岩画群、诺日图湖、阿拉善沙漠国家地质公园、海森楚鲁怪石城等旅游景点，有阿拉善白绒山羊、阿右旗奇石、阿拉善骆驼、糖腌锁阳、阿拉善仿古地毯等特产。

△ 敖伦布拉格西部梦幻峡谷

旅行锦囊

服务区：

红古尔玉林服务区、乌力吉服务区。

温馨提示： 1. 做好防晒，虽然温度不热，但是紫外线比较强。

2. 秋天的额济纳，温差较大，记得带好保暖衣物。

3. 在额济纳拍照，建议穿颜色亮丽的衣服拍照比较好看，如红色、白色。

4. 旺季额济纳经常满房，如果有出游计划，记得早早预订。

餐饮推荐

烤全羊。

△ 巴丹吉林沙漠湖泊

△ 额济纳胡杨林

△ 胡杨林

DAY3 额济纳—居延海—胡杨林—额济纳

（行驶里程 200 公里）

今日早起赴居延海拍摄日出，以及周边的无边芦苇和红树林。居延海自汉代以来，都是一个有名的地方。它不仅仅是一个地区的代表，而且是一种文化的代表。

路况

居延海路段相对较颠簸。

海拔情况

居延海：900 米。

沿途特色景区

居延海——这里是我国第二大内陆河黑河的尾闾湖，汉时称居延泽，唐时称居延海，发源于祁连山深处的黑河。其形状狭长弯曲，犹如新月，额济纳河汇入湖中。历史上有过多位名人来到这里，如汉代的霍去病、张骞，唐朝大诗人王维等，都在这里留下了足迹。2003 年以来，随着黑河分水工程的实施，干涸已久的东居延海湖盆重现碧波荡漾的美景，焕发出勃勃生机。

额济纳胡杨林旅游区——从二道桥到八道桥，沿途欣赏辉煌的金色胡杨林，捕捉胡杨林千姿百态的景象。胡杨“生而不死一千年，死而不倒一千年，倒而不朽一千年”。

旅行锦囊

温馨提示：1. 居延海日出后的光线洒在芦苇上，如镶嵌了一层金边，是拍摄逆光人像的绝佳场景。

△ 居延海

△ 额济纳的秋天

△ 胡杨林

2. 观赏金黄胡杨的时间为 9 月下旬到 10 月中旬，都能看到黄叶子，但最佳时间一般在 10 月 5 日前后。太早叶子还没有黄透；晚了会起风刮落树叶。每年叶子变黄的时间都不太一样，一般来说如果雨水充足树叶就会黄得快，具体根据当年情况为准。

3. 请自觉保护旅游区生态环境。请勿攀爬、折损旅游区内原生态树木；请勿在非体验区域垂钓、采摘、挖掘野菜；请勿制造噪声，惊扰、捕捉栖息鸟类。

4. 请自觉遵守公共秩序，不要拥挤、堵塞通道和出入口；请勿携带宠物入园；请不要在旅游区内赤膊和随意躺卧。

5. 请注意游览安全。游览时请勿离开步行游道，在台阶、木桥等处上下行走时，请注意站稳、慢行、细观察。请勿在非指定区域接触水面、游泳，谨防吸血虫害；儿童、行动不便者须在家人陪同下游览旅游区。

6. 爱护环境，请勿随地吐痰、便溺、乱扔瓜皮果壳及废物。

7. 入园时请配合工作人员安检，严禁携带打火机、火柴等明火入园，不能使用明火以及易燃易爆物品。

△ 居延海

餐饮推荐

蒙古族烤饺子、羊肉垫卷子、驼排。

DAY4 额济纳—穿越漠中胡杨—黑水城—怪树林—巴彦淖尔

（行驶里程 680 公里）

早餐后乘越野车在沙海与胡杨中穿行，体味漠中胡杨之美！之后前往神秘的西夏国北的军司黑水古城。这里是居延地区的重要组成部分，西夏王朝在此设置“黑山威福军司”，在明朝时放弃此城。是“丝绸之路”上现存完整的一座古城。

路况

额济纳到巴彦淖尔走京新高速，限速 120 公里 / 小时，此天车程时间较长。

海拔情况

黑水城：1030 米。

沿途特色景区

黑水古城——蒙古语称为“哈拉浩特”，又称黑城，位于干涸的额济纳河（黑水）下游北岸的荒漠上，距阿拉善盟额济纳旗旗政府所在地——达来呼布镇东南方向 25 公里，是居延文化的一部分。黑水城是西夏在西部地区

△ 黑城遗址

△ 巴丹吉林沙漠——必鲁图沙山

重要的农牧业基地和边防要塞，是元代河西走廊通往岭北行省的驿站要道，西夏十二监军司之一黑山威福司治所。

黑城遗址——古丝绸之路北线上现存最完整、规模最宏大的一座古城遗址。该城建于 9 世纪的西夏政权时期。明洪武五年（1372 年）明朝大将冯胜攻破黑城后遭废弃。至今城内还埋藏着丰富的西夏和元代等朝代的珍贵文书。近年来，由于周边地区沙化严重，流沙从东、西、北三面侵蚀黑城，许多遗址已埋于沙下。

怪树林——在额济纳旗达来呼布镇西南 28 公里处，怪树林实际上是大片胡杨树枯死而形成的，据说是黑将军及众将士不死的灵魂所在。胡杨特有的耐腐特性，使大片枯死的胡杨树干依然直立在戈壁荒漠之上，形成形态怪异的悲凉景观。可以拍摄寂寞的日落景象。

巴丹吉林沙漠——我国第三大沙漠。它以“奇峰、鸣沙、湖泊、神泉、寺庙”五绝著称。其中西北部还有 1 万多平方公里的沙漠至今没有人类的足迹，堪称“沙漠珠穆朗玛峰”。

全国乡村旅游重点村

巴彦淖尔市五原县塔尔湖镇联丰村——附近有内蒙古巴

△ 沙漠世界地质公园巴丹吉林沙漠

美湖湿地公园、四大股庙、秦长城、五原抗日烈士陵园、古墓葬等旅游景点，有五原小麦、五原向日葵、五原灯笼红香瓜、五原黄柿子、酸粥等特产。

旅行锦囊

沿途有多处高速服务区。

餐饮推荐

阿拉善羊肉。

DAY5 巴彦淖尔—巴彦高勒—三盛公黄河水利枢纽工程—呼和浩特

（行驶里程 550 公里）

前往三盛公黄河水利枢纽工程，体验大河浩荡书写给磴口县的另一种风情，黄河之水到此放缓流速并因此恩泽百万人的巨大贡献，不由得再次对母亲河的含义加深了理解，自水闸中奔流而出的水声背后，掩藏着黄河水利史上的重要一段。

路况

路况良好，有京藏高速。

海拔情况

巴彦淖尔：1100 米。

沿途特色景区

三盛公黄河水利枢纽工程——坐落于磴口县巴彦高勒镇东南总干渠入口处，横跨波涛滚滚的黄河，与鄂尔多斯市搭界，是一座以灌溉为主，兼有交通、发电、工业供水、渔业及旅游等综合功能的闸坝工程。

阴山岩画——阴山岩画的艺术水平精湛，其刻法有敲凿、磨刻、线刻等，世界上只有少数岩画遗迹可与之媲美。阴山岩画是迄今为止我国已发现的岩画中分布最为广泛、内容最为多样、艺术最为精湛的岩画，不仅是世界上最早发现的岩画，同时也是世界上最丰富的岩画之一，是我国最大的岩画宝库，现存阴山岩画的绝大部分分布在巴市地区。

全国乡村旅游重点村

巴彦淖尔市临河区狼山镇富强村——以村容村貌“绿、净、亮、美”而远近闻名。

呼和浩特市新城区保合少镇恼包村——人勤物丰，英才辈出，空气好，气候宜人，附近有大青山太伟运动休闲度假村、内蒙古博物院、乌素图国家森林公园、绥远城将军衙署、呼和浩特市博物馆等旅游景点，有焙子、呼和浩特奶皮、烧军鼻、青城烧卖、蒙古糕等特产。

旅行锦囊

服务区：

沿途有多处高速服务区。

加油站：

巴彦淖尔：有多个中国石油、中国石化加油站。

餐饮推荐

农家罐罐菜、沙葱、锁阳糕。

△ 万里黄河第一闸——三盛公黄河水利枢纽工程

No.20 寻访河套平原，体验古今黄河文化

欣赏河套平原独特的自然景观，感受西北的粗犷与恢宏

手绘线路图

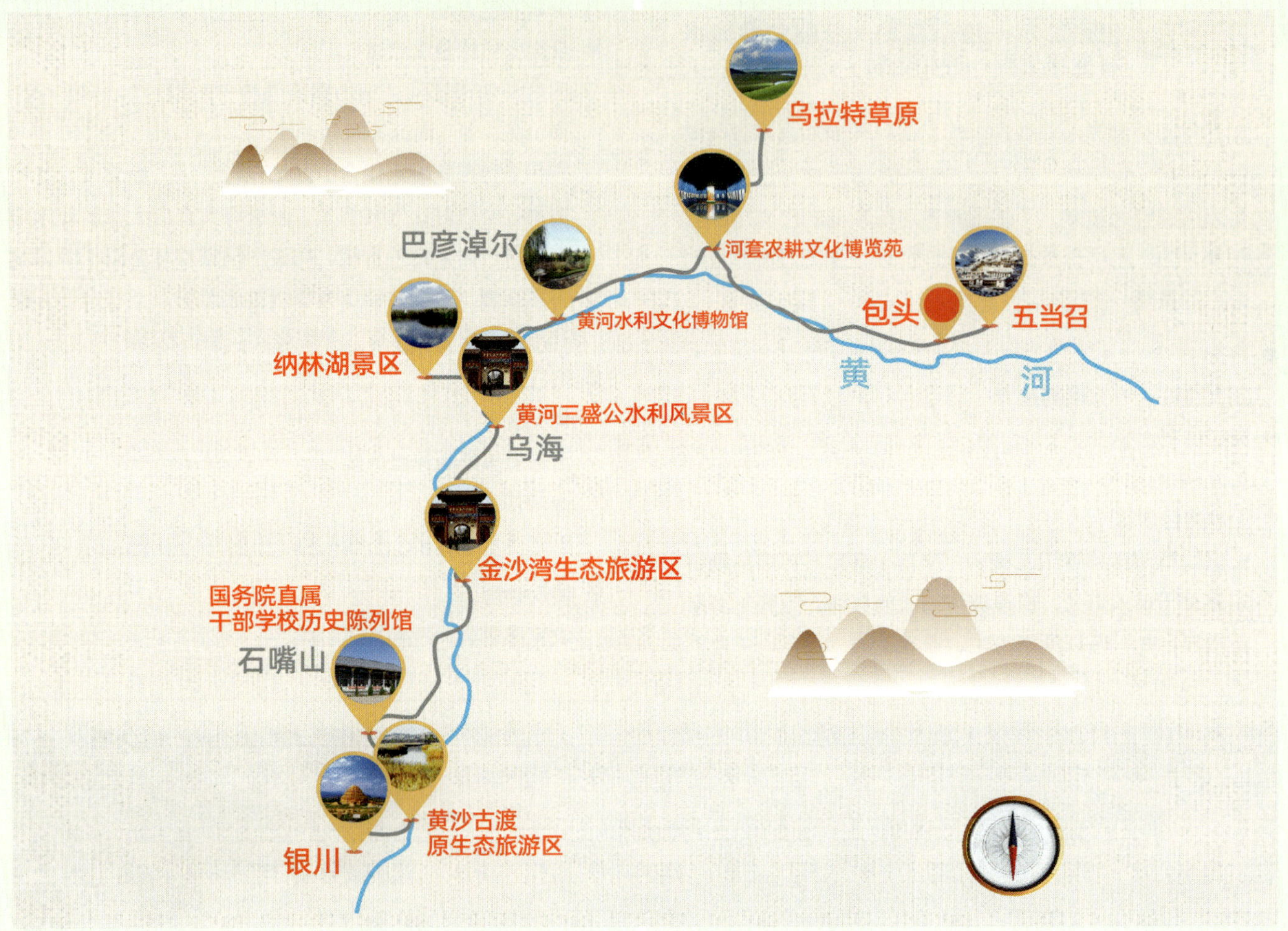

线路概况

这条线路以河套文化为主题，欣赏河套平原自然生态景观，体验河套农耕文化、水利工程文化等地域文化景观。

非遗体验

蒙古族民歌（乌拉特民歌）、梅日更召信俗、包头剪纸。

土特产

包头三蓝地毯、松口菇、羊绒制品、固阳莜麦面、奶制品、牛羊肉干、黑瓜子、河套枸杞、河套蜜瓜、五原黄柿子、乌海奇石、乌海葡萄、宁夏枸杞、贺兰砚、灵武长枣、甘草、银柴胡。

行程规划

线路：包头—乌拉特草原—巴彦淖尔—纳林湖景区—黄河三盛公水利风景区—乌海—石嘴山—黄沙古渡原生态旅游区—银川。

总里程：980 公里。

推荐时长：4 天。

DAY1 包头—乌拉特草原—巴彦淖尔

（行驶里程 290 公里）

前往包头市东北部约 60 多公里的五当召，它是内蒙古最大的一所藏传佛教格鲁派寺院。随后驱车前往乌拉特草原，领略北朝民歌所描述的“天苍苍野茫茫，风吹草低见牛羊”的壮丽景色。后前往五原县，这里是河套地区农耕文明的发祥地，河套文化是人类发展史上农耕文明与游牧文明聚集交融的典型代表。参观河套农耕文化博览苑以及黄河水利文化博物馆，了解黄河沿岸的农耕水利文化历史。

△ 乌拉特草原

- **路况：**大部分为京藏高速（G6），部分国道，路况良好。
- **海拔情况**

包头市：1065 米；五当召：1524 米；乌拉特草原：1025 米；巴彦淖尔：1035 米。

- **沿途特色景区**

五当召——五当召原名为巴达嘎尔庙，藏语的意思是“白莲花”，始建于清康熙年间，乾隆年间重修，逐步扩大始具今日规模。它是国家重点文物保护单位，同时也是 4A 级景区；它的文物收藏数量、等级都位列自治区文物收藏前列。

乌拉特草原——乌拉特草原北与蒙古国接壤，南靠阴山，西连阿拉善盟，东临包头市，是内蒙古自治区九大集中分布的天然草场之一，孕育了匈奴、鲜卑、突厥、蒙古等草原民族，留下了悠久灿烂的游牧文化。

河套农耕文化博览苑——五原河套农耕文化博览苑是一个以农耕文化为主题，融科普、教育、参与性和趣味性为一体精心打造的景区。园区整合了五原乃至河套地区自西汉以来 2400 年间发生在这片土地上的重大历史事件、重要历史人物以及河套农耕历史沿革等资源，将生动丰富的河套民风民俗融于各主题园区，展示了河套人艰苦奋斗、勤劳朴实的精神，全方位勾画出了从古到今河套农耕文化的全景图。

黄河水利文化博物馆——博物馆建于 2013 年年初，建筑面积约 3000 平方米，旨在系统地展示自史前以来的黄河水利文化，尤其是近代的几次大型的水利建设。博物馆的建筑整体呈“几”字形，与黄河的外形契合，中

△ 河套农耕文化博览苑

△ 黄河水利文化博物馆

△ 乌拉特草原上的鹅喉羚

△ 纳林湖

部宽、两侧窄，属于一幢狭长型的建筑，长度约230米、宽15米。

全国乡村旅游重点村

巴彦淖尔市五原县塔尔湖镇联丰村——建设田园综合体总规划面积5万亩，是统筹山水林田湖草沙综合治理的先行区，建设“百一园一田园综企百园”工程的示范区，实施乡村振兴的样板区。联丰村与拉僧庙、特种养殖科普示范园、羊文化博物馆、活羊博物馆、联丰民俗文化村、藏传佛教拉僧庙、宝圪岱庙、汉传佛教宝塔寺等景点相邻，旅游资源丰富。

旅行锦囊

加油站：

包头：有多个中国石油、中国石化加油站。

巴彦淖尔：有多个中国石油、中国石化加油站。

服务区：

包头—巴彦淖尔乌拉特草原，G6京藏高速途经2个服务区：白彦花服务区、乌拉山服务区，均配有中国石油加油站。

温馨提示： 1. 乌拉特草原属于戈壁型草原，昼夜温差大，请注意随时增减衣物。

2. 每年的农历三月二十一，五当召会举行春祭仪式，人们从四面八方来到这里，献哈达、焚香、供祭品，极其隆重，祭典结束后，还要举行赛马、射箭、摔跤等传统活动。

3. 黄河水利文化博物馆每周二闭馆。博物馆的讲解员可用蒙、汉、英三种语言讲解，9点30分和15点30分安排两场义务讲解，其他时间为有偿讲解。

餐饮推荐

包头：拔丝奶豆腐、固阳莜面、羊肉烧卖、焖面、粉汤油饼、荞面拿糕、钢城面点、包头老茶汤、扎蒙蒙花拌汤、大福林包子、铜锅精烩菜、烤鹿排、全牛宴、黄河烤鱼、冷水煮羊肉、蒙派羊肉火锅。

巴彦淖尔：烤全牛、乌拉特烤全羊、河套四蒸（硬四盘）、手扒羊肉、酸粥、巴盟烩菜、酿皮。

DAY2 巴彦淖尔—纳林湖—三盛公—乌海

（行驶里程310公里）

前往巴彦淖尔市磴口县的阴山岩画。这些岩画真实地记录了在此生活的古代北方匈奴、敕勒、柔然、鲜卑、蒙古等游牧民族的生产、生活历史。随后前往距巴彦淖尔市区约95公里的纳林湖景区，欣赏一边是沙漠一边是湿地的独特景观。纳林湖恰似一颗璀璨的明珠镶嵌在乌兰布和沙漠之中。它与沙海驼影、大漠落日以及生机盎然的沙生植物和纵横灌区的田园风光共同构成了大西北的粗犷与恢宏。之后前往被誉为“万里黄河第一闸”的黄河三盛公水利风景区，欣赏壮观的大河风光、壮美的沙漠景观和气势宏伟的水利工程。游览结束驱车前往乌海。

路况： 多为省道、国道、高速，路况较好。

海拔情况

纳林湖：1363米；三盛公：1053米；乌海：1104米。

沿途特色景区

阴山岩画——阴山岩画是中国已发现的岩画中分布最为广泛、内容最为多样、艺术最为精湛的岩画，不仅是世界上最早发现的岩画，同时也是世界上最丰富的岩画之一，是中国最大的岩画宝库。这些岩画不仅反映了阴山地区古代居民的信仰、美学观和世界观，同时也揭示了他们的游牧生活状况。

△ 黄河三盛公水利风景区

△ 黄河三盛公水利风景区

纳林湖景区——纳林湖是我国西北地区较大的淡水湖和重要的湿地之一，也是主要的鸟类繁殖地和迁徙地。湖里有各种鸟近百种。纳林湖南岸栽种千亩胡杨树，北岸是连绵起伏的沙丘。这里夏季空气清新，风光无限，春秋两季多种珍禽异鸟翩然而至，栖息在这波光潋滟、水天一色的湖面上，形成了大漠中的一大奇观。

黄河三盛公水利风景区——黄河三盛公水利风景区位于黄河干流的上中游，著名的“几”字弯头；地处内蒙古西南部，乌兰布和沙漠、库布齐沙漠的边缘，鄂尔多斯高原与河套平原之间，是观黄河、看冰凌、玩沙漠、蹚湿地、觅野趣、望跌水、游沙滩的好去处。

金沙湾生态旅游区——这里沙丘连绵，植被珍稀，酷似海湾大漠之地，因其沙色金黄而被人们称为“金沙湾”。相传一代天骄成吉思汗当年远征西夏时，曾经在这里安营扎寨。

全国乡村旅游重点村

巴彦淖尔市临河区狼山镇富强村——富强村是巴彦淖尔市一个行政村，紧挨先锋村、永增村，物华天宝，茂林成荫，风景宜人。主要农产品有木瓜、樱桃、洋蓟、香菇、芜菁、四季豆、苦瓜、酸浆、红苕。

旅行锦囊

温馨提示： 1. 当地水质含碱量高，不要直接饮用生水，旅游者请准备一些矿泉水。同时，不要随意吃路边摊。内蒙古天气干燥，请多喝水、多食水果，以防上火。

2. 金沙湾除了美丽的景色外，游客还可以夜游沙海、观赏沙雕、参加篝火晚会，观看独具韵味和民族风情的鄂尔多斯婚礼；喜欢刺激的游客，还可以去玩玩景区内的沙地摩托、越野车、高空滑索等项目。

△ 阴山岩画

餐饮推荐

乌海：乌海炖阿尔巴斯羊肉、玛瑙石烤肉、乌海湖鱼鲜、葡萄酒、羊杂割、蒙古馅饼、手扒羊肉。

DAY3 乌海—石嘴山—银川
（行驶里程 220 公里）

驱车前往乌海的黄河滩岛，沿途欣赏十多个大大小小犹如粒粒翡翠的岛屿和夹心滩。接着前往乌海著名的阳光田宇酒庄，品尝葡萄美酒。沿着 G6 高速，继续驱车前往宁夏石嘴山市，这里有原国务院直属干部学校旧址，现在已经成为历史陈列馆。最后来到银川。距离银川市区不远的镇北堡西部影城，是著名的中国十大影视基地之一，我们所熟知的很多电影，如《红高粱》《大话西游》等都曾在这里拍摄。

路况：乌海到石嘴山为 G6 京藏高速；石嘴山到银川为 G1816 乌玛高速，路况良好。

海拔情况

石嘴山：1104 米；银川：1112 米。

沿途特色景区

黄河滩岛——黄河流经乌海 75.5 公里，这一区段既有北国的雄浑，又有南国的旖旎，沿途散落着十多个大大小小的岛屿和夹心滩，犹如黄河锦带上点缀着的粒粒翡翠。岛滩上绿草如茵、树木参天，自然风景十分秀丽，是乌海发展旅游业得天独厚的资源优势。

阳光田宇酒庄——位于乌海市海南区赛汗乌素村，是国内酒庄中第一个真正实施“自然重力法”酿造工艺的葡萄酒庄，是集观光旅游、采摘体验、文化论坛、红酒 SPA 等于一体的国际酒庄。

镇北堡西部影城——位于宁夏回族自治区银川市，是集观光、娱乐、休闲、餐饮、购物于一体的国家 5A 级旅游景区。镇北堡西部影城以其古朴、原始、粗犷、荒凉、民间化为特色，主要由明城、清城、老银川一条街等多处影视拍摄景观组成。2007 年 4 月，镇北堡西部影城被评为“中国最受欢迎旅游目的地”，是中国十大影视基地之一。电影《大话西游》《新龙门客栈》《红高粱》等在此取景。2018 中国黄河旅游大会上被评为“中国黄河 50 景”。

全国乡村旅游重点村

石嘴山市大武口区长胜街道龙泉村——龙泉村，因有九个天然泉眼而得名，建于清朝中期，已有 300 多年历史，位于贺兰山下，是一座集历史遗迹、乡村民俗、塞北文化、田园风光相互交融的古村落。近年来，大力打造美丽家园，发展旅游业，被列入中国美丽休闲乡村和全国乡村旅游重点村。

银川市西夏区镇北堡镇镇北堡村、华西村、吴苑村——地处贺兰山黄金旅游带腹地，镇域及周边旅游资源得天独厚，有影视城，有国家森林公园，镇内大部分用地属贺兰山自然保护区。

旅行锦囊

加油站：

乌海市：有多个中国石油、中国石化加油站。

△ 阳光田宇国际酒庄

银川市：有多个中国石油、中国石化加油站。

餐饮推荐

石嘴山：沙湖大鱼头、馓子、老毛手抓、西甜瓜、羊肉。臊子面、丁香肘子、爆炒羊羔肉、荞面碗坨、生汆面、羊肉水饺。

银川：羊肉粉、烩羊杂、手抓羊肉、老搓面、凉皮、饸饹面、油香、宁夏菜、粉汤水饺、黑宝发菜。

DAY4 银川—灵武—银川

（行驶里程 160 公里）

早餐后，继续在银川游览。黄沙古渡原生态旅游区、西夏陵国家考古遗址公园、宁夏水洞沟旅游区，这些都是黄河文明发展的见证，也承载了人类文明的发展历程。

路况： 大部分为 G85 银昆高速，路况良好。

海拔情况

灵武：1126 米。

沿途特色景区

黄沙古渡原生态旅游区——是国家 4A 级旅游景区、国家湿地公园、明清宁夏八景之一。在这里，可以亲临康熙渡黄河的古渡口、昭君出塞和亲留在大漠的月牙湖。这里有古老的羊皮筏子、原始的沙漠之舟骆驼、现代的湿地龙舟、刺激的沙海冲浪，是一个游玩的地方。

西夏陵国家考古遗址公园——西夏陵 1988 年被公布为全国重点文物保护单位，国家级风景名胜区，2006 年又被公布为中国国家首批自然与文化双遗产预备名录，有着极高的历史、文化和科学研究价值，是国内外学术界都普遍关注的文化遗址。

西夏博物馆——位于宁夏银川市贺兰山东麓西夏王陵境内，是中国第一座以西夏王陵为背景，比较全面系统反映西夏历史的专题博物馆，它于 1998 年 9 月 23 日正式落成开馆，基本陈列由西夏历史、西夏王陵和西夏学术研究成果组成。

宁夏水洞沟旅游区——水洞沟是中国最早发掘的旧石器时代文化遗址，被誉为“中国史前考古的发祥地”“中西方文化交流的历史见证”，被国家列为“最具中华文明意义的百项考古发现”之一。荣获“中国最值得外国人去的 50 个地方”银奖。有着中国唯一保存最完整的万里长城立体军事防御体系。2018 中国西北旅游营销大会暨旅游装备展上，入围“神奇西北 100 景”榜单。2018 中国黄河旅游大会上，水洞沟被评为“中国黄河 50 景”。

旅行锦囊

加油站：

灵武：有多个中国石油、中国石化加油站。

餐饮推荐

灵武：粥底火锅、粘糕、手撕土鸡、羊肉老搓面、炒糊饽。

△ 宁夏黄沙古渡原生态旅游景区

△ 黄沙古渡风光

No.21 草原信马由缰豪情万丈，牧歌悠扬荡气回肠

一次草原的视觉盛宴，一场沙漠的美丽邂逅

手绘线路图

线路概况

内蒙古呼包鄂金三角经典自驾线路整合了草原青城、中国鹿都、天骄圣地三个城市，有成吉思汗的灵魂居所成吉思汗陵、会唱歌的神奇沙漠响沙湾等。

非遗体验

蒙古族长调民歌、蒙古族呼麦、蒙古族马头琴。

土特产

驼掌、奶酒、手扒肉、烤全羊、沙漠玫瑰、麝香、肉苁蓉、蘑菇、蒙古刀、马头琴。

行程规划

线路：呼和浩特—敕勒川草原—包头—响沙湾—鄂尔多斯—成吉思汗陵—托克托县—呼和浩特。

总里程：640 公里。

推荐时长：4 天。

DAY1 呼和浩特—敕勒川草原

（行驶里程 100 公里）

早餐后自驾前往敕勒川草原，抵达后，接受蒙古族欢迎仪式下马酒——敬酒、献哈达，之后草原漫步呼吸新鲜空气，感受和爽清风与草原的辽阔，入住草原蒙古包，晚餐后还可参加草原篝火晚会。

路况

走 G6 高速。

海拔情况

呼和浩特：1070 米；敕勒川草原：1100 米。

沿途特色景区

敕勒川草原文化旅游区——位于呼和浩特市土左旗西部，总面积 100 平方公里，分为两大区域。一大区域依托“敕勒川，阴山下”诗中所描绘的古代游牧生活的壮丽图景，形成以元文化为核心主题的景观区。另一大区

△ 敕勒川景区大雁滩田园综合体入口

域以观光旅游、休闲度假为核心，依托哈素海国家湿地公园打造集休闲度假、文化体验、商务会议、观光娱乐、康体养生为一体的综合性旅游区。

全国乡村旅游重点村

呼和浩特市回民区攸攸板镇东乌素图村——友好好客，物华天宝，山清水秀，主要农产品有栗子、山药、番石榴、莲藕、冬瓜、土豆、油桃。

呼和浩特市托克托县河口管理委员会郝家窑村——附近有神泉生态旅游风景区、黄河万家寨水库、云中郡故城、呼和浩特飞来寺等旅游景点，有托县彩米、托县茴香、托县辣椒、托县莜面、一溜弯红辣椒等特产。

呼和浩特市赛罕区黄河少镇石人湾村——主要农产品有通菜、沙果、洋菇、马铃薯、青椒。

旅行锦囊

沿途有多处高速服务区。

餐饮推荐

手扒肉、烤全羊。

DAY2 敕勒川草原—包头

（行驶里程 120 公里）

一觉醒来出发前往包头，上午可以去包头东北方向的藏传佛教四大名寺之一的五当召，下午游览黄河国家湿地公园之一的南海湿地。

路况

走 G6 高速。

海拔情况

包头：1080 米。

沿途特色景区

五当召——是国家重点文物保护单位、国家 4A 级旅游景区。它与西藏的布达拉宫、青海的塔尔寺和甘肃的拉卜楞寺齐名，是中国藏传佛教的四大名寺之一和内蒙古自治区最大藏传佛教寺院。

南海湿地——位于内蒙古包头城区东南侧，黄河之滨，集旅游观光、生态休闲、科普宣传于一体，素有“塞外西湖”之美誉。

北方兵器城——是北方重工集团建设的军工旅游景区。北方重工是我国重要的军工企业，目前我国主要的榴弹炮、迫击炮、自行火炮、坦克炮的炮身、炮弹大多在此制造。

梅力更风景区——坐落在乌拉山主峰大桦背南麓，以“林海奇松、瀑布潭泉、云海幻景、奇峰异石”四绝而著称。

美岱召——它是藏传佛教传入内蒙古的一个重要的弘法中心。美岱召依山傍水、景色宜人，在建筑上更有独特的风格。它是仿中原汉式，融合蒙藏风格而建，是一座“城寺结合，人佛共居”的寺庙。美岱召内有大量的壁画，这些对于研究明代蒙古史、佛教史、建筑史、美术史都具有很重要的意义。

希拉穆仁草原——位于内蒙古自治区达尔罕茂明安联合旗，是典型的沙化草原。

△ 希拉穆仁草原

△ 美岱召景区全景

全国乡村旅游重点村

包头市土默特右旗沟门镇西湾村——西湾村附近有美岱召、敕勒川博物馆、九峰山自然保护区等旅游景点，有拔丝奶豆腐、包头油篓等特产。

旅行锦囊

沿途有多处高速服务区。

餐饮推荐

拔丝奶豆腐、扒驼掌、固阳莜面、黄河鲤鱼。

DAY3 包头—响沙湾—鄂尔多斯

（行驶里程 150 公里）

睡到自然醒后一路向南前进，漫游沙海，与浩瀚沙漠亲密接触，玩沙、读沙、品味一粒沙带给人的无限乐趣与惊喜！欣赏广袤的大漠风光，体验人动声移、人停声止的神奇响沙湾，之后抵达鄂尔多斯。

路况

走 G65 高速。

海拔情况

包头：2350 米；鄂尔多斯：大约 1460 米。

沿途特色景区

响沙湾——也叫银肯响沙（“银肯”为蒙古语，意为“永久”），背依茫茫大漠，处于背风坡，形似月牙，是中国三大响沙之一。在弯月沙山回音壁南约 2 公里处，有一个沙漠净水沙湖，是一个小面积沙池，终年不涸，为难得的“沙漠甘泉”。在这里滑沙，是一件十分惬意的事。

七星湖沙漠旅游区——位于鄂尔多斯市杭锦旗境内的库布齐沙漠腹地，是浩瀚沙漠中的一汪清水。景区里七个湖泊排列似北斗七星，故名七星湖，也因此有了“天上北斗星，地上七星湖”一说。

全国乡村旅游重点村

鄂尔多斯市乌审旗无定河镇巴图湾村——附近有察罕苏力德旅游区、巴图湾景区、内蒙古萨拉乌苏国家湿地公园、农牧家乐、牧民根雕博物馆等旅游景点，有巴图湾鲤鱼、巴图湾甲鱼、乌审旗皇香猪、鄂尔多斯细毛羊、酸烩菜等特产。

旅行锦囊

沿途有多处高速服务区。

餐饮推荐

蒙式奶食、猪灌肠。

△ 响沙湾景区大漠落日

△ 大召寺

△ 内蒙古博物馆——匈奴王金冠

DAY4 鄂尔多斯—托克托县—呼和浩特
（行驶里程 270 公里）

出发返回呼和浩特，途径托克托县。抵达呼和浩特后，游览大召寺、内蒙古博物馆等景点。

路况

走 S31 高速。

海拔情况

库布齐沙漠：1123 米。

沿途特色景区

大召寺——寺庙属于藏传佛教格鲁派，是呼和浩特较早兴建的藏传佛教寺庙。大召寺在清代被尊为“皇庙”。

内蒙古博物馆——博物院的展厅大楼造型别致，极具民族特色。楼顶塑有凌空奔驰的骏马，象征着内蒙古的吉祥与腾飞，是自治区标志性建筑之一。这里陈列了不少动植物的标本和内蒙古地质矿产标本，其中的查干诺尔龙、猛犸象和披毛犀这些史前动物的巨大化石骨架令人叹为观止。

全国乡村旅游重点村

呼和浩特市新城区保合少镇恼包村——人勤物丰，英才辈出，空气好，气候宜人，附近有大青山太伟运动休闲度假村、内蒙古博物院、乌素图国家森林公园、绥远城将军衙署、呼和浩特市博物馆等旅游景点，有焙子、呼和浩特奶皮、烧卫鼻、青城烧卖、蒙古糕等特产。

旅行锦囊

沿途有多处高速服务区。

温馨提示：大召寺在每年的农历正月十五和六月十五，都要将寺内珍藏的一幅巨大的迈达佛（未来佛）像，抬出来挂在佛殿前展晾。晾大佛时，会在佛像前举行法会，众僧诵经祈祷，演奏法乐。

餐饮推荐

农家罐罐菜、沙葱、锁阳糕。

△ 成吉思汗陵雪景

No.22 看晋蒙历史，多元融合黄河“几”字湾文化

蒙晋文化探秘，长城与黄河融合

手绘线路图

线路概况

从守候千年的固阳长城到屹立峰峭的千年窟寺，自盛乐古城（今内蒙古和林格尔）穿行至平城（今大同市），跟随北魏迁都，沿京藏高速、呼北高速，探访蒙晋历史与文化交融留下的秘境，追寻老一辈无产阶级革命家在这里留下光辉的足迹。

非遗体验

大同雁北耍孩儿、内蒙古二人抬、大同北路梆子。

土特产

风干牛肉干、内蒙古奶酪、马奶酒、内蒙古地毯、大同黄花、浑源黄芪、偏关小米、偏关羊肉等。

行程规划

线路：包头—固阳—武川—呼和浩特—大召寺—偏关—老牛湾景区—应县木塔—浑源—恒山—云冈石窟—大同。

总里程：950 公里。

推荐时长：4 天。

DAY1 包头—五当召—固阳—武川—呼和浩特

（行驶里程 300 公里）

早餐后出发前往神秘圣洁之地“五当召”，后前往固阳秦长城遗址，感受历史和时间，悠悠而苍凉。随后沿着 S311 省道前往“塞外小延安”之称的武川县，在抗日战争中，大青山区以其特定的位置，成为整个大青山抗日游击根据地的中心地带，是全国 19 个抗日根据地之一和“100 个全国红色旅游经典景区”之一。结束后前往呼和浩特。

路况：全程路况较好，固阳大道、S311 省道限速 60~ 80 公里 / 小时，县道限速 30 公里 / 小时，后半段弯道较多，请注意控制车速。

海拔情况

五当召：1524 米；北方兵器城：1070 米；内蒙古博物院：1072 米；呼和浩特：1070 米。

沿途特色景区

北方兵器城——让人们一睹常规兵器的风采，军事爱好者们能够大饱眼福。

五当召——“五当召”是它的蒙古名，蒙语“五当”是

△ 固阳秦长城

△ 大青山抗日根据地

柳树的意思，"召"就是寺庙；藏名"巴达格勒"意为白莲花；"广觉寺"是它的汉名，由乾隆皇帝亲赐。它是内蒙古自治区最大的一所藏传佛教格鲁派寺院。

固阳秦长城——流传千古的孟姜女哭长城指的并非嘉峪关，而正是指此处。在长城一段内侧刻有百余幅岩画，图像似为山羊、鹿、士兵等，造型栩栩如生，据资料显示，这些岩画是秦汉时期往来于此的匈奴人杰作，展现的是古人生产、生活的写照。

大青山抗日根据地——展馆内有以武川地势岩石题材群体为主题的正厅和以抗日战争、大青山之鹰、决战大青山、抗战胜利为题材的展厅。

内蒙古博物院——原内蒙古博物馆作为 1957 年自治区成立 10 周年大庆的重点项目，是全区唯一的自治区级综合性博物馆，也是全国少数民族地区最早建立的博物馆之一，为国家一级博物馆。以"草原文化"为主题思想贯穿全部基本陈列和专题陈列，形成"草原文化系列展览"，分布于博物院三个层面展厅，计为 14 个陈列。

伊利工业园——伊利新工业园于 2005 年建成并投产，整个园区按照欧洲先进乳品企业的标准，是集自动化、信息化、大规模、花园式于一体的亚洲最大的乳品生产基地。在伊利的生产车间里，可以感受全自动化奶制品处理，亲眼见证从牧场到餐桌的过程。

全国乡村旅游重点村

呼和浩特市新城区保合少镇恼包村——"恼包"，在蒙古语中与"敖包"意思相同，指石头堆积的小山，因村落附近有一敖包而得名，现已成为名副其实的"塞外江南"。

旅行锦囊

加油站：

包头市、固阳县、武川县、呼和浩特市均有多处中国石油、中国石化加油站。

餐饮推荐

烤羊腿、涮羊肉、羊杂碎汤等。

DAY2 呼和浩特—大召寺—蒙牛总部—偏关

（行驶里程 210 公里）

早餐后前往大召寺，了解"召庙文化"，随后前往神泉生态旅游景区，这里不仅展现了北方粗犷辽阔的地理地貌，又融合了江南水乡的淡雅朴素，曲折幽深，自由布局。之后前往偏关，途经呼和浩特地区最大的古代城市遗址盛乐古城。

路况： 延 209 国道前往偏关县，限速 40~80 公里 / 小时，路程后半段较多急转弯，注意减速慢行。

海拔情况

大召寺：1047 米。

沿途特色景区

大召寺——寺庙是明代蒙古土默特部落的首领阿拉坦汗在明万历八年（1580 年）主持修建的。寺庙属于藏传佛教格鲁派。银佛、龙雕、壁画非常值得一看。辉煌的召庙建筑、珍贵的文物和艺术品，以及神秘的恰木舞蹈和佛教音乐，构成了大召寺独特的"召庙文化"。

塞上老街——老街全长 380 米，全部建筑充分体现明清时期特点，被誉为老呼和浩特的旧影浓缩。

昭君博物院——博物院以墓冢为核心，以及匈奴文化博物馆、单于大帐、和亲宫、纪念馆等部分组成。据考证，它由汉代人工积土、夯筑而成，高达 30 余米，底

△ 老牛湾景区

△ 悬空寺

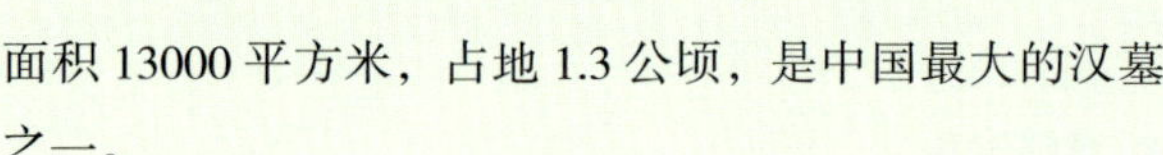

面积 13000 平方米，占地 1.3 公顷，是中国最大的汉墓之一。

神泉生态旅游景区——景区内有一眼常年流淌着清澈甘甜泉水的泉眼，故名神泉。景区是集湖泊、湿地、黄河、沙漠、古典园林为一体的天然生态风景区。

蒙牛乳业总部基地工业旅游景区——工厂生产特设观光通道，可以领略“现代化生产”的震撼场景、体验“现代化生活”的舒适惬意、感受“现代化生态”的绿色和谐。

盛乐古城——盛乐古城是拓跋鲜卑代政权时期的北都，今内蒙古和林格尔县北土城子，是内蒙古呼和浩特地区最大的古代城市遗址，其城镇建置的历史最早可以追溯到商周时期。

全国乡村旅游重点村

呼和浩特市回民区攸攸板镇东乌素图村——东乌素图村附近有乌兰夫纪念馆、乌素图森林旅游开发区、北极光滑雪场、伊利集团、呼和浩特清真大寺等旅游景点，有呼和浩特烧卖、手撕牛肉、青城特产呼呼尔等特产；主要农产品：栗子、山药、番石榴、莲藕、冬瓜、土豆、油桃。

呼和浩特市赛罕区黄河少镇石人湾村——主要农产品：通菜、沙果、洋菇、马铃薯和青椒。

旅行锦囊

加油站：

呼和浩特市、偏关县均有中国石油、中国石化加油站。

餐饮推荐

手扒肉、焖面、羊杂碎、馕坑烤肉、烤全羊、焙子、炸羊尾。

DAY3 偏关—老牛湾景区—应县木塔—浑源

（行驶里程 310 公里）

前往老牛湾景区，中国十大最美峡谷之一的晋陕蒙大峡谷以这里为开端，我国黄土高原沧桑的地貌特征在这里彰显，同时也有大河奔流的壮丽景观。初升的阳光洒在黄河两岸的崖壁上，非常壮美。

随后沿荣乌高速前往应县木塔，它是我国现存最高、最古老的一座木构塔式建筑，古建筑发烧友不容错过。游览完毕后前往浑源县入住。

路况：

偏关县前往老牛湾景区，弯道较多，请注意控制车速；有多个隧道，以高速路段为主，路况较好，限速 80~100 公里 / 小时。

海拔情况

偏关老牛湾：1039 米；应县木塔：1004 米。

沿途特色景区

娘娘滩——是个“凸”形小岛，为塞上有名的小绿洲，因滩上建娘娘庙而得名。滩上风光秀美、景色诱人，夏秋之时，四周水波浩荡，滩上农舍在葱绿中忽隐忽现，别有韵味。

偏关老牛湾景区——景区位于山西省和内蒙古的交界处，以黄河为界，南依山西的偏关县。整个老牛湾旅游区由包子塔湾、老牛湾、四座塔湾和杨家川小峡谷组成。北岸是内蒙古的清水河县，黄河从这里入晋，内外长城在这里交会，晋陕蒙大峡谷以这里为

△ 应县木塔

△ 云冈石窟

△ 大同九龙壁

开端，是中国最美的十大峡谷之一。

应县木塔——全名“佛宫寺释迦塔”，是我国现存最高、最古老的一座木构塔式建筑。

旅行锦囊

加油站：

应县、浑源县均有中国石油、中国石化加油站。

服务区：

平鲁服务区：有中国石化，可加 92#、95# 汽油，0# 柴油。

山阴停车区：有中国石化，可加 92#、95# 汽油，0# 柴油。

温馨提示：老牛湾树少，注意遮阳防晒；可考虑提前入住老牛湾景区民宿，在天气情况良好的夜晚可观星拍照，早起观日出也是一个不错的选择。

餐饮推荐

油糕、羊杂割、刀削面、莜面栲栳栳、揪片、块垒、浑源酥大豆、浑源凉粉、摊花儿、李峪杏干、浑源烧酒。

DAY4 浑源——恒山—云冈石窟—大同

（行驶里程 130 公里）

前往“五岳”之中的北岳恒山，观高空木构摩崖建筑悬空寺，之后前往历史文化名城大同，走进世界文化遗产——云冈石窟，了解源远流长的石窟文化。

路况：国道限速 40~70 公里 / 小时，有多处隧道，道路以高速为主，路况较好，部分路段限速 70 公里 / 小时。

海拔情况

恒山：1468 米；云冈石窟：1162 米；大同：1040 米。

沿途特色景区

恒山——恒山位于大同市浑源县城南处，是“五岳”之中的北岳。恒山不仅风光优美，也是重要的道教发祥地，山上有许多道教庙观，相传“八仙”之一的张果老就是在恒山修行得道的。

悬空寺——位于恒山金龙峡翠屏峰的悬崖峭壁间，距今已有 1500 多年历史，是国内现存较早、保存较好的高空木构摩崖建筑。

云冈石窟——云冈石窟不仅有中国传统艺术风格，也融合了古印度、西域和中原各民族的艺术特征。

大同华严寺——当你来到上华严寺的大雄宝殿时，能够看到辽代的地基、金代的建筑，还有殿内明代的塑像和清代的壁画；下华严寺的薄伽教藏殿，是寺中唯一尚存的辽代建筑，殿中的 31 尊辽代塑像尤为珍贵。

九龙壁——九龙壁原是明初代王朱桂府前的照壁，在现存最享盛名的三座九龙壁中，是建筑年代最早、尺度最大，而又最富艺术魅力的一座。

全国乡村旅游重点村

朔州市怀仁市马辛庄乡鲁沟村——先后获得“全国美丽乡村试点村”“山西最美乡村”等荣誉称号。2020 年入选第二批全国乡村旅游重点村。

大同市灵丘县红石塄乡下车河村——灵丘县车河社区位于红石塄乡，包括上车河、下车河两个行政村，人口 182 人，面积 27 平方公里。东邻觉山寺，西接太白巍山，南连桃花溶洞，山清水秀，景色宜人。

旅行锦囊

加油站：

浑源县、大同市多处均有中国石油、中国石化加油站。

峰峪服务区有国家电网充电站。

餐饮推荐

恒山山蘑、羊杂、刀削面、大同兔头、黄糕、大同涮羊肉。

No.23 三晋大地红色之旅，中国革命史上的绚丽华章

旧地缅怀先辈英勇史，新城看大地换新颜

手绘线路图

线路概况

山西是具有光荣传统的革命老区，也是红色文化资源的重要聚集地。集宁是平绥铁路上的重镇，是绥东的心脏。因集宁彻底解放先于辽沈战役的胜利，故有集宁战役研究者称其为“新中国的第一缕曙光”。这条线路将带领大家走进二大重要抗日战役：百团大战、平型关大捷。

非遗体验

五台山佛乐、晋剧、雁北耍孩儿、灵丘罗罗腔、秧歌戏、北路梆子。

土特产

老陈醋、清徐葡萄、阳曲小米、平鲁红山荞麦、浑源黄芪、广灵大尾羊羊肉、凉城苹果、卓资山熏鸡。

行程规划

线路：太原—阳泉百团大战纪念馆—五台山—灵丘平型关大捷纪念馆—朔州—大同—凉城—乌兰察布。

总里程：1100 公里。

推荐时长：5 天。

△ 五台山

DAY1 太原—阳泉

（行驶里程 160 公里）

先从太原的抗战史开始了解。之后出发到阳泉，在百团大战打响第一枪的地方——狮脑山上重温历史。位于太行腹地的狮脑山，本是一座普通山峰，但由于它与八路军将士一起见证了那场著名的百团大战，经历了那场血与火的考验，因此它不再普通，在抗日战争的史册上留名。

路况： 以二广高速、京昆高速为主，路况良好。

海拔情况

太原：785 米；阳曲：920 米；阳泉：680 米。

沿途特色景区

太原支部旧址——这里是山西省第一个党组织——中共太原支部诞生的地方，位于太原市文瀛公园内文瀛湖畔，是全国重点文物保护单位、全国爱国主义教育基地、国家国防教育示范基地、全国关心下一代党史国史教育基地、全国法治宣传教育基地、国家二级博物馆、全国党史系统先进集体、山西省党风廉政教育基地、山西省党史教育基地和山西省党员教育培训示范基地。

国民师范旧址——旧址原为山西省立国民师范学校，始建于 1919 年，是阎锡山创办的一所专门培育全省小学教师的师范学校。后来成为继山西省立一中之后，山西革命活动的坚强堡垒之一。

解放太原支前纪念馆——解放太原时，浩浩荡荡的解放大军和川流不息的由担架队、运输队、民工队组成的支前大军，以及粮站、草站、救护站、物资站和前线指挥部、后勤指挥部都往来或汇集在这个小山村。

百团大战纪念馆——纪念馆位于阳泉市西南 5 公里的狮脑山顶峰，海拔 1160 米，基地总规划面积 23 平方公里，目前已开发面积 1.32 平方公里。该基地是闻名中外的百团大战主战场之一。

全国乡村旅游重点村

阳泉市平定县娘子关镇娘子关村——位于平定县城东，地处晋冀两省交界。这里背靠群峦，雄踞险隘，襟山带水，既是历代兵家必争之地，又是晋冀通衢、商贸集散地，更是景色迷人的旅游胜地。这里自然景观和人文景观丰富，素有万里长城第九关和北国小江南之称。

旅行锦囊

加油站：

太原、阳曲、阳泉均有多个中国石油、中国石化加油站。

服务区：

阳曲服务区：有 92#、95# 汽油以及 0# 柴油供应。

餐饮推荐

过油肉、粉条豆腐丝、肉罐肉、莜面饸饹。

△ 五台山

DAY2 阳泉—五台
（行驶里程 130 公里）

首先前往文殊菩萨的道场、中国佛教四大名山之一的五台山，这里不光有壮丽的风光，五台山也是革命老区，有着丰富的红色资源。

路况：有天黎高速、沧榆高速，部分路段有隧道，佛岭隧道较长。

海拔情况

五台山：1029 米。

沿途特色景区

五台山——五台山五峰耸立，高出云表，山顶无林木，有如垒土之台，故曰五台，五台山是中国佛教四大名山之一，2009 年 6 月，五台山被列入世界文化遗产。

晋察冀军区司令部旧址——位于山西省五台县金岗库村，成立于 2003 年 11 月 7 日，是在军区司令部旧址的基础上修建的。旧址院落坐西向东，紧靠山根，位置险要。整个建筑分里外两院，大小相仿。纪念馆现有陈列室 21 间，展厅 4 个。

徐向前故居——位于五台县城西南 15 公里的东冶镇永安村，始建于清道光元年（1821 年），坐北朝南，占地 330 平方米，是一幢典型的晋北四合院式的建筑，是徐向前青少年时期生活和学习的地方。故居前院正中塑有 2.1 米的徐向前半身铜像。铜像后建有影壁，其上刻有“功勋垂青史，楷模昭后人”。

旅行锦囊

加油站：

五台县：两个中国石化加油站。

五台山风景区：山下有一个中国石化加油站。景区内有一个中国石化加油站。

温馨提示：1. 夏季是五台山最佳游玩季节，游客也较多。冬天前往比较清静，别有一番感受。需要注意的是冬天这里绝大部分宾馆不营业，大型酒店暖气较足。周末房间紧张，最好提前预订。

2. 汉传、藏传佛教节日期间，山上寺庙会有丰富的庆典活动，以农历六月十五前后的格鲁派跳布扎最为有名。感兴趣的话可关注官网的活动预告。

3. 部分寺院可以挂单和用斋，但一般是针对居士的。如果住在寺院里，请务必尊重寺院规矩。

4. 五台山各庙宇大多免费提供三炷香，大可不必花高价去买所谓的“高香”，心诚则灵。

5. 五台山是佛教圣地，要入乡随俗，保持清静，禁止大声喧哗，在寺庙里应该遵守寺庙规则。如果想深度游览，建议多停留一两天。

餐饮推荐

砍三刀、高粱面鱼鱼、过油山药、盐煎羊肉、右玉熏鸡。

△ 五台山

DAY3 五台—灵丘—朔州

（行驶里程 400 公里）

首先前往灵丘，这里有著名的平型关大捷纪念馆。之后驱车前往朔州，朔州背接内蒙古，西隔黄河，和陕甘宁边区紧密相连，是抗日前线的前哨，也就是抗日根据地的一个前哨，参观塞北革命纪念馆，了解抗日战争的“八大惨案”之一的“九二八朔县惨案”。

路况：高速国道为主，路况良好，五台山地区多弯道，请小心驾驶。

海拔情况

朔州：1087 米。

沿途特色景区

平型关大捷纪念馆——基本陈列有丰富翔实的图片、文献资料和文物，通过复制景观、绘画、造型、塑形、声光、视频等多种技术和艺术手法，真实形象地再现了震惊中外的八路军平型关大捷的历史场面，是全面系统地反映平型关大捷这一经典战役的专题展馆。

塞北革命纪念馆——坐落于朔城区金沙植物园西侧塞北烈士陵园内。于 2010 年 8 月 30 日落成开馆。陵园占地面积 108 亩，纪念馆建筑面积 3500 平方米，内设序厅及抗日战争厅、抗战惨案厅、解放战争厅、革命英杰厅、告慰英灵成就厅五个主展厅。陈列原西雁北左云、右玉、怀仁、山阴、平鲁、朔县及绥蒙军区烈士英名 5163 名，展出文物 500 余件，图片 800 余幅。是国家级烈士纪念设施保护管理单位，国家国防教育基地，山西省爱国主义教育、国防教育、党史教育基地。

旅行锦囊

加油站：

灵丘、朔州均有多个加油站。

服务区：

应县服务区：有 92# 以及 0# 柴油供应。

温馨提示：此天行驶时长较久，车程约 5 小时，建议提前准备好水和食物，以备不时之需。

餐饮推荐

高粱面鱼鱼、过油山药、盐煎羊肉、右玉熏鸡、黄烧饼、灵丘苦荞面凉粉。

△ 五台山

△ 大同古城墙

DAY4 朔州—大同

（行驶里程 200 公里）

今日游览朔州古城，随后到平鲁县瞻仰李林烈士陵园，之后北上前往大同，大同煤矿“万人坑”是目前国内现存最大、最完整的一个“万人坑”，了解抗日时期苦难史。

路况：元朔高速、二广高速，路况良好。

海拔情况

大同：1040 米。

沿途特色景区

朔州古城遗址——北齐朔州古城与元末明初朔州城，位于现朔州市朔城区，是山西省现存较早、残垣保存较完整的古城之一。

李林烈士陵园——前身为平鲁县烈士陵园，位于平鲁区井坪镇。为“省级重点烈士纪念建筑物保护单位”。在广场矗立了李林烈士铜像，高 4 米，基座高 2 米，形象逼真，栩栩如生，再现了李林生前横枪跃马、驰骋疆场、不畏强敌的飒爽英姿。

大同煤矿万人坑遗址纪念馆——纪念馆采用大量珍贵图片、实物资料，通过背景雕塑、幻影成像、多媒体技术、场景再现等声光电多种现代科技手段进行展示，告诫国人铭记苦难历史，为实现中华民族的伟大复兴自强不息。

旅行锦囊

加油站：

大同市内有中国石油、中石化加油站。

餐饮推荐

大同刀削面、浑源凉粉、天镇豆腐皮、大同扒肉条。

△ 大同古城

△ 乌兰察布—白泉山景区

DAY5 大同—乌兰察布

（行驶里程 210 公里）

驱车前往乌兰察布，乌兰察布是大窑文化、仰韶文化、岱海文化的重要发祥地，被考古学家苏秉琦先生赞誉为“太阳升起的地方”。途径凉城县，在这里可以了解解放战争时期内蒙古的重要战役——集宁战役。

路况： 二广高速、512 国道为主，路况良好。

海拔情况

乌兰察布：1400 米。

沿途特色景区

贺龙革命活动旧址——旧址位于凉城县井沟教堂院内，占地面积约 2 亩。旧址分为 3 个陈列室，其中分设贺龙革命活动历程、凉城革命斗争史和历史文物陈列三部分，在陈列中复原了当年贺龙同志的居室与办公室。展览主要通过历史照片和有关资料以及征集到的文物，介绍了贺龙同志的革命事迹。

凉城岱海旅游区——这里依托岱海优良的生态旅游资源，整合周边的温泉、草原、湿地、寺庙和红色旅游资源，旅游区内有距今 5000 年之久的塞外北国龙山早期文化，老虎山石城遗址和园子沟窑洞遗址，还有两条百公里长城——秦汉古长城和明清新长城。

集宁战役红色纪念园——园区以集宁战役纪念馆、乌兰察布党史教育基地为主展区，包含胜利广场、纪念广场、绥蒙政府纪念广场、将军园、名人园、碑林园、支前广场、英雄广场、二〇五师纪念广场、和平广场、人民英雄纪念碑、集宁战役指挥部旧址、地道遗址、英烈墙、国防教育区、场景复原区、军事体验馆、全国红色旅游书屋、青少年科技实验基地等烈士纪念设施和参观体验景点。

西山烈士陵园——位于集宁区西郊翟家沟行政村侯家沟西南，距市区约 5 公里，占地面积 1500 亩。2002 年 4 月，遵照原集宁市政府批示，将集宁战役牺牲的烈士遗骨及墓地近万人由卧龙山烈士墓地统一迁入西山陵园内，批准正式成立“集宁烈士陵园”机构，并先后被乌兰察布市及内蒙古自治区宣传部评为“爱国主义教育基地”。

白泉山公园——位于内蒙古自治区乌兰察布市泰和路，是“一山隔两城”的重要节点，北侧为乌兰察布老城片区，南侧为乌兰察布新城片区。

旅行锦囊

加油站：

乌兰察布：有多个中国石化加油站。

服务区：

古店服务区：有中国石油供应。

> **温馨提示：** 1. 冬季岱海旅游区可泡温泉或者滑雪。
> 2. 饭后 40 分钟后才可泡温泉，以免肠胃不适。空肚不能泡温泉，以免大量消耗能量易降低血糖造成晕眩。

餐饮推荐

杂碎汤、羊蝎子火锅、烧卖、莜面。

No.24 巍巍南太行，探秘奇观奇景

感受中原风土人情，体验山河奇险峻美

手绘线路图

线路概况

从郑州出发，沿途感受中原风土人情，参观“地平线下古村落”地坑院、前往有着“太行明珠”之称的郭亮村、穿越惊险刺激的昆山挂壁公路、登王莽岭、看打树花，途经两条挂壁公路、三国蜀将关羽故里，感受不一样的旅程。

非遗体验

山西地处黄河中游，是中华文明的发祥地之一。山西悠久的历史、源远流长的文明，积淀了丰厚的文化遗产。如平遥推光漆器髹饰技艺、雁北耍孩儿、锣鼓杂戏、民间社火、中阳剪纸、临县道情戏等。河南非遗文化有豫剧、河南坠子、越调、木兰传说、盘古神话、花木兰传说、梁山伯与祝英台传说、民间剪纸、板头曲、火龙舞、皮影戏、唐三彩等。

土特产

山西：闻喜花馍、稷山板枣、永济芦笋、王过酥梨、绛州澄泥砚等。

河南：杜康酒、信阳毛尖、密县金银花、汝瓷、许昌腐竹、洛阳宫灯、洛阳唐三彩，洛阳牡丹饼，洛阳老八件等。

行程规划

线路： 郑州—辉县—挂壁公路—王莽岭—晋城—皇城相府—运城—关帝庙—地坑院—郑州。

总里程： 990 公里。

推荐时长： 5 天。

DAY1 郑州—辉县

（行驶里程 120 公里）

来到黄河边，先了解黄河的历史，来到郑州黄河文化公园，可以先乘坐气垫船，投入母亲河的怀抱，近距离与黄河亲密接触。接着来到炎黄广场，参观壮观的炎黄二帝山体雕像，展望母亲河的宽阔风光。穿过黄河碑林，是黄河国家地质博物馆，通过图片和视频，你将了解到不少关于黄河和黄土的知识，甚至可以模拟体验沙尘暴和地震。之后前往辉县。

路况

走 G30 连霍高速、G55 二广高速、G3511 菏宝高速。

海拔情况

郑州：144 米；辉县：76 米。

△ 郑州黄河文化公园

沿途特色景区

郑州黄河文化公园——位于郑州市西北 20 公里处黄河之滨，这里是地上“悬河”的起点，也是黄河中下游的分界线。景区已建成炎黄二帝、五龙峰、岳山寺、大禹山、星海湖、地质博物馆、黄河碑林、黄河第一桥等几大景点，以及黄河索道、水陆两栖气垫船、万德福滑道等游乐设施，可以在这里近距离感受雄浑壮美的黄河风光，体验源远流长的黄河文化。

黄河博物馆——这里是我国唯一以黄河为主题陈列内容的自然科技类博物馆，被称为“黄河巨龙的缩影”。博物馆共两层，分为多个展厅，通过文字、图片、模型向人们展示了黄河的历史与历年来对水患的治理。

全国乡村旅游重点村

洛阳市嵩县黄庄乡三合村——此处山清水秀，物华天宝。

焦作市孟州市西虢镇莫沟村——莫沟村集中展现了南太行窑洞文化。

旅行锦囊

加油站：

郑州：有多个中国石油、中国石化加油站。

洛阳：有多个中国石油、中国石化加油站。

温馨提示： 1. 黄河博物馆周一闭馆。

2. 游览整个黄河文化公园景区需要半天到一天的时间，星海湖旁边的黄河外滩是人们亲近黄河的场所，在这里可以饱览大河风光，踩踩黄河特有的牛皮地。

餐饮推荐

郑州：河南烩面、胡辣汤、烩羊肉。

辉县：芝麻叶杂面条、浆面条、司马怀府鸡。

DAY2 辉县—挂壁公路—王莽岭

（行驶里程 170 公里）

今日将体验两条挂壁公路。从辉县出发，前往有着“太行明珠”之称的郭亮村，郭亮村坐落在千仞壁立的山崖上，地势险要，景色优美，以奇特水景和绝壁峡谷的“挂壁公路”闻名于世。午后驾车穿越惊险、刺激的国画山水长卷——昆山挂壁公路。经过昆山挂壁的惊险和刺激之后，到达王莽岭。

路况

走 234 国道、229 省道、342 国道。

△ 昆山挂壁公路

△ 万仙山 · 郭亮挂壁公路

海拔情况

辉县：76 米；挂壁公路：800 米；王莽岭：1700 米。

沿途特色景区

郭亮村——依山势坐落在千仞壁立的山崖上，地势险绝，景色优美，以奇绝水景和绝壁峡谷的“挂壁公路”闻名于世，又被誉为“太行明珠”，现已成为国家 4A 级景区万仙山的第一分景区。

昆山挂壁公路——悬挂于太行山的悬崖绝壁和崇山峻岭之上，盘旋萦绕，凝结了太行精神，高山夹缝中的昆山挂壁，山陡沟深，峭壁环列，山峦壮美。

旅行锦囊

加油站：

辉县：有多个中国石油、中国石化加油站。

温馨提示：1. 昆山挂壁公路的起始部分是山西的昆山村，而山脚下与之相连的是河南省的郭亮村。由于隧道内许多路段很狭窄，仅能供一辆小车通行，所以目前昆山挂壁公路不对私家车开放。想要一睹挂壁公路的风姿，必须跟随专业的自驾组织前往。

2. 挂壁公路是一次刺激、震撼的驾车体验，一定要注意安全。

餐饮推荐

辉县：芝麻叶杂面条、浆面条、司马怀府鸡。

晋城：高平十大碗、高平烧豆腐、缠蛋丝。

DAY3 王莽岭—晋城

（行驶里程 70 公里）

早上前往锡崖挂壁，有一座巍峨挺拔的大山叫“王莽岭”，因其险峰幻叠，云海浩瀚，瞬息万变被称为“云山幻影”。之后前往王莽岭主景区参观游玩，下午前往晋城司徒小镇进行游览，参观司徒小镇独具特色的“打铁花”。晚上在晋城入住。

路况

走 S80 陵侯高速、S80 陵侯高速、G55 二广高速。

海拔情况

王莽岭：1700 米；晋城：723 米。

沿途特色景区

王莽岭——位于山西省晋城市陵川县古郊乡境内，因西

△ 王莽岭

△ 王莽岭

汉王莽赶刘秀到此地安营扎寨而得名。包括王莽岭、锡崖沟、昆山、刘秀城四个景系。这里的云海、日出、奇峰、松涛、挂壁公路、红岩大峡谷、立体瀑布，形成了八百里太行最著名的自然景观，素有“清凉胜境”“避暑天堂”“世外桃源”“太行至尊”之美誉。毛泽东生前秘书、当代诗坛领袖李锐畅游景区后称赞道：“不登王莽岭，岂识太行山。天下奇峰聚，何须五岳攀。”

司徒小镇——集特色餐饮、休闲娱乐、农耕体验、旅游购物、文化演艺等为一体的“老山西民俗印象基地”。

全国乡村旅游重点村

晋城市陵川县附城镇丈河村——丈河属石质山区，东北高，西南低，境内山峦起伏、沟深坡陡，野生资源丰富，林木分布广阔。

△ 司徒小镇打铁花

晋城市城区钟家庄街道洞头村——洞头村历史悠久、文化厚重，泽州府志及石碑记载，远追溯到唐天宝五年、北宋政和元年，已是唐宋盛游之地，近到清代，古迹遗址散落其间，留下了宋杨谟所写的《琵琶泓》一诗，金赵忱、清陈观等写的《游山空洞观琵琶泓》等诗篇，是探幽访古的好地方。

旅行锦囊

加油站：

王莽岭：有多个中国石油、中国石化加油站。

晋城：有多个中国石油、中国石化加油站。

温馨提示：1. 王莽岭游玩时有两条线路：一条为步道、缆车，步道路较多但相对平缓，可以看到多处风景及河南最险的昆山挂壁公路，缆车（单程 50 元 / 人，往返 80 元 / 人）根据客流量运行。另一条需乘坐摆渡车至山顶停车场后游览。

2. 司徒小镇最大的特色是以省级非物质文化遗产千年绝技“打铁花”为核心编排的《千年铁魂》表演，民间匠人用熔炉将生铁熔化成数千摄氏度的铁汁，抛起用力击向天空，朵朵铁花如天女散花，绚丽夺目，夜空之下，火星璀璨。

餐饮推荐

晋城市：高平十大碗、高平烧豆腐、缠蛋丝。

△ 皇城相府

△ 关帝祖庙春秋楼全景

DAY4 晋城—皇城相府—关帝庙—运城

（行驶里程 270 公里）

早上驱车前往皇城相府，皇城相府景区建筑依山就势，随形生变，层楼叠院。随后集合驾车前往运城游览关帝庙，之后返回运城住宿。

路况

路况很好，有陵侯高速、凌平高速。

海拔情况

晋城：723 米；皇城相府：723 米；运城：345 米。

沿途特色景区

皇城相府——是清文渊阁大学士兼吏部尚书、《康熙字典》总阅官、康熙皇帝 35 年经筵讲师陈廷敬的故居，其由内城、外城、紫芸阡等部分组成，御书楼金碧辉煌，中道庄巍峨壮观，斗筑居府院连绵，河山楼雄伟险峻，藏兵洞层叠奇妙，是一处罕见的明清两代城堡式官宦住宅建筑群，被专家誉为“中国北方第一文化巨族之宅”。

关帝庙——解州附近的常平村是三国蜀将关羽的故乡，所以这座关帝庙也被称为“武庙之祖”。解州关帝庙始建于隋代，现存的建筑基本都是清代重建的。整个关帝庙分为正庙和结义园两部分。

全国乡村旅游重点村

晋城市阳城县润城镇中庄村——这里四季分明，物产丰富，风景如画。

旅行锦囊

加油站：

晋城：有多个中国石油、中国石化加油站。

运城：有多个中国石油、中国石化加油站。

温馨提示：皇城相府除了建筑之外，景区内还有表演可以观看。每天上午 9:30，在皇城相府景区广场上会有《大型开城仪式》表演。康熙皇帝到访时，陈廷敬奉上编好的《康熙字典》，皇帝授予其“午亭山村”牌匾，表演观看下来，便能体会当时的隆重。

附上其他一些表演的时间，注意安排好时间去观看。《皇城相府八音会》，藏兵洞平台，10:30、11:20、14:00、15:00、16:00。《皇城相府编钟乐舞》，皇城相府麒麟院，10:30~11:30、13:30~17:00。《我从汉代来》实景体验剧，12:30、14:00、15:30。晚间还可观赏精彩的大型实景剧《再回相府》。

餐饮推荐

运城：闻喜煮饼、羊杂烂、北相羊肉胡萝卜、闻喜葱花饼、永济牛肉饺子、稷山麻花、解州羊肉泡馍、临晋酱玉瓜、阳城卤肉、河津翻鏊。

DAY5 运城—地坑院—郑州

（行驶里程 360 公里）

早餐后前往“见树不见村、见村不见房、闻声不见人”的地坑院，它是我国特有的四大古民居建筑之一，也是全国乃至世界上独一无二的地下民居建筑。被誉为“地平线下古村落，民居史上活化石”，游览完之后再上到地平面俯瞰院内景观，感受当地特有的民风民俗。之后返回郑州。

路况

良好，有连霍高速。

海拔情况

解州：345 米。

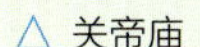
△ 关帝庙

△ 陕州地坑院婚俗院

沿途特色景区

地坑院——“见树不见村、见村不见房、闻声不见人”，它是我国特有的四大古民居建筑之一，也是全国乃至世界上的地下民居建筑。被誉为“地平线下古村落，民居史上活化石”，距今已有1500~2000年的历史，属于黄土高原地域独具特色的民居形式，是人类“穴居”发展史演变的实物见证。这种奇特的民居形式，在中国乃至世界上独一无二。地坑院在河南省三门峡境内保存较好，至今仍有100多个地下村落、近万座天井院。

全国乡村旅游重点村

郑州市新密市米村镇朱家庵村——朱家庵村附近有新密魏长城遗址、“镇远”炮台、米氏族谱世系碑、天爷洞、伏羲山飞龙峡等旅游景点，有密县金银花、尖山金银花、新密金银花、大隗牛肉等特产。

郑州市二七区侯寨乡樱桃沟社区——山明水秀，空气好，广聚人气，主要农产品有生菜、菠菜、酸浆、茴香、豌豆、小胡萝卜、芥菜苗。

旅行锦囊

服务区：

郑州服务区、洛阳服务区、巩义服务区等。

温馨提示： 地坑院里较有特色的饮食为“八大碗”与“十大碗”，是当地群众操办红白喜事、娶媳嫁女、招待到访贵客或时令节庆准备的特别吃食。还有登上《舌尖上的中国3》的穿山灶，这种神奇的土灶台依次开7个灶孔，可以同时放置7口锅，同时做7道热菜，非常高效。

餐饮推荐

地坑院：八大碗、十大碗。

△ 陕州地坑院鸟瞰图

No.25 九天阊阖开宫殿，万国衣冠拜冕旒

庚子仲夏长安夜，婆娑至美是三秦

手绘线路图

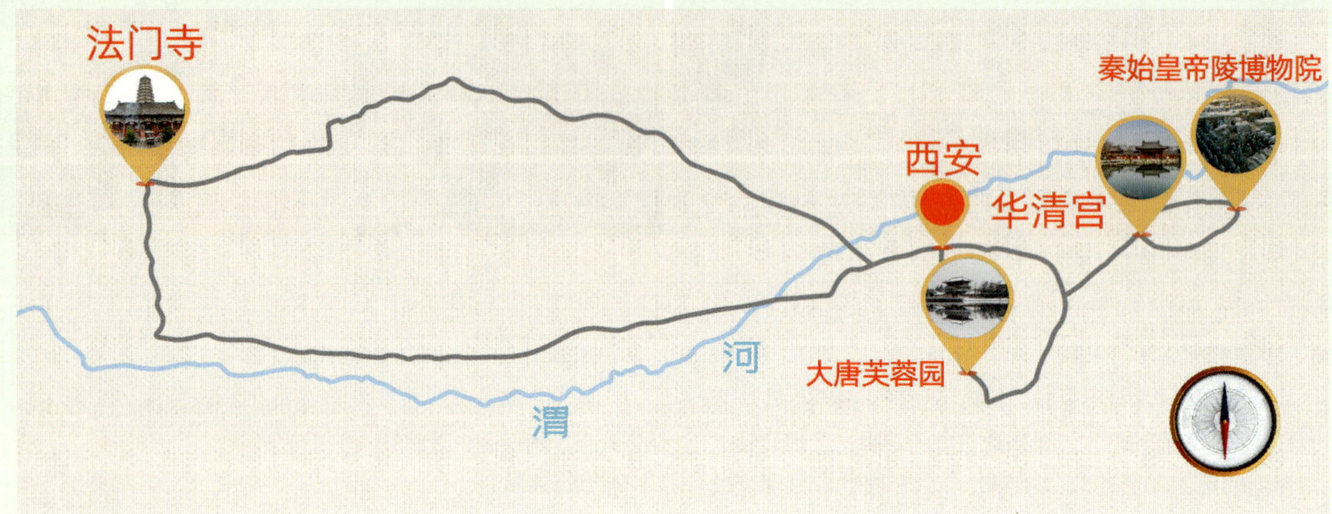

线路概况

这是一场忆往昔辉煌的线路，从西安驾车上西宝高速朝着法门寺出发，途经两朝皇帝的合葬陵——乾陵，接着就是拥有丰富壁画的懿德太子墓，之后来到具有上千年历史的法门寺，感受内心的宁静。唐明皇与杨贵妃爱情故事地——华清宫、第八大奇迹——兵马俑以及光彩夺目的大唐不夜城吸引着你的眼球，让你应接不暇，最后还有历史悠久的芙蓉园以及让你流连的永兴坊。

非遗体验

长安泥塑、凤翔木版年画、西安鼓乐、古法筑茶工艺等。

土特产

临潼石榴、高陵石子馍、绿豆糕、水晶饼、腊牛羊肉、黄桂稠酒等。

行程规划

线路： 西安—法门寺—华清宫—秦始皇帝陵博物馆—大唐不夜城—大唐芙蓉园—西安。

总里程： 170 公里。

推荐时长： 3 天。

DAY1 西安—法门寺

（行驶里程 120 公里）

早餐后驾车前往世界上独一无二的一座两朝皇帝的合葬陵——乾陵，这里埋葬着中国唯一的女帝武则天，之后到懿德太子墓，墓内壁画内容丰富、色彩绚丽，给人心灵上的冲击、视觉上的享受。最后来到法门寺，草地里的音箱播放着佛教音乐，心很宁静，还有佛教故事和禅语，劝世人放下一切烦恼。

路况

全程路况较好，走西宝高速、国道主干线。

海拔情况

西安：400 米；法门寺：623 米。

沿途特色景区

乾陵——中国乃至世界上独一无二的一座两朝帝王、一对夫妻皇帝合葬陵，里面埋葬着唐高宗李治和他的妻子武则天。

懿德太子墓——墓内最宝贵的是壁画。这些壁画内容丰富、色彩绚丽，生活气息浓郁，充分展现出盛唐皇室气势和环境，为研究唐代的历史和文化提供了极为重要的实物资料，也向人们展示了唐朝画师高超的艺术造诣和将近 1300 年前中国已高度发展的绘画水平。

△ 法门寺

全国乡村旅游重点村

南堡寨村——雄伟的终南山下，稻浪翻滚，农忙的人踩过田埂，惊起几只觅食的白鹭。

旅行锦囊

加油站：

西安市区：有多个中国石油、中国石化加油站。

法门寺：有多个中国石油、中国石化加油站。

餐饮推荐

老潼关肉夹馍、牛奶鸡蛋醪糟、杨梅冰粉、关中𰻞面、泾阳石子馍。

DAY2 华清宫—兵马俑—大唐不夜城

（行驶里程 50 公里）

驾车来到华清宫，唐明皇和杨贵妃爱情故事闻名于世。在这里，除了有皇帝和贵妃泡的“汤池”之外，华清宫的建筑也是宏大壮丽，吸引了无数摄影爱好者在此取景。接着去看享有世界第八大奇迹美誉的兵马俑，坑中威武的士兵守护着皇陵，出来便可以朝着大唐不夜城出发，夜晚下的大唐不夜城，远远望去，灯火通明、光彩夺目，将天空映得五彩缤纷！

路况

路况良好，大部分为高速，有连霍高速（国道）、西安绕城高速。

海拔情况

华清宫：1302 米；秦始皇帝陵博物院：386 米；大唐不夜城：471 米。

沿途特色景区

曲江池遗址公园——中国唐代著名的风景区曲江池，在唐长安城东南隅，因水流曲折得名。这里在秦代称恺洲，并修建有离宫称“宜春苑”，汉代在这里开渠，修

△ 华清宫

△ 华清宫

“宜春后苑”和“乐游苑”。

全国乡村旅游重点村

南堡寨村——雄伟的终南山下，稻浪翻滚，农忙的人踩过田埂，惊起几只觅食的白鹭。

旅行锦囊

加油站：

临潼区：有多个中国石油、中国石化加油站。

雁塔区：有多个中国石油、中国石化加油站。

△ 兵马俑

温馨提示： 请提前买好票，避免人流过多，买不到票。

餐饮推荐

烤乳猪、葫芦鸡奶汤锅子鱼、波斯羊腿、大荔带把肘子、温拌腰丝、贵妃鸡翅、商芝肉等。

DAY3 大唐芙蓉园—永兴坊

（行驶里程　公里）

早餐结束后来到历史悠久的大唐芙蓉园。这里的每一个场面，都非双眼能够看尽，而每一个角落，都够你流连长久。之后来到永兴坊，仿佛置身于繁盛的唐朝。这片土地上曾会聚着人马喧腾、载歌载舞的游行。

路况

市区道路良好。

海拔情况

雁塔区：471 米；碑林区：400 米左右。

沿途特色景区

西安城墙——中国现存规模最大、保存最完整的古代城垣。

兴庆宫公园——我国最古老的遗址公园，位于西安市和平门外咸宁路北原长安城内。

△ 大唐芙蓉园

旅行锦囊

加油站：

碑林区：有多个中国石油、中国石化加油站。

雁塔区：有多个中国石油、中国石化加油站。

△ 兵马俑

温馨提示： 1. 晚间看喷泉表演的人通常都非常多，特别是夏季的夜晚，最佳观景地点要提前占位；同时要小心人多拥挤，注意保管好自己的财物。

2. 出于安全，最好不要进入喷泉广场的喷水区，尤其是在喷水时切莫走入其中。观看喷泉时，因为水量大、喷水高，注意保护相机等电子产品，以免被水雾打湿。

3. 套票包括门票 + 观看大型诗乐舞剧《梦回大唐》，表演票一定要在 16:00 之前取票，否则将不予出票。

4. 入园记得索取免费的导游图和节目单，尽量参照节目单上的安排来计划自己的行程，这样就不会错过自己喜欢的节目了。

5. 逛这个园子最佳的时间是午饭后，因为从中午过后，上午已经表演的都会在不同的时间再表演一次，看完这些表演差不多傍晚，晚上正好看水幕电影。看水幕电影的地点是在紫云楼的北广场，最好提前到紫云楼占位子，这样视野比较好。

6. 晚上园内的路标不明显，容易迷路。

餐饮推荐

陕南炖菜、宁强核桃馍、汉中热米皮、子长煎饼、彬县御面、镇巴炕洋芋、柞水洋芋糍粑、绥德黄馍馍。

No.26 传承红色基因，发扬红色文化

陕北重温红色记忆，革命圣地筑梦新时代

手绘线路图

线路概况

陕西以革命圣地延安为中心，聚集了丰富的红色旅游资源。延安革命纪念馆、枣园革命旧址、杨家岭革命旧址……陕西省的红色旅游资源地星罗棋布，涵盖了中国革命的各个时期红色文化旧址，数量多、分布广、影响大。此路线将走进陕北，学习"延安精神"。

非遗体验

延川剪纸、陕北窑洞营造技艺、皮影戏、陕北说书、秧歌、洛川蹩鼓、木兰传说。

土特产

延川红枣、洛川苹果、黄米、绿豆、黄龙核桃、洛川面花、宜川酥梨。

行程规划

线路： 延安—南泥湾—洛川—黄陵—宜川—乾坤湾—文安驿—梁家河村—延川—清涧—米脂—绥德—吴堡—佳县—榆林—靖边—安塞—延安。

总里程： 1300 公里。

推荐时长： 7 天。

DAY1 延安—南泥湾—洛川—黄陵—宜川

（行驶里程 290 公里）

前往中国共产党军垦事业的发祥地，南泥湾精神的诞生地——南泥湾。南泥湾精神是延安精神的重要组成部分，其自力更生、奋发图强的精神内核，激励着一代又一代中华儿女战胜困难、夺取胜利。之后来到洛川参观

△ 陕北民歌博物馆

洛川会议旧址，洛川会议是中共历史上的一次重要会议。之后前往宜川。

路况：沿延西高速、青兰高速行驶，路况良好。

海拔情况

延安：1200 米；洛川县：1000 米；黄陵县：1394 米；宜川县：836 米。

沿途特色景区

南泥湾景区——1941 年春，中共中央命令八路军三五九旅进驻南泥湾，实行屯垦，生产自救。短短的三年，三五九旅发扬“自力更生，艰苦奋斗”的革命精神，把荆棘遍野、荒无人烟的南泥湾变成“处处是庄稼，遍地是牛羊”的陕北好江南。这里有当年开垦的大片梯田、南泥湾大生产运动展览馆、九龙泉和烈士纪念碑等。其中“南泥湾大生产运动展览馆”通过实物、图片详细介绍了当年南泥湾大生产运动的经过。

洛川会议旧址——1937 年 8 月中共中央在这里召开了具有重大意义的政治局扩大会议，通过了知名的“抗日救国十大纲领”。如今这里保存有当年的会议室、办公室和住所，建有洛川会议纪念馆。

洛川相思湖景区——相思湖景区地貌独特，森林茂盛，水草丰美，被誉为“陕西的天然氧吧”和“天然的动植物基因库”，同时有著名的杨八姐戍边遗址、开封府古城遗址、白起将军山等人文景观。

黄陵国家森林公园景区——公园内森林茂密葱郁、环境清雅宜人，地貌奇特典型，气候湿润。以黄帝文化为主脉的人文景观资源源远流长，令世人瞩目。

旅行锦囊

加油站：

延安：有多个中国石油、延长石油加油站。

洛川：有多个中国石油加油站。

黄陵：有多个中国石油加油站。

餐饮推荐

南泥湾：香菇面、油糕、煎饼、油馍馍、钱钱饭。

洛川：单页煮角、凉粉干、猪灌肠、火碗、洛川面花。

宜川：烧馍馍、宜川汩勒、米黄、麻食儿。

DAY2 宜川—乾坤湾—文安驿—梁家河村—延川

（行驶里程 250 公里）

前往文安驿，这是一个集千年“古道”驿站、千孔百年“窑居”建筑群落、千名“知青”红色记忆、一部路遥“人生”小说原型的旅游文化名镇。之后来到延川入住。

路况：沿 242 国道和长延高速行驶，路况良好，往乾坤湾景区路段弯道较多，请小心驾驶。

海拔情况

文安驿：883 米；梁家河：864 米；延川县：523 米。

沿途特色景区

乾坤湾——景区以摄人心魄的自然奇观和深远厚重的人文积淀，形成了独一无二的黄河胜景，峡谷奇观，被《中国地理》杂志评为“中国最美十大峡谷”之一。

文安驿——文安驿在历史上就是一个驿站，它是西安到内蒙古贸易走廊上一个重要节点，是草原文化和农牧文化的接壤点，它凝结了几个民族的文化和生活特点。文安驿古镇以修旧如初为理念，给游客展现那个年代的样子。

梁家河村——村里有梁家河村革命纪念馆，纪念馆全面介绍梁家河村概况、组织发展建设和生态建设等方面的内容。在村里面还可以参观知青一号院、二号院，陕西第一口沼气池，北京知青打的深水井和知青走过的田间小路。

路遥文化产业园区——这里是当代著名作家、茅盾文学

△ 北国风光景区藏雪楼

△ 贡城遗址

奖获得者路遥先生生活、成长、学习的地方，也是小说《人生》《平凡的世界》取材地。

全国乡村旅游重点村

文安驿镇梁家河村——这里明清时期是陕北地区规模较大的驿站和繁华的贸易集镇，悠久的历史为文安驿留下了古县城墙、文州书院、古道驿站、烽火台等众多文化遗址。

旅行锦囊

加油站：

宜川：有多个中国石油、中国石化、延长石油加油站。

> **温馨提示：** 黄河在延川秦晋峡谷形成了五个S形大转弯，由北向南依次为：漩涡湾、延水湾、伏寺湾、乾坤湾、清水湾，其中最知名的莫过于乾坤湾景区。游览需注意安全。

餐饮推荐

延川：抿节、狗头枣、摊黄儿、火烧、麻食儿、洋芋擦擦。

DAY3 延川—清涧—米脂—绥德

（行驶里程 190 公里）

继续往北，来到当年毛主席运筹东渡黄河线路时写下气壮山河的伟大诗篇《沁园春·雪》的北国风光景区。之后来到米脂县的杨家沟村，老一辈无产阶级革命家在此领导和指挥了西北战场和全国的解放战争，召开了知名的“十二月会议”。最后来到绥德。

路况： 沿榆蓝高速行驶，此间隧道较多，请小心驾驶。

海拔情况

清涧县：960 米；米脂县：910 米；绥德县：844 米。

沿途特色景区

高家坬塬北国风光景区——这里紧邻清辛公路、沿黄公路，依托雄浑的秦晋峡谷、莽莽的黄土高原和滔滔的万里黄河等自然景观，以毛泽东诗词《沁园春·雪》为切入点，以“北国风光、领袖风采”为主题。景区已建成毛泽东诗词馆、藏雪楼、“风流人物”文化长廊以及今朝广场等气势宏伟的建筑群，是一处集红色革命传统教育、诗词研讨创作、自然风光休闲旅游为一体的旅游景区。

杨家沟革命旧址——杨家沟是转战陕北取得光辉胜利的标志点，也是中国革命走出陕北走向全国胜利的出发点。主要有十二月会议、中央前委扩大会议、庆祝宜川大捷大会和东渡黄河动员大会旧址，以及亚洲部保卫科、供销科，中央政治部，中央机关医院和新华社旧址等。

李自成行宫——李自成行宫构思精巧，造型别致，主要建筑有乐楼、梅花亭、捧圣楼、玉皇阁、庆祥殿和北庆宫等，是陕北别具一格的宫殿园林旅游区。

疏属山文化旅游景区——抗日战争和解放战争时期，这里是陕甘宁边区绥德专员公署、抗日军政大学、绥德警备区司令部和三五九旅司令部驻地。

全国乡村旅游重点村

绥德满堂川镇郭家沟村——宋代杨家将杨满堂曾在满堂川把守过，以优美的历史传说、独特的风光及厚重的文化积淀而闻名。郭家沟村代表了古老的陕北农村形态，窑洞分布密集，保存比较完整。

榆林市绥德县满堂川镇郭家沟村——2014 年 11 月 17 日，郭家沟村被列入第三批中国传统村落名录。2020 年，郭家沟村入选第二批全国乡村旅游重点村名单。郭家沟村附近有疏属山、绿源休闲生态园区、郝家桥习仲勋旧居、郭家沟影视基地、绥德文化广场等旅游景点，有绥德石雕、刀刀碗饦、绥德雪花、四十里铺羊肉面、绥德

△ 米脂杨家沟

油馍馍等特产。

旅行锦囊

加油站：

延川服务区：有 1 个延长石油加油站。

延川县：有 1 个延长石油加油站、1 个中国石油加油站、1 个充电站。

清涧县：有多个中国石油加油站。

米脂县：有多个中国石油加油站。

餐饮推荐

清涧：粉条、煎饼、黄煎、韭盒、烙饼。

绥德：四十里铺羊肉面、油旋、羊杂碎、黑粉、黑楞楞、碗托、抿节。

DAY4 绥德—吴堡—佳县

（行驶里程 150 公里）

前往吴堡。壶口瀑布为大家熟知，而在黄河岸边还有一处同样有着磅礴气势，被人们称为天下黄河第二碛，又称二碛。之后游览千年古镇吴堡石城，乃“一夫当关，万夫莫开”的险地。之后一路沿着沿黄公路，欣赏沿途景色，抵达佳县，前往中共中央转战陕北的纪念地神泉堡。

路况：多为国道，部分路段为景观沿黄公路。

海拔情况

吴堡县：643 米；佳县：869 米。

沿途特色景区

黄河二碛——吴堡大同碛与山西省临县碛口古镇隔河相望，是黄河与湫水河汇集之处。黄河从秦晋大峡谷流经此处，河水顺势倾泻而下，顿时水流湍急，骇浪翻滚，状如万马奔腾，涛声如雷震天，令人惊叹。由于其壮观的气势仅次于壶口瀑布，故黄河大同碛又被世人称为“天下黄河第二碛”，简称“黄河二碛”。

吴堡古镇——又叫吴堡石城，是西北地区迄今保存最完整的千年古县城，地理位置险要，所以被古人誉为“铜吴堡”。

白云山——位于榆林市佳县的黄河边上，明万历四十六年（1618 年）神宗皇帝朱翊钧给白云山颁布了圣旨一道，亲赐《道藏》4726 卷，从此白云山名声大振。白云山的建筑以道为主，兼有佛、儒教庙宇，是全国著名的道教圣地，西北地区最大的明代古建筑群。

神泉堡革命纪念馆——神泉堡革命纪念馆以大量的革命遗址、革命文物、历史照片，以“扭转乾坤”“运筹帷幄”“鱼水情深”“走向胜利”四部分充分展现了党中央转战陕北的革命历史。

旅行锦囊

加油站：

绥德：有多个中国石油加油站。

吴堡县：有 2 个中国石化加油站、1 个中国石油加油站。

餐饮推荐

吴堡：糖饼、鸡蛋爬漏粉、张家山手工空心挂面、黄河鲤鱼、糕角儿。

佳县：马蹄酥、碱饼、酥饺、包头肉、螅镇芝麻饼、白云山羊道宴。

DAY5 佳县—榆林

（行驶里程 100 公里）

来到国家历史文化名城榆林，这里拥有世界文化遗产万里长城第一台——镇北台，中国最具潜力的十大古城——榆林古城，还有红石峡、红碱淖、白云山等知名景点。榆林的“三战三捷”也为大西北的全部解放起到了重要的作用。在革命时期，一首首脍炙人口的陕北民歌，也为革命胜利起到了积极的作用。

路况：沿 S12 榆佳高速，路况良好。

△ 白云山山门与神路

神泉堡革命纪念馆正门雪景

△ 陕北民歌博物馆景区

海拔情况

榆林：1079 米。

沿途特色景区

陕北民俗博物馆——这里的建筑风格为典型的明清风格四合院，建筑结构为硬山式人字顶砖木结构，2003 年榆林市文化文物局本着修旧如旧的原则，对此进行了全面保护性整修，恢复了原有的穿廊虎抱、五脊六兽、雕梁画栋、古色古香的明清遗构神韵，是榆林古城现存较完好的八处四合院之一。

红石峡景区——峡谷内山奇水秀，石窟古刹林立，有陕西省最大的摩崖石刻群，是电影《东邪西毒》的取景地。

镇北台景区——镇北台原本是明长城的一处观察哨所，也是当年蒙、汉两族办理交涉的地方，这里是古长城现存的最大的烽火台，号称“长城第一台”，与山海关、嘉峪关并称为长城“三大奇观”。

陕北民歌博物馆景区——博物馆六大展区以陕北民歌的发展脉络为主线，纵向反映社会变革和历史发展，横向反映各个时期的政治、军事、经济，全面展示了陕北民歌的前世与今生。

全国乡村旅游重点村

榆林市佳县坑镇赤牛坬村——该村以陕北民俗文化传播为依托，全村推进民俗文化馆的建设，通过发展农村农耕文化旅游事业，带领农民致富，切实增加了农民收入。

旅行锦囊

加油站：

佳县：有多个中国石油和中国石化加油站。

榆林市：有多个中国石油和中国石化加油站。

餐饮推荐

榆林：沙盖拌疙瘩、摊黄、羊杂、干炉、子洲馃馅。

DAY6 榆林—靖边—安塞—延安

（行驶里程 290 公里）

前往被评为“中国黄河 50 景”的龙洲丹霞地质公园，感受独特的红砂岩地貌景观。还可参观小河会议旧址。之后返回延安，途经“四·八”烈士陵园，缅怀先烈。

路况：沿包茂高速行驶，路况良好。

海拔情况

靖边县：1337 米；安塞县：1110 米。

沿途特色景区

龙洲丹霞地质公园（波浪谷）——其独特的地质地貌和神奇的外观被称为中国最美的波浪谷奇观。2018 年中国黄河旅游大会上，龙洲丹霞地貌景区被评为“中国黄河 50 景”。

小河会议旧址——1947 年，毛主席及中央机关转战陕北，先后两次在此居住并召开了具有重大历史意义的小河会议，吹响了全国解放战争由战略防御转入战略进攻的号角。旧址分为毛泽东同志旧居、司令部旧址（小河会议旧址）、“七一”纪念大会旧址等。

“四·八”烈士陵园——这里是为纪念在 1946 年 4 月 8 日因飞机失事遇难烈士而建造的陵园。

旅行锦囊

加油站：

靖边：有多个中国石化和延长石油加油站。

安塞区：有多个中国石油加油站。

服务区：

横山服务区：有 92#、95# 汽油以及 0# 柴油供应。

靖边南服务区：有 92#、95# 汽油以及 0# 柴油供应。

△ 镇北台全貌

△ 小河会议旧址

安塞服务区：有 92#、95# 汽油供应。

温馨提示：龙洲丹霞地质公园最大的 A 区暂时不要门票，但需要当地人带进去。

餐饮推荐

靖边：羊杂碎、剁荞面、大烩菜、炒土豆擦擦。

安塞：抿节、羊奶子泡捞饭、荞面饸饹。

DAY7 延安
（行驶里程 30 公里）

革命圣地延安，既是红军长征胜利的落脚点，也是建立抗日民族统一战线，赢得抗日战争胜利，进而夺取全国胜利的解放战争的出发点。从 1935 年到 1948 年，毛泽东等老一辈无产阶级革命家就是在这里生活和战斗了 13 个春秋，他们运筹帷幄，决胜千里，领导和指挥了中国的抗日战争和解放战争，奠定了中华人民共和国的坚固基石，培育了永放光芒的“延安精神”，谱写了可歌可泣的伟大的历史篇章。

路况：市区路面，路况良好。

海拔情况

延安：1200 米。

沿途特色景区

宝塔山——因山上建有宝塔而得名，宝塔始建于唐代，明代重修。宝塔山是中国革命圣地延安的重要标志和象征，也是游览延安的必到之地。

西北局革命纪念馆——简史陈列展览馆总面积为 255 平方米。共设 4 个展厅，通过 110 多幅照片和实物以及两幅油画，再现了中共中央西北局当年自力更生、艰苦奋斗的革命精神。

凤凰山革命旧址——这里是中共中央驻地旧址，期间，中共中央多次召开了政治局会议以及党的全国代表会议、洛川会议、六届六中全会等许多重要会议，做出了从土地革命战争向抗日战争的战略转移等重大决策。

枣园革命旧址——景区目前开放了中央书记处小礼堂、伟人们的旧居、“为人民服务”讲话台、中央医务所、幸福渠等景点。

鲁艺旧址——“鲁艺”校舍是利用原西班牙一神甫在桥儿沟修建的一座教堂和周围的一些窑洞修建而成。

杨家岭革命旧址——这里是老一辈中央领导人在延安居住时间较长的一个地方。期间，中共中央在这里领导和开展了轰轰烈烈的大生产运动和延安整风运动。

延安革命纪念馆——这是一座大型革命历史纪念馆。纪念馆内展出大量珍贵的历史文献、图表、照片等，系统反映了 1935 年 10 月到 1948 年 3 月期间，中央红军到达陕北后，建立起抗日民族统一战线、开展大生产运动、整风运动，并举行党中央七次全国代表大会，直到最后取得解放战争胜利的光辉历程。

王家坪革命旧址——1937 年 1 月至 1947 年 3 月期间，这里是中央军委（中共中央革命军事委员会）和八路军总部（后改为解放军总司令部）所在地。就是在这里，八路军、新四军进行了艰苦卓绝的抗战。

旅行锦囊

温馨提示：延安红色旅游资源丰富，如想深度游览，建议预留两日或多日深度游览。

餐饮推荐

肉夹馍、洋芋擦擦、荞面饸饹、子长煎饼。

No.27 远去鼓角争鸣，千年未曾远去

宋韵御河妙曲雅词，舞榭歌台士庶流连

手绘线路图

线路概况

从省会郑州出发观赏着沿途的各个景区抵达各个目的地，雄伟而苍茫、科普生态旅游景区——万仙山，有着盆景峡谷之称的云台山，古都洛阳、开封、登封散发着它们上千年的魅力，等着你探寻。

非遗体验

黄帝拜祖祭典、少林功夫、超化吹歌、苌家拳、小相狮舞、登封窑、新密麻纸制作技艺、密玉俏色雕刻、嵩山木雕。

土特产

河阴石榴、新郑大枣、嵩山绵枣、郑州樱桃、黄河鲤鱼。

行程规划

线路： 郑州—万仙山—新乡—云台山—洛阳—登封—开封。

总里程： 800 公里。

推荐时长： 4 天。

DAY1 郑州—万仙山—新乡

（行驶里程 250 公里）

早餐后朝万仙山出发途中经过《举起手来》拍摄地郭亮村，山和绝壁峡谷的自然风貌更是让它成了“中国影视村”，之后就是万仙山，既有雄伟而苍茫的石壁景观，又有妙曼而秀雅的山乡风韵。绝壁长廊郭亮洞，蜿蜒盘旋、忽明忽暗、上下不一，洞壁有的整齐平坦，有的参差不齐、形状各异。

路况

走郑云高速、菏宝高速（国道）。

海拔情况

郑州：108 米；万仙山：1672 米。

△ 万仙山 · 郭亮挂壁公路

沿途特色景区

新乡八里沟景区——荟萃了太行山水精华，集奇、险、俊、秀、幽于一谷，号称“太行之魂、中华风骨”，被园林专家誉为“亚洲一绝”。

郭亮绝壁长廊——全部由郭亮村村民独立人工完成，其中主要负责开凿的十三位村民被称为郭亮洞“十三壮士”。郭亮洞被称为“世界最险要十条路”之一、“全球最奇特18条公路”之一。

万仙山——万仙山既有雄强而苍茫的石壁景观，又有妙曼而秀雅的山乡风韵，集雄、险、奇、秀为一体。主要景点有红岩绝壁大峡谷、影视村、绝壁长廊、天池、莲花盆、白龙洞、喊泉、日月星石、黑龙潭瀑布、五峰山林海、磨剑锋瀑布、七郎峰、蚂蚁山等200多处，完全由人工开凿的1250多米的绝壁长廊，更被誉为“世界第八大奇迹”。

△ 回龙大峡谷

回龙大峡谷——回龙大峡谷形若巨盆、貌比苍龙。跌岩千米之多的幽谷，横空百里可谓气势恢宏；一落千丈的红岩绝壁，缠延无际可谓鬼斧神工。

全国乡村旅游重点村

郑州市新密市米村镇朱家庵村——四面环山，其中两座龙山中间一座珠山，人称二龙戏珠，两座拥有五彩凤尾的凤凰山，中间夹一牡丹山，堪称双凤戏牡丹。龙凤环绕的村落，有着先天的神奇。

旅行锦囊

加油站：

郑州城区：有多个中国石油、中国石化加油站。

万仙山：中国石油、中国石化加油站，宇翔石化加油加气站，有92#、95#汽油以及0#柴油供应。

餐饮推荐

酸菜五花肉、饼丝鱼豆腐、东坡肉、蒜香排骨、西湖醋鱼、笋干老鸭煲。

DAY2 新乡—云台山—洛阳

（行驶里程240公里）

早餐过后路经白云寺国家森林公园，森林公园山川秀美，天造地设，人文自然景观兼备，接着来到云台山，云台山的红石峡，有“盆景峡谷”之称，这里属于丹霞地貌，岩石都是红色的，“红石峡”因此得名。整个峡谷还是一个地质博物馆。随后来到洛阳，它是中华文明的发祥地之一、丝绸之路的东方起点，可感受它上千年的古韵味。

路况

走菏宝高速（国道）、二广高速。

海拔情况

郑州：108米；云台山：1308米；洛阳：250米。

△ 云台山

△ 云台山

沿途特色景区

白云寺国家森林公园——宛若一幅“深山藏古寺，钟声白云里”的太行水墨画。森林公园山川秀美、天造地设，人文自然景观兼备，融知识、科普、休闲、度假、趣味、探险、保健为一体。

云台山——云台山以山称奇，以水叫绝，因峰冠雄，因峡显幽，景色荟萃各不同。独有的地质地貌景观，被地质专家命名为“云台地貌”，被旅游专家誉为“峡谷博览”。

△ 红石峡—丹崖碧水，曲径通幽

全国乡村旅游重点村

郑州市二七区侯寨乡樱桃沟社区——村庄是以樱桃种植为主的观光、生态旅游社区。被评为“河南省特色景观旅游名村”“河南省生态文明村”“国家 3A 级景区”。

洛阳市栾川县庙子镇庄子村——集生态旅游、休闲度假、婚纱摄影、风景写生、影视拍摄等于一体的休闲度假庄园。

旅行锦囊

加油站：

云台山：有中国石油、中国石化加油站。

洛阳：有中国石油、中国石化加油站。

修武停车区：有 92#、95# 汽油以及 0# 柴油供应。

温馨提示： 1. 登山时不宜穿皮鞋和塑料底鞋，以防滑倒。

2. 走路不看景，看景不走路，大景不放过，大小景不流连，拍照不用慌，先对身后望。

3. 患有高血压、心脏病等患者，应在亲友的陪伴下出游并随身携带好必备药品。

餐饮推荐

鲤鱼跃龙门、洛阳水席、浆面条、洛阳不翻汤、牡丹燕菜、张记烧鸡。

DAY3 洛阳—登封

（行驶里程 80 公里）

早餐后驱车前往登封，先途经世界文化遗产、中国佛教三大石窟艺术宝库之一的龙门石窟，紧接着来到佛教传入中国后建造的第一座寺院——白马寺，随后可到丽景门古街游玩，古色古香的街道充斥着皇城脚下老百姓的

△ 龙门石窟

△ 龙门石窟

生活。最后抵达登封。

路况

走盐洛高速，也可走 207 国道。

海拔情况

洛阳：250 米；登封：350 米。

沿途特色景区

龙门石窟——以伊河为界，石窟分为西山和东山两部分，东山石窟多是唐代作品，而西山石窟开凿于北朝和隋唐时期，是龙门的精华部分，包括奉先寺的卢舍那佛像和古阳洞中的“龙门二十品”。踏入龙门，你将置身一座千年的艺术宝库，精美的雕刻艺术，震撼你的心灵，给你一场视觉盛宴。

白马寺——白马寺始建于东汉永平十一年（68 年），是佛教传入我国后由官府建造的寺院，历来被尊为中国佛教的“祖庭”和“释源”。据传寺名因“白马负经”的典故而得。

丽景门——“不到丽景门，枉来洛阳城”，丽景门始建于隋代，是洛阳古城的西大门，有着“古都第一门”的美誉。游客可以来此登楼观景，品味当地小吃，了解历史悠久的河洛文化。

△ 白马寺山门

双龙山省级森林公园——森林繁茂，瓜果飘香，奇花异草，藤萝伞盖，百米荫棚，峻峰、怪石，又有古边墙遗迹尚存，有着浓郁的“野趣”，两侧山石壁立，一峰独秀，双峰并列，故有京西小黄山的称号。

全国乡村旅游重点村

洛阳市嵩县黄庄乡三合村——豫西地区少有的写山画水、土房农耕、古村旧貌等要素齐备的原生态小山村，每年都会吸引大量的外地学生到“手绘小镇”写生。

旅行锦囊

加油站：

登封：有多个中国石油、中国石化加油站。

洛阳：有中国石油、中国石化加油站。

均有 92#、95# 汽油以及 0# 柴油供应。

温馨提示： 1. 每年 4 月 1 日至 5 月 10 日的洛阳牡丹花会期间，游龙门石窟的人数会增加很多，对于不凑牡丹热闹的游客，可以选择避开这段时间。

2. 龙门石窟在清明假期、“牡丹文化节”期间的每周五、周六、周日及“五一”假期、“十一”假期期间，提前半小时即 7:30 售票、推迟半小时即 19:00 闭馆，清场时间顺延推迟半小时。

3. 每年辞旧迎新之际，丽景门城楼都会举行“迎新年零点钟声”活动，游客可亲自登城敲响象征新年昌盛吉祥、平安幸福的 108 响，与马寺钟声遥相呼应。

餐饮推荐

胡辣汤、新安烫面饺、牡丹饼、清蒸鲂鱼、芝麻焦盖烧饼、烩羊肉。

DAY4 登封—开封

（行驶里程 230 公里）

早餐后，游览被誉为“天下第一名刹”的少林寺，之后前往七朝古都——开封，沿途顺便体验伏羲山旅游区的瀑布群以及龙文化、易文化。来到目的地，尽享开封“夜市”美食，领略河南豫菜。

路况

走郑少高速、郑民高速。

海拔情况

登封：350 米；开封：76 米。

沿途特色景区

少林寺——都说“天下武功出少林”，别说从小深受少林功夫影响的国人，许多国际友人到了河南，也都会去少林寺看看。这里不仅是天下武林圣地，也是佛教禅宗祖庭。

嵩山风景名胜区——位于登封市中岳大街，也称为嵩山少林风景区。嵩山又叫中岳嵩山，是中国五大名山（五岳）之一，由太室山和少室山组成。这里不仅拥有三皇寨、峻极峰等壮美的自然风光，同时还是世界地质公园，地质资源相当丰富。

△ 少林寺

△ 少林寺

△《功夫》

嵩阳书院——原名为嵩阳寺，创建于北魏孝文帝太和八年（484年），为佛教场所，在隋炀帝时期改为道教场所。宋仁宗景祐二年（1035年）改名为嵩阳书院，以后一直是历代名人讲授经典的教育场所。

伏羲山旅游区——峡谷内有天然瀑布群，中华民族特有的龙文化和易文化精髓贯穿其中；自然地质奇观异彩纷呈；曲径通幽、步移景换，伏羲女娲文化遗迹俯拾皆是。

旅行锦囊

加油站：

登封：有多个中国石油、中国石化加油站。

开封：有中国石油、中国石化加油站。

均有92#、95#汽油以及0#柴油供应。

温馨提示： 1. 少林寺的知名度高，客流量较高，建议提前做好出行准备。，旺季更是人流汹涌，对此要有心理准备。

2. 去少林武术馆观看表演前，可以先了解每天的表演时段，以免耽误观看，建议在去的前一天致电了解，表演时间有一定的变动性。

3. 嵩山的餐馆主要集中在山下，景区内餐馆比较少，建议提前带好食物和水。

餐饮推荐

第一楼小笼灌汤包、鸡蛋灌饼、马豫兴桶子鸡、肚肺汤、炖全羊、白炖肉。

△ 嵩山云海

No.28 寻味晋陕，遇见黄河

感壶九曲黄河千道湾，品“世界面食之根”的多彩一面

手绘线路图

线路概况

俗话说“世界的面食在中国，中国的面食在山西”，山西面食从可考算起，已有2000年的历史。除了晋陕千变万化的面食外，这条线路更有着独特的风景，沿着黄河流域，行走晋陕大峡谷，观赏府谷老牛湾、清涧太极湾、永和乾坤湾等奇湾，无不令人震撼！观壶口瀑布，领略黄河的磅礴和沿岸的风土人情！

非遗体验

山西悠久的历史、源远流长的文明，积淀了丰厚的非物质文化遗产，北有雁北要孩儿、朔州秧歌戏，中有晋剧、平遥推光漆器髹饰技艺，南有晋南威风锣鼓、绛州鼓乐，蒲州梆子……无不展示着山西深厚的文化底蕴。

土特产

山西老陈醋、沁州黄小米、汾酒、紫皮蒜、大同黄花、怀仁糖干炉、广灵豆腐干、蒲州青柿、闻喜煮饼、碛口红枣。

行程规划

线路： 大同—朔州—老牛湾—府谷—碛口古镇—清涧太极湾—延川—壶口瀑布—临汾。

总里程： 1150 公里。

推荐时长： 5 天。

DAY1 大同—朔州

（行驶里程 136 公里）

晋陕之旅从“北方锁钥”大同开始，大同位于晋、冀、内蒙古三省区交界处，地理位置十分重要，是历代兵家必争之地。大同是首批国家历史文化名城之一，曾是北魏首都，辽、金陪都，境内古迹众多。

路况

路况很好，沿着 G55 二广高速、S5512 元朔高速行驶，限速 80~120 公里 / 小时。

海拔情况

大同：1054 米；朔州：1371 米；云冈石窟：1162 米。

沿途特色景区

云冈石窟——始建于北魏时期。云冈石窟不仅有中国传统艺术风格，也融合了古印度、西域和中原各民族的艺术特征。

悬空寺——始建于北魏，距今已有 1500 多年历史，是国内现存较早、保存较好的高空木构摩崖建筑。

恒山——“五岳”之中的北岳。恒山不仅风光优美，也是重要的道教发祥地。

九龙壁——九龙壁原是明初代王朱桂府前的照壁，在现存最享盛名的三座九龙壁中，是建筑年代最早、尺度最大，而又最富艺术魅力的一座。

全国乡村旅游重点村

马辛庄乡鲁沟村——这里风景秀丽，且拥有丰富的人文景观，鲁沟村坚持发展乡村文化旅游事业，打造具有传统文化内涵和健康绿色田园特色的现代文旅平台，“一线一带”项目带动马辛庄乡成为名副其实的古驿水乡。

旅行锦囊

加油站：

怀仁服务区：中国石油加油站。

康庄服务区：中国石化加油站。

△ 云冈石窟

△ 老牛湾

温馨提示： 1. 云冈石窟景区分为景观区和石窟群，整个石窟群自东而西依自然山势分为东、中、西三区，比较传统的参观线路是从东部的第 1 窟开始，依次往西直到第 45 窟结束。若参观时间在 2 小时左右，一般主要游览第 5、第 6 窟，五华洞（第 9~13 窟）和昙曜五窟（第 16~20 窟）。

2. 由于悬空寺较小，过道很窄，错峰游览感受更佳。

餐饮推荐

大同：刀削面、混糖月饼。

应县：凉粉。

右玉：熏鸡、塞上冻兔肉。

DAY2 朔州—老牛湾景区—府谷

（行驶里程 260 公里）

前往黄河流入山西的第一站——老牛湾景区，这里的石灰岩峭壁呈怪石嶙峋、犬牙交错状，长城在这里沿陡峭突兀的山峦延伸，与黄河并行向南。登临包子塔湾的高处，黄河九曲十八弯美景尽收眼底。之后继续沿黄河顺流而下，前往榆林市府谷县。

路况

良好，前往老牛湾途中有多个隧道和弯道，336 国道有连续区间测速，限速 60~80 公里 / 小时，部分县道、乡道。

海拔情况

老牛湾景区：1039 米；河曲：856 米；府谷：852 米

沿途特色景区

老牛湾景区——黄河从这里入晋，内外长城在这里交会，晋陕内蒙古大峡谷以这里为开端，是中国最美的十大峡谷之一。

万家寨水利枢纽——万家寨水利枢纽是一座以供水、发电为主，兼有防洪、防凌等效益的大型水利枢纽，是黄河中游规划开发的 8 个梯级中的第一个工程，也是山西省引黄入晋工程的起点。

娘娘滩——这是一个黄河河床中的小岛，滩上风光秀美、景色诱人，夏秋之时，四周水波浩荡，滩上农舍在葱绿中忽隐忽现，别有韵味。

全国乡村旅游重点村

宋家沟乡宋家沟村——依托全国唯一一段宋长城、华北地区最大的亚高山草甸荷叶坪草原，入选“2019 年中国美丽休闲乡村”名单。

旅行锦囊

加油站：

朔州：多个中国石化加油站。

偏关：多个中国石化加油站。

温馨提示： 杨家川小峡谷全长 8 公里，沿线贯穿着一条以长城、古堡、古村、古庙、栈道、码头等组成的风格独特的风景线。

餐饮推荐

黄米油糕、黄金饭炒羊杂、五福红果、红果酿鱼脯等。

△ 悬空寺

△ 清涧太极湾景区

△ 碛口古镇

DAY3 府谷—碛口古镇
（行驶里程 265 公里）

早餐后，穿行在风景秀美的沿黄公路上，体验黄海沿岸的民俗风情，前往碛口古镇，晋商就是从这里发展起来的。黄河、古镇、古塔、古民风，在这里都能看到。

路况

多隧道，黄河路有区间测速，限速 60 公里 / 小时，沧榆高速限速 100 公里 / 小时。

海拔情况

碛口古镇：811 米。

沿途特色景区

碛口古镇——是中国历史文化名镇，享有“九曲黄河第一镇”之美誉，至今还是原始质朴的居民生活形态，所以又有“活着的古镇”之称。

李家山村——从外部看像一座荒凉的汉墓，一进去是很古老讲究的窑洞，人居环境自然之美，窑洞层层叠置错落之美，在这里得到了完美体现。

全国乡村旅游重点村

满堂川镇郭家沟村——因宋代杨家将杨满堂曾在这里把守过而得名，以优美的历史传说、独特的风光及厚重的文化积淀而闻名。

佳县坑镇赤牛坬村——黄河近岸的“世外桃源”，这里四面环山，建筑古朴，花草繁茂，景色优美，是远近闻名的生态村。

旅行锦囊

加油站：

府谷：有多个中国石油和中国石化加油站。

碛口：有两个加油站。

服务区：岢岚停车区、白文服务区、临县南服务区。

温馨提示：可以在碛口古镇体验一下特色的窑洞宾馆，原汁原味的老建筑，古镇的红枣也十分有名。

餐饮推荐

府谷：碗秃、洋芋擦擦。

碛口古镇：黄河鲤鱼、炒擦擦、山西过油肉、红烧鲤鱼、黄河鲇鱼。

DAY4 碛口古镇—吴堡—延川
（行驶里程 210 公里）

沿着沿黄公路继续南下，随着黄河蜿蜒，沿途经过吴堡，之后来到清涧太极湾感受黄河。脚下洪水滔滔，四周悬崖峭壁，山势峭拔，峻石林立 。

路况

沿黄公路限速 60 公里 / 小时，多弯道，请小心驾驶。

海拔情况

吴堡：643 米；延川：840 米。

沿途特色景区

清涧太极湾——地处晋陕黄河大峡谷之清涧与石楼段，黄河在这里与黄土高原结合成一幅天然太极图，像是诉说着古老的秦晋之好。

吴堡古城——又叫吴堡石城，是西北地区迄今保存最完整的千年古县城，地理位置险要，所以被古人誉为“铜吴堡”。

全国乡村旅游重点村

文安驿镇梁家河村——这里明清时期是陕北地区规模较大的驿站和繁华的贸易集镇，悠久的历史为文安驿留下了古县城墙、文州书院、古道驿站、烽火台等众多文化遗址。

旅行锦囊

加油站：

吴堡县：有 2 个中国石化、1 个中国石油加油站。

延川服务区：有 1 个延长石油加油站。

延川县：有 1 个延长石油、1 个中国石油加油站，1 个充电站。

餐饮推荐

延川：火烧、特色羊肉面、鸡蛋泡泡、荞面拐拐。

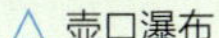
△ 壶口瀑布

△ 壶口瀑布

DAY5 延川—壶口瀑布—临汾

（行驶里程 270 公里）

今日将来到闻名中外、气吞八荒，被誉为“天下奇观、中华之魂”的黄河壶口瀑布国家风景名胜区，这里不仅有彰显黄河波澜壮阔、鬼斧神工的自然奇观，更加有孕育了中华民族根、魂、源的历史画卷和传奇故事。最后前往临汾，结束行程。

路况

前往壶口瀑布途中，242 国道和 309 国道限速 60 公里 / 小时，弯道较多，需小心驾驶，前往临汾可走青兰高速。

海拔情况

黄河壶口瀑布：482 米；临汾：451 米。

沿途特色景区

黄河蛇曲国家地质公园——公园以其气势恢宏的河曲曲流地貌景观为特色，以类型多样的河流地质作用遗迹为依托，自然景观特色鲜明，具有强烈的吸引力和震撼力。包括延水关河谷阶地貌旅游区、苏亚湾高原生态旅游区、乾坤湾蛇曲地貌旅游区、清水湾蛇曲地貌旅游区。

延川乾坤湾——景区以摄人心魄的自然奇观和深远厚重的人文积淀，形成了独一无二的黄河胜景，峡谷奇观被《中国国家地理》杂志评为“中国最美十大峡谷”之一。

壶口瀑布——中国第二大瀑布，世界上最大的黄色瀑布，有着“千里黄河一壶收”的气概。

全国乡村旅游重点村

乡宁县关王庙乡坂儿上村——位于乡宁县关王庙乡云丘山脚下，风光秀丽，生态优美，村里石墙石巷，古香古色，传统手工艺蒸花馍、打铁器，传统农耕、婚俗流水席等特色文化，让人不禁回归本真，追寻原始的家乡味道。

安泽县府城镇飞岭村——这里有着规模 1500 亩、品种多样化、种养一体化的农业科技示范园，种植葡萄、桃树、文冠果、万寿果。

曲沃县里村镇朝阳村——主要以传统的种植业为主，有小麦、玉米、棉花、辣椒等，朝阳辣椒形成带有本村地方特色的优势产业。

旅行锦囊

服务区：

乡宁服务区、吉县服务区、襄汾西服务区。

温馨提示： 1. 壶口瀑布最佳旅游时间，一是每年的 4~5 月，一派春意盎然，被称为“三月桃花汛”。二是每年的 9~11 月，此时雨季刚过，秋风习习，常伴有彩虹出现，叫作“壶口秋风”。春、秋两季降水量较大，水流拍击声比平日更加震撼。游览时要注意安全。

2. 黄河在延川秦晋峡谷形成了五个 S 形大转弯，由北向南依次为：漩涡湾、延水湾、伏寺湾、乾坤湾、清水湾，其中最知名的莫过于乾坤湾景区。

餐饮推荐

河西蒸饭、太后御膳泡泡糕、牛肉丸子面、临汾熏肉。

△ 洋芋擦擦

△ 应县凉粉

△ 山阴油果子

No.29 走沿黄观光路，感知黄河澎湃与温情

纵览黄土高坡美景，一侧危崖峭壁一侧滚滚黄河

手绘线路图

线路概况

在这条路上，你能看到奔腾的黄河从车窗旁流过，河水的怒吼声在耳边时高时低地响着；在这条路上，你能看到宛若江南的园林从你眼前快速掠过，让你惊喜万分，不禁频频注目；在这条路上，你还能看到无数充满历史感的古镇，巍峨的武侠圣山，曼妙的湿地仙境，尝到只有陕西人才做得出来的风味美食。

非遗体验

延川剪纸、陕北窑洞营造技艺、皮影戏、陕北说书。

土特产

羊肉泡馍、肉夹馍、岐山臊子面、西凤酒、镇巴腊肉、佳县红枣、汉中仙毫、太白酒、临潼石榴。

行程规划

线路： 西安—华山—潼关黄河风景区—洽川风景名胜区—韩城—壶口瀑布—乾坤湾—甘泉大峡谷—黄帝陵—西安。

总里程： 1085 公里。

推荐时长： 5 天。

DAY1 西安—华山

（行驶里程 125 公里）

早上沿渭河经连霍高速行驶约一个半小时后抵达华山风景名胜区，游览西岳华山景区，宿华阴市区。

路况

良好，连霍高速限速 120 公里 / 小时。

海拔情况

西安：400 米。

沿途特色景区

华山——五岳中的“西岳”，位于华阴市境内，包括主峰、西岳庙等景区。其中主峰景区是华山的核心景区，有“华山一条路”和五大主峰。景区不仅风光秀丽，还有凌空架设的长空栈道、三面临空的鹞子翻身等惊险刺激的设施，亲临其境者，无不叹为观止。

△ 华山

全国乡村旅游重点村

渭南市华阴市华山镇仙峪口村——全国乡村旅游重点村，水美，气候温和，风景宜人。

旅行锦囊

加油站：

西安：有多个中国石油、延长石油、延长壳牌加油站。

华阴：有 1 个中国石化，1 个中国石油加油站。

服务区：

临潼服务区、渭南西服务区、华山服务区。

温馨提示： 1. 华山山上多风，夏季湿气较重。登山前最好备几件御寒衣物，还可随身携带一件轻便塑料雨衣。

2. 登华山一定要着软底运动鞋，因为山路台阶较多，登山不但是对意志的考验，也是体力的比拼。手套、袜子、拐杖等依个人而定。

3. 登山前最好食用一些高热量的食品，这样能够有效地增加体力。

4. 提前准备好充足的水，登华山十分容易口渴，但是途中切勿大口豪饮，小饮一下润润口最宜。

5. 登山途中注意环保，请勿乱扔垃圾，建议自己带回山下。另外，华山严禁烟火，请吸烟的朋友们注意。

6. 攀爬长空栈道以及鹞子翻身时，切记一定要注意安全。

7. 山顶温差比较大，注意带好衣物。

餐饮推荐

山上饮食不便，建议提前准备简餐小食。

特色饮食有大刀面、莛面、凉皮。

DAY2 华山—潼关黄河风景区—洽川风景名胜区—司马迁祠—韩城

（行驶里程 160 公里）

先去潼关古城逛逛，在潼关古城外，潼关黄河风景区兼容了西来东去渭、洛河水，三河交汇后在此忽急折东流。因其黄河水黄、渭河水蓝，故在交汇后的黄河段形成了罕见的黄、蓝两色河水奇观。沿着黄河观光路向北，游览司马迁祠墓之后至韩城住宿。

路况

良好，运风高速限速 100 公里 / 小时，还有部分省道、县道，会走沿黄观光路。

海拔情况

华阴：400 米；华山：最高 1500 米；洽川：350 米；韩城：450 米。

沿途特色景区

潼关黄河风景区——位于闻名遐迩的古军事名关潼关古城边，距西安 140 公里，距华山仅 20 公里，奔腾南下的黄河，穿秦晋峡谷后出潼关。景区内有黄河、渭河、女娲陵、潼关西城及众多的古战场遗址。

洽川风景名胜区——耕牛犁田，天边雀鸟鸣啭，远处炊烟牧童，媲美江南水乡，洽川风景名胜区位于陕西合阳县城东 23 公里处的洽川镇黄河二级台地上，景区内的黄河湿地“万顷芦荡，千眼瀵泉，百种珍禽，十里荷塘，一条黄河”，自然风光十分迷人。“关关雎鸠，在河之洲，窈窕淑女，君子好逑”千古名句诞生于此地。

司马迁祠墓——坐落在韩城市南 10 公里芝川镇的韩奕坡悬崖上。建筑自坡下至顶端，依崖就势，层递而上，

△ 华山

△ 壶口瀑布

登其巅，可东望滔滔黄河，西眺巍巍梁山，南瞰古魏长城，北观芝水长流，可谓山环水抱，气象万千。

旅行锦囊

加油站：

合阳：有 1 个中国石油加油站。

潼关：有多个中国石油、1 个中国石化加油站。

韩城：有多个中国石油、1 个中国石化加油站。

餐饮推荐

羊肉糊卜、韩城羊肉臊子饸饹、羊肉饸饹、臊子馄饨。

DAY3 韩城—党家村—壶口瀑布—乾坤湾

（行驶里程 260 公里）

没去过韩城，不算到过陕西，没去过党家村，不算到过韩城，逛完这座古村落后沿黄河观光路继续行驶抵达壶口瀑布，感受黄河风采。结束后，前往延川乾坤湾。

△ 华山

路况

国道限速 60 公里 / 小时，龙门隧道限速 50 公里 / 小时，路况良好，对车辆无要求。

海拔情况

党家村：450 米；壶口瀑布：480 米。

沿途特色景区

党家村——党家村古民居建筑群位于韩城市东北方向，至今已有 700 余年的历史。因村中有 120 多座四合院和众多典型古建筑，被海内外专家誉为“东方人类古代传统居住村寨的活化石”。

壶口瀑布——天下的黄河有九十九道湾，而流到壶口这里，千米河床迅速收敛，“天下黄河一壶收”，壶口就像一个茶壶嘴一样，壶口故而得名。走近壶口瀑布，在阵阵轰鸣中，近距离感受“黄河之水天上来”“千里黄河一壶收”的壮阔，耳畔仿佛听见了黄河大合唱。

全国乡村旅游重点村

韩城市西庄镇党家村——位于陕西省韩城市东北方向，泌水河谷地之阳高岸上形似“葫芦”的风水宝地。这里历史悠久、民风淳朴，因村中有 123 座四合院和 11 座祠堂、25 个哨楼，及庙宇、戏台、文星阁、看家楼、泌阳堡、节孝碑等古建筑，被国内外专家誉为“东方人类古代传统文明居住村寨的活化石”“世界民居之瑰宝”。

旅行锦囊

加油站：

韩城：有多个中国石油、1 个中国石化加油站。

壶口瀑布：有中国石化加油站。

餐饮推荐

羊杂汤、酸汤饺子、凉皮、酸枣。

△ 乾坤湾

△ 甘泉大峡谷

DAY4 乾坤湾—甘泉大峡谷
（行驶里程 220 公里）

天下黄河九十九道湾最美不过乾坤湾，游览完回味无穷的乾坤湾后，出发前往延安西面的甘泉大峡谷。

路况
多高速，区间测速限速 60 公里 / 小时，这条路弯道较多，请小心驾驶。

海拔情况
乾坤湾：524 米。

沿途特色景区
乾坤湾——位于延川县城以南 38 公里处土岗乡小程村，这个“S”形大转弯的神秘造型，留下了一个古老的神话，相传远古时，太昊伏羲氏在这里“仰则观象于天，俯则观法于地，观鸟兽之文与地之宜，近取诸身，远取诸物，于是始作八卦，以通神明之德，以类万物之情”。

全国乡村旅游重点村
延安市延川县文安驿镇梁家河村——明清时期是陕北地区规模较大的驿站和繁华的贸易集镇。悠久的历史为文安驿留下了古县城墙、文州书院、古道驿站、烽火台等众多文化遗址。

旅行锦囊
服务区：

长延高速—延川服务区。

餐饮推荐
饸饹面、洋芋擦擦、清炖羊肉、油糕、黄米馍馍。

DAY5 甘泉大峡谷—黄帝陵—西安
（行驶里程 320 公里）

游览完作为全国摄影爱好者都向往的圣地甘泉雨岔大峡谷之后，驾车返回西安，沿途可顺道游览黄帝陵景区。

路况
良好，基本上都是高速，部分路段区间测速限速 120 公里 / 小时。

海拔情况
甘泉大峡谷：1100 米；黄帝陵：831 米。

沿途特色景区
甘泉雨岔大峡谷——位于陕西省甘泉县，由桦树沟、花豹沟、龙巴沟、牡丹沟、一线天等景点组成，其中以桦树沟景色较为出彩，亿万年前，一场强烈的地震将这座黄土大山分开一条大裂缝，经过几百年雨水冲刷，慢慢地形成这样一个峡谷。这里神奇的地质地貌被誉为中国的“羚羊峡谷”，吸引了无数摄影爱好者纷纷前往。

黄帝陵——中华民族的始祖轩辕黄帝的陵园，为中华儿女祭祖的圣地。

旅行锦囊
加油站：

黄陵服务区：有中国石油加油站。

三原服务区：有中国石化加油站。

均有 92#、95# 汽油以及 0# 柴油供应。

温馨提示： 1. 请勿听信非工作人员的误导，私自进入尚未开放的峡谷，以防发生安全事故。

2. 雨过天晴的大峡谷，颜色更鲜艳。

餐饮推荐
羊肉泡馍、肉夹馍、臊子面。

No.30 寻梦山西，穿越上下五千年

逛灿烂文明，品山西特色美食

手绘线路图

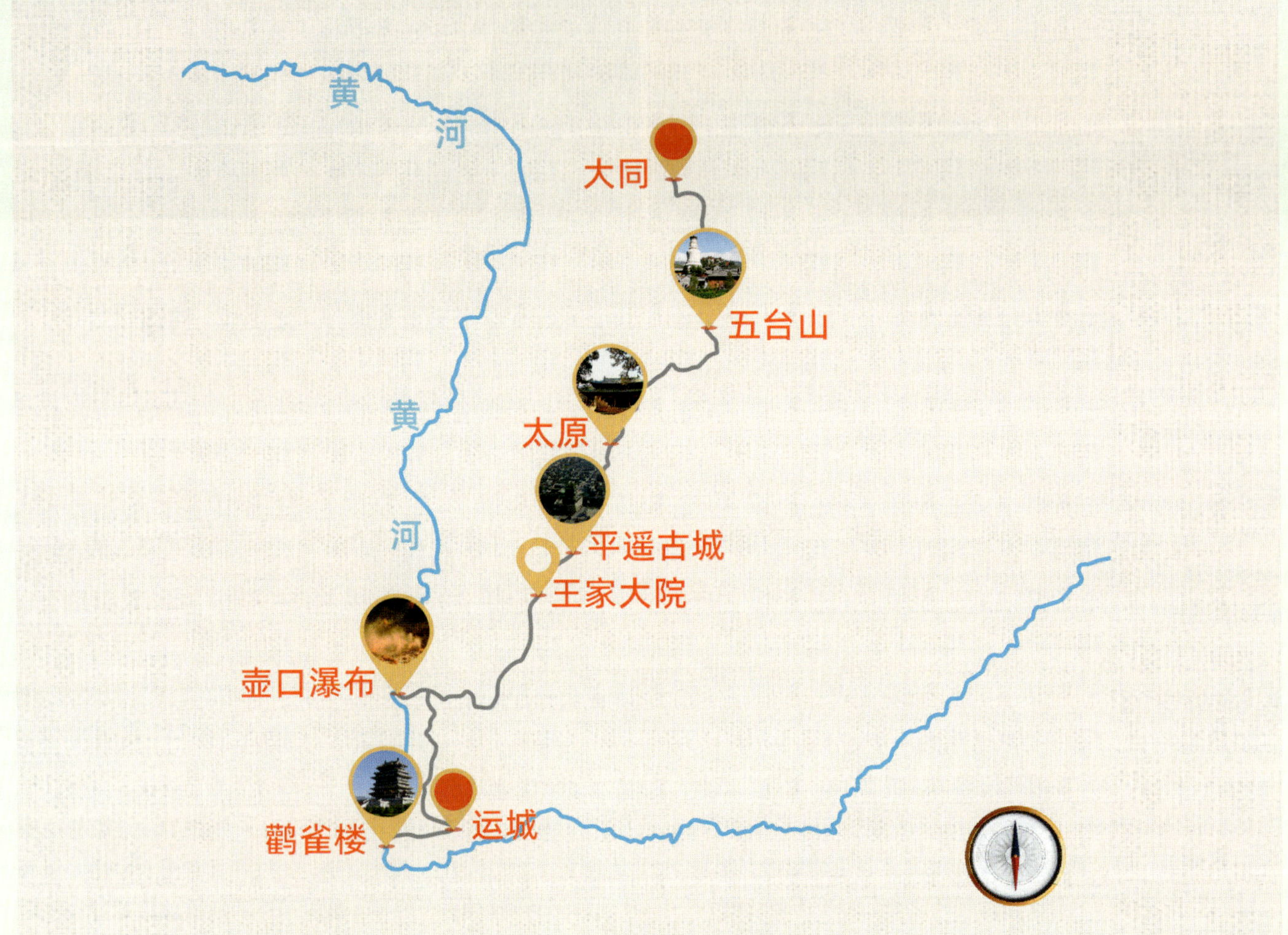

线路概况

山西是一个隐藏无数传奇的地方，八百里太行山从这里崛起，五千年文明史在这里沉淀。北岳恒山、五台山、北武当山……在这里巍然屹立。翻腾的黄河水，在这里演绎一曲大合唱。太行山的古村、黄河边的古渡、热闹的庙会社火、丰富的面食文化，还有三晋大地上数不胜数的名人……无一不令人惊叹不已。

非遗体验

山西地处黄河中游，是中华文明的发祥地之一。山西悠久的历史、源远流长的文明，积淀了丰厚的文化遗产。如平遥推光漆器髹饰技艺、雁北耍孩儿、锣鼓杂戏、民间社火、中阳剪纸、临县道情戏等。

土特产

闻喜煮饼、山西熏醋、羊杂烂、山西老陈醋、豌豆糕、山西抻面、平遥牛肉、曹家熏肘、叫花鸡、碗托子、酱梅肉。

行程规划

- 线路：运城—吉县—平遥—太原—五台山—大同。
- 总里程：1290 公里。
- 推荐时长：5 天。

△ 鹳雀楼

△ 壶口之夏

DAY1 运城—普救寺—鹳雀楼—关帝庙—吉县

（行驶里程 330 公里）

游览之路从运城开始，运城市古称“河东”，因“盐运之城”得名，是中华文明的重要发祥地之一。中华民族的始祖黄帝、炎帝、蚩尤、尧、舜、禹，都相继活动在河东大地上。

路况

走 852 县道、S87 运风高速、G59 呼北高速、S5902 运城绕城高速。

海拔情况

运城：350~400 米。

沿途特色景区

普救寺——位于山西省西南部永济市境内。南向紧邻古蒲州城址，东连西厢村。寺址高耸，松柏满垣，西临黄河湾，水势汹涌；东近中条山，犹如屏障峙立，视线广阔而开朗。一条宽阔的坡底长街，是当年通向长安的古驿道。这里是我国历史名剧《西厢记》故事的发生地。

鹳雀楼——与武昌黄鹤楼、洞庭湖畔岳阳楼、南昌滕王阁齐名，为我国古代四大名楼，也是黄河文化的标志和象征。

关帝庙——是祭祀关公的庙宇，是我国现存规模较大、保存较完整的关帝庙。

全国乡村旅游重点村

运城市永济市开张镇东开张村——近年来，全村大力调整产业结构，初步形成了棉花和枣树种植为主导的产业格局。

旅行锦囊

加油站：

运城：有多个中国石油、中国石化加油站。

温馨提示：普救寺的寺院建筑，大致分布在三条轴线上。西轴线上的建筑有大钟楼、塔院回廊、莺莺塔、大雄宝殿；中轴线上有天王殿、菩萨洞、弥陀殿、罗汉堂、十王堂、藏经阁；东轴线上有前门、僧舍、枯木堂、正法堂、斋堂、香积厨等。

餐饮推荐

运城：闻喜煮饼、山西熏醋、羊杂烂。

DAY2 吉县—壶口瀑布—洪洞—平遥

（行驶里程 330 公里）

早餐后前往壶口瀑布。壶口瀑布是中国第二大瀑布，世界上最大的黄色瀑布。瀑布上游黄河水面宽 300 米，在不到 500 米长的距离内，被压缩到 20~30 米的宽度。1000 立方米 / 秒的河水，从 20 多米高的陡崖上倾注而泻，形成“千里黄河一壶收”的气概。随后去京剧《苏三起解》里提到的洪洞县，去大槐树寻根觅祖。之后前往有着“中国民居艺术馆”之称的王家大院进行参观。

路况

高速，隧道较多，请小心驾驶。

海拔情况

运城：350~400 米；平遥：768 米。

沿途特色景区

壶口瀑布——黄河壶口瀑布国家地质公园，跨越山西和陕西两省，核心景点壶口瀑布，气势磅礴，两岸观景各不相同。

尧庙——相传临汾是上古贤君尧的都城，后人为祭祀尧王的功绩，于是在这里修建了尧庙等建筑。

洪洞大槐树寻根祭祖园——位于山西省洪洞县，是全国以“寻根”和“祭祖”为主题的唯一民祭圣地。

△ 王家大院

△ 平遥古城

王家大院——山西民间故宫，参观高家崖红门堡建筑群（电视剧《关中往事》许望龙家拍摄地），被人们称誉为“天上取样人间造，雕艺精湛世上绝”“中国民居艺术馆”。

全国乡村旅游重点村

临汾市安泽县府城镇飞岭村——飞岭村始终秉承“绿水青山就是金山银山”的发展理念，立足美丽乡村建设，以人为本，构建美丽宜居乡村，努力实现农业田园化、农村景观化、农旅一体化发展。

临汾市曲沃县里村镇朝阳村——朝阳村气候宜人、风光秀美，村内河流密布、阡陌纵横，绿树成荫、鸟语花香，充满着江南水乡特有的韵味。朝阳村自古以来是一个典型的粮、桑、渔“三三制”为主的物产丰饶的大村，因盛产鱼米、丝绸而成富饶之村。

旅行锦囊

加油站：

运城：有多个中国石油、中国石化加油站。

临汾：有多个中国石油、中国石化加油站。

平遥：有多个中国石油、中国石化加油站。

温馨提示：1. 壶口景色，四时各异，但一年里面观看壶口最好的时候有两个，也就是汛期的时候，水量最丰富，是最佳观赏期。一个是四五月份，桃花汛，是一年中水量最大的时候。另一个是下半年的七八月份，雨季降水多，也是丰水期。

2. 瀑布两边的河岸全是较为平整的大岩石，表面覆盖着一层黄土，瀑布没有围栏，要特别注意安全，不要站得太靠近。

3. 王家大院里的游览线路有明显的箭头指示，严格按指示方向前进可以保证既不错过精华，又不走冤枉路。

餐饮推荐

平遥：平遥牛肉、曹家熏肘、叫花鸡、碗托子、酱梅肉。

DAY3 平遥—太原

（行驶里程 110 公里）

平遥古城距今已有 2700 多年的历史，还较为完好地保留着明清时期县城的基本风貌，是中国汉民族地区现存最为完整的古城。之后前往山西省会太原，游览晋祠，观“晋祠三绝”。

路况

高速。

海拔情况

平遥：768 米；太原：800 米。

沿途特色景区

平遥古城——游览平遥古城墙、晋商票号博物馆—日升昌票号、我国古代华尔街——明清一条街、地下钱庄——协同庆博物馆，进入街面小店了解平遥三宝：推光漆器、平遥牛肉，长山药。

渠家大院——浓缩着中国传统文化元素和深厚艺术底蕴，有文化价值。艺术价值和人文价值。这里还是《诚忠堂》的拍摄地。

晋祠——原名为晋王祠，初名唐叔虞祠，是为纪念晋国开国诸侯唐叔虞（后被追封为晋王）及其母后邑姜后而建。其中难老泉、侍女像、圣母像被誉为“晋祠三绝”。晋祠是中国现存最早的皇家祭祀园林，为晋国宗祠；是国内宋元明清至民国本体建筑类型、时代序列完整的孤例，附属彩塑、壁画、碑碣均为国宝；是三晋历史文脉的综合载体，晋文化系统上溯西周封唐建晋至盛唐肇创文脉传承的实证；是世界王氏、张氏发祥地。

△ 平遥古城

△ 晋祠

宝源醋园——了解山西醋文化历史，感受老陈醋的生产工艺，品尝山西正宗三十年陈酿醋。

全国乡村旅游重点村

太原市娄烦县天池店乡河北村——河北村附近有景祭云烈士墓、杨秀山旧居、红军杨、汾河水库、花果山生态旅游景区等旅游景点，有黑椒素排、云顶山蜂蜜、子推蒸饺、娄烦莜面、娄烦蘑菇等特产。

旅行锦囊

加油站：

平遥：有多个中国石油、中国石化加油站。

太原：有多个中国石油、中国石化加油站。

△ 晋祠

餐饮推荐

平遥：平遥牛肉、曹家熏肘、叫花鸡、碗托子、酱梅肉。

太原：山西老陈醋、豌豆糕、山西抻面、剔尖面。

DAY4 太原—忻州—五台山
（行驶里程 200 公里）

来了山西，一定要去打卡五台山风景区，五台山位居中国四大佛教名山之首，称为“金五台”，为文殊菩萨的道场。五台山并非一座山，它是坐落于“华北屋脊”之上的一系列山峰群，最高海拔 3061 米。

路况

二广高速、沧榆高速。

海拔情况

太原：800 米；五台山：624~3058 米。

沿途特色景区

五台山风景区——这里也是文殊菩萨的道场，寺院林立，位列中国佛教四大名山之首。这里是黄庙（藏传）、青庙（汉传）共存的道场，不仅能看到汉传的僧人，也能看到藏传的僧人。五座顶如平台的山峰相簇拥，风光秀美，是有名的避暑胜地。

全国乡村旅游重点村

太原市阳曲县黄寨镇上安村——上安村位于阳曲县城正北 5 公里处，从县城进村仅有 10 分钟，隶属黄寨镇官圪垛村，北靠 2000 亩的青草坡，南临 2 公里长的饮牛沟，东依远近闻名的文庙梁，西傍古老传说的藏宝寨，村史久远，文化绵长。

旅行锦囊

加油站：

太原：有多个中国石油、中国石化加油站。

△ 五台山全景

阳曲县：有多个中国石油、中国石化加油站。

五台县：有多个中国石油、中国石化加油站。

温馨提示： 1. 夏季是五台山最佳游玩时间，游客也较多。冬天前往比较清静，别有一番感受。需要注意的是冬天这里绝大部分宾馆不营业，大型酒店暖气较足。周末房间紧张，最好提前预订。

2. 汉传、藏传佛教节日期间，山上寺庙会有丰富的庆典活动，以农历六月十五前后的格鲁派跳布扎最为有名。感兴趣的话可关注官网。

3. 部分寺院可以挂单和用斋，但一般是针对居士的。如果住在寺院里，请务必遵守寺院规矩。

4. 五台山各庙宇大多免费提供三炷香，大可不必花高价去买所谓的“高香”，心诚则灵。

5. 五台之中，东台望海峰是看日出的好去处，这里云海日出非常壮观，山上没有住宿，看日出需早起；南台路比较难走，但风景非常优美，尤其夏季野花遍地，更是好看；西台每到秋日，月亮有如镜子悬在峰顶；北台是五台山的高峰，也是观雪景的好地方，下雪时在此可以俯瞰群山一派北国风光。

6. 五台山景观丰富，时间充裕的话，可以在这里游览2~3天。

餐饮推荐

五台山：万卷酥、荞麦碗托、台蘑。

DAY5 五台山—大同

（行驶里程 320 公里）

先去云冈石窟，之后游览与意大利比萨斜塔、巴黎埃菲尔铁塔并称“世界三大奇塔”的应县木塔，以及建在峭壁之上的悬空寺。

路况

高速。

海拔情况

五台山：624~3058 米；大同：700~1400 米。

沿途特色景区

雁门关——位于中国山西省忻州市代县县城以北约 20 公里处的雁门山中，是长城上的重要关隘，以“险”著称。

△ 苍劲雁门关

△ 应县木塔

应县木塔——与意大利比萨斜塔、巴黎埃菲尔铁塔并称“世界三大奇塔”。2016年，获吉尼斯世界纪录认定，为世界最高的木塔。高67.31米，底层直径30.27米，呈平面八角形。全塔耗材红松木料3000立方米，2600多吨，纯木结构、无钉无卯。塔内供奉着两颗释迦牟尼佛牙舍利。

悬空寺——“悬空寺，半天高，三根马尾空中吊”，远观它就像一幅玲珑剔透的浮雕，镶嵌在万仞峭壁间，步入它就像身临九天宫阙，腾云皈梦。它是悬在半空中的精美艺术品，以“悬、奇、巧”著称。

云冈石窟——位于中国北部山西省大同市西郊17公里处的武周山南麓，石窟依山开凿，东西绵延1公里。存有主要洞窟45个，大小窟龛252个，石雕造像51000余躯，为中国规模较大的古代石窟群之一，与敦煌莫高窟、洛阳龙门石窟和天水麦积山石窟并称为中国四大石窟。

华严寺——占地面积达66000平方米，是中国现存年代较早、保存较完整的一座辽金寺庙建筑群。

全国乡村旅游重点村

大同市灵丘县红石塄乡下车河村——下车河村绿荫成林，花团锦簇，山明水秀。

旅行锦囊

加油站：

五台：有多个中国石油、中国石化加油站。

代县：有多个中国石油、中国石化加油站。

大同：有多个中国石油、中国石化加油站。

温馨提示：1. 应县木塔的第二层到第五层，四周都设有平座栏杆，供游人凭栏远眺。登上最高一层，不但整个应县历历在目，而且远处的恒山也隐约可见一二。

2. 悬空寺的精华看点是栈道和北楼，当走到栈道上，向下看河谷幽深、怪石嶙峋，向上看山壁巍峨欲倾、壁立万仞！建议穿运动鞋，这样比较方便。由于悬空寺较小，过道很窄，而游人很多，建议淡季前往，或者选择上午早些时候去参观。人多的时候寺内会限流，排队可能会花上很多时间，而寺内人多拥挤更是难以好好欣赏。

餐饮推荐

大同：刀削面、黄芪羊肉汤、浑源凉粉。

△ 悬空寺

No.31 追逐满堂彩塑，走近壁上宝藏

拨开历史的面纱，凝视满堂彩塑与满壁风动

手绘线路图

线路概况

山西作为“中国古代建筑艺术博物馆”，除了竖立千年的木建筑，还有墙壁上那些精美壁画、彩塑，庄严神秘。晋南元明两代的寺观壁画最为成熟壮观，遗存在山西寺庙宫观中的唐宋至元明的鸿篇巨制填补了中国文化史上的诸多空白，个个精彩。从世界文化遗产“一城双寺”一路向南，拨开历史，见证晋南汾水黄河边的辉煌。

非遗体验

上党八音会、高跷、翼城花鼓、蒲州梆子、上党梆子、白马拖缰传说、上党二簧山、莲花落、通背缠拳、平遥纱阁戏人、麒麟舞、传统面食制作技艺等。

土特产

临汾：黄河滩红枣、泡泡糕、猪血灌肠、吉县核桃、吴家熏肉等。

长治：沁州黄小米、长治山楂饼、长治腊驴肉、酥火烧、武乡枣糕、沁县干馍等。

灵石：荆条蜂蜜、黄条条、绿豆丸子、灵石刺绣。

晋城：高平十大碗、高平烧豆腐、泽州红山楂、高平黄梨、阳城蚕茧等。

侯马：黄姜、太后御膳泡泡糕、侯马蝴蝶杯、侯马红富士苹果等。

行程规划

线路：太原—平遥—灵石—临汾—长治—高平—晋城—侯马—稷山—芮城—永济—运城。

总里程：1520 公里。

推荐时长：6 天。

DAY1 太原—镇国寺—平遥古城—双林寺—王家大院—灵石

（行驶里程 180 公里）

一路南行，走进“一城双寺”。首先来到镇国寺，看五代十国木结构古建筑，之后来到中国汉民族地区现存最

△ 平遥双林寺

△ 平遥镇国寺

为完整的古城平遥古城，随后前往东方彩塑艺术宝库双林寺，领略泥塑和壁画相交融的美好，最后来到王家大院，这里将砖雕、木雕、石雕这“三雕”艺术应用到了极致，具有极高的艺术价值。

路况： 路况较好，高速和省道为主，京昆高速限速 80~120 公里 / 小时。

海拔情况

平遥古城：763 米；王家大院：904 米。

沿途特色景区

双林寺——双林寺中藏有 2000 多尊宋、元、明、清等各朝代的彩绘泥塑，它们继承了我国唐代以来彩塑的优良传统，具有高度写实的风格，个个都是稀世珍宝。

镇国寺——始建于北汉天会七年（963 年），清嘉庆二十一年（1816 年）重修，是我国现存最古老的木结构建筑之一。

平遥古城——“保存最为完好的四大古城”之一，也是中国仅有的以整座古城申报世界文化遗产获得成功的两座古城市之一。

王家大院——由静升王氏家族经明清两朝、历 300 余年修建而成，包括五巷六堡一条街，总面积达 25 万平方米，而且是一座具有传统文化特色的建筑艺术博物馆。

全国乡村旅游重点村

晋中市平遥县段村镇横坡村——踏入横坡村，浓浓的古韵便扑面而来。斑驳厚重的木门，花纹精美的砖雕木雕，穿梭在传统院落中，就好像踏入了时空隧道，一步步走回那个质朴宁静的时代。

旅行锦囊

灵石：有多个中国石化、中国石油加油站。

餐饮推荐

灵石：和和饭、灵石骨累、灵石油糕、黄条条。

△ 平遥古城

△ 平遥古城

△ 山西省隰县小西天

DAY2 灵石—小西天—广胜寺—临汾
（行驶里程 320 公里）

首先来到隰县小西天，感受中国雕塑史上的“悬塑绝唱”，随后来到广胜寺，这里有工匠题款、最大最完整的飞虹琉璃塔，微风吹拂下檐角挂的风铎能发出悦耳的铃声，以及水神庙里的大型元代戏剧壁画、稀世瑰宝《赵城金藏》并称为“广胜三绝”。

路况：走京昆高速、长延高速，整体路况好，多处隧道和弯道，请注意慢行，限速 80~100 公里 / 小时，前往小西天的 580 县道急转弯较多。

海拔情况

隰县小西天：958 米；广胜寺：636 米；洪洞大槐树寻根祭祖园：452 米。

沿途特色景区

隰县小西天——寺院依山叠造，梁架彩画富丽典雅，颇具特色，堪称中国雕塑艺术史上的“悬塑绝唱”，加之寺院所藏传世罕见的官版《明永乐北藏》，成为研究中国佛教史、藏经史、伦理道德乃至民俗的稀世珍宝。

广胜寺——洪洞广胜寺景区分为上、下两寺和水神庙三处建筑。飞虹塔、《赵城金藏》、水神庙元代壁画，并称为“广胜三绝”。

洪洞大槐树寻根祭祖园——有碑亭、二代和三代大槐树、千年槐根、祭祖堂、广济寺、石经幢、移民浮雕图、中华姓氏苑等 60 余处风景文化景点。

旅行锦囊

加油站：

灵石服务区：中国石化，有 92# 汽油、0# 柴油供应。

霍州服务区：中国石化，有 92#、95#、98# 汽油和 0# 柴油供应。

餐饮推荐

临汾：揪片、黄河滩红枣、泡泡糕、猪血灌肠、吴家熏肉。

DAY3 临汾—长治
（行驶里程 330 公里）

一路向东，将前往中国现存四座唐代木建筑之一的晋东南天台庵，之后前往大云院，这是中国现存的 6 座五代时期的木结构古建筑之一，可在此欣赏五代壁画。然后前往另外一座五代木结构古建筑之一的龙门寺，它集后唐、宋、金、元、明、清六朝建筑于一处，具有极为珍贵的历史研究价值和文物游览价值。游览完毕后宿长治市。

路况：前半段路程以高速为主，有多个隧道，车速 80~100 公里 / 小时，路况较好，大云院前往龙门寺途经 324 省道弯道较多，部分路段限速 20 公里 / 小时。

△ 洪洞大槐树祭祖堂

△ 平遥古城

海拔情况

平顺县龙门寺：855 米。

沿途特色景区

天台庵——佛教创立最早的宗派“天台宗”的庵院。

大云院——殿内保存五代壁画 20 余平方米，壁画施以蓝、绿、赭三色，墨线勾勒，与敦煌莫高窟晚唐壁画同出一格。斗拱、拱眼壁上彩画隐约可见，风格古朴，为寺观壁画与早期彩绘之珍品。结构上使用普柏枋为国内现存最早实例。

平顺县龙门寺——在中国现存的古代建筑中是仅存的集五代、宋、金、元、明、清建筑于一寺的建筑群，寺内西配殿悬山式木构建筑中国仅此一处，堪称“中华之最”。

全国乡村旅游重点村

长治市上党区振兴新区振兴村——小镇四周群山环绕、翠绿掩映、气候宜人，地处北纬 38° 线，年平均气温 9℃，素有“太行无扇之城、上党天然氧吧”之称。

旅行锦囊

加油站：

临汾市、长治市有多个中国石油、中国石化加油站。

餐饮推荐

长治：壶关羊汤、长治腊驴肉、白猪头肉、荤汤素饺、长子炒饼、长治山楂饼、酥火烧。

△ 双林寺

△ 大槐树寻根祭祖园

DAY4 长治—高平—晋城—侯马
（行驶里程 290 公里）

前往法兴寺，探寻法兴寺三绝，领略十二圆觉菩萨像，圆融无碍自在天的美妙。之后前往开化寺，欣赏我国古代建筑中保存最完整的宋代彩绘图案。最后来到府城玉皇庙，这里有罕见的道教二十八星宿孤品彩塑，在全国也是独一无二的绝品。夜宿侯马。

路况：路况较好，多为高速路，限速80~120公里/小时，途经隧道，注意控制车速。

海拔情况

高平市：800~1080 米；侯马市：约 450 米。

沿途特色景区

法兴寺——法兴寺内现存文物主要有石塔、木构建筑、彩塑、碑刻、琉璃、木雕六大类。其中尤以被誉为“法兴寺三绝”的唐石舍利塔、燃灯塔、宋塑十二圆觉像久负盛名。

高平开化寺——据考古发掘称，蒙山大佛及佛阁是中国北朝时期体量最大的摩崖大佛和佛阁，大佛高度世界第二，是世界最早的大型石刻佛像。开化寺大雄宝殿内的墙壁上绘满了壁画，总面积有 88.2 平方米，是我国现存宋代壁画中面积最大、独具特色的珍品。

府城玉皇庙——玉皇庙除珍藏着宋、金、元不同时期的道教彩塑，还存有大量的装饰性砖雕、石雕、碑碣和琉璃构件，其道教塑像之丰富、雕塑技术之精湛则为国内罕见，是研究道教史和雕塑艺术的宝贵遗产。

全国乡村旅游重点村

晋城市城区北石店镇司徒村——司徒村距今已有 1600 多年历史，村内处处体现了“梦回五千年、又见老山西”的文化氛围。

旅行锦囊

加油站：

高平服务区：有中国石化加油站，可加 95#、92# 汽油和 0# 柴油；

阳城服务区：可加 92# 汽油、0# 柴油；

翼城服务区：有中国石化加油站，可加 98#、95#、92# 汽油和 0# 柴油。

餐饮推荐

晋城：水白肉、核桃肉、碗子肉、川汤肉软米饭、天和蛋、扁豆汤、素丸子汤、粉皮芥末汤、肠子汤。素有“碗汤菜”之说。

DAY5 侯马—稷山—运城
（行驶里程 180 公里）

早餐后前往晋国博物馆，这里有中国最大的商周时期车马坑，是唯一一座完整展示晋文化的博物馆，之后前往青龙寺感受佛、道、儒三教合一的水陆道场画，下午走进地下世界马村金代砖雕墓。最后抵达运城。

路况：途经 S80 陵侯高速、G5 京昆高速、运稷线，路况较好。

海拔情况

运城稷山：490~519 米。

△ 平遥双林寺

沿途特色景区

晋国博物馆——是依托全国重点文物保护单位“曲村——天马遗址”而兴建的山西省第一座遗址类专题博物馆，这里坐拥中国商周时期最大车马坑，比秦始皇陵的车马坑早600年，博物馆建成后有1000件文物真品留馆展览。

稷山青龙寺——地处地势高峻、风景幽雅的乐游原上，极盛于唐代中期。当时有不少外国僧人在此学习，尤其是日本僧侣，著名的“入唐八大家”中的六家：日本的空海、圆行、圆仁、惠远、圆珍、宗睿就受法于此。

稷山马村金代砖雕墓——内部有极为精致华美的砖雕艺术，砖雕表现了墓主人生前居室的布局样式，一般多为前厅后堂、左右配置厢房的四合院结构，四壁下部砌束腰须弥座，雕飞马、奔鹿等兽，刻工精细。

旅行锦囊

加油站：

侯马市、稷山县、运城市有多个中国石化、中国石油加油站。

餐饮推荐

侯马：烤面筋、绿豆饼、泡泡糕、羊汤、油泼面、鸡汤刀削面等。

运城：羊杂烂、北相羊肉胡卜、闻喜煮饼、闻喜葱花饼、稷山麻花等。

DAY6 运城—芮城—永济—运城

（行驶里程220公里）

早餐后前往永乐宫，这里有古代壁画的巅峰之作，中华艺术瑰宝。之后前往广仁王庙，中国现存4座唐代木建中的唯一道教庙宇，比佛光寺早了26年。最后来到鹳雀楼，看看滚滚黄河，忆五千年黄河文化。

路况：途经348省道、S87运风高速、852县道，路况较好，限速80~100公里/小时。

海拔情况

永乐镇：353米。

沿途特色景区

永乐宫——永乐宫的四座大殿内的壁画精美绝伦，其中的代表作就是三清殿中的《朝元图》，它是中原地区现存画技最高、画面最大、保存最为完整的古代绘画精品。

广仁王庙——庙前有一座戏台，戏台的前面原有五股泉水喷出，“阔五尺，深一丈”，水质甘洌，积水成潭，供村人饮用、灌溉。当地人把这泉称作五龙泉，在泉边建庙，称作五龙庙，庙内供水神，封号“广仁王”，因此取名广仁王庙。

鹳雀楼——始建于北周，由于楼体壮观、结构奇巧，加之周围风景秀丽，唐宋之际文人学士登楼赏景留下许多不朽诗篇，以王之涣《登鹳雀楼》最负盛名。

旅行锦囊

加油站：

芮城县、运城市有多处中国石油、中国石化加油站。

餐饮推荐

芮城：芮城麻片、芮城卤肉、芮城芝麻糖、石子馍等。

No.32 座座古都见证王朝兴衰，传承文明薪火

古往今来，黄河滋养着沿岸的土地和人民

手绘线路图

线路概况

中国有七大古都，其中西安、洛阳、开封、安阳在黄河流域。这条线路将带你沿着河南段的三大古都，述说昔日风采，前往武乡感受八路军抗战史实，寻迹黄河文化和历史。

非遗体验

少林功夫、朱仙镇木版年画、摞石锁。

土特产

洛阳：杜康酒、洛阳牡丹、洛阳宫灯、洛阳唐三彩，洛阳牡丹饼，洛阳老八件。

开封：大京枣、马豫兴桶子鸡、长春轩五香兔肉、兰考葡萄、百子寿桃、朱仙镇木版年画、汴绣、汴绸、花生糕、宫瓷仿制品、套四宝。

武乡：炒指、潞绣、干面饼子。

行程规划

线路：洛阳—小浪底—黄河三峡—晋城—武乡—安阳—开封。

总里程：880 公里。

推荐时长：3 天。

DAY1 洛阳—小浪底—黄河三峡—晋城

（行驶里程 240 公里）

从洛阳古都开始游览，之后途经被誉为“小千岛湖”的黄河小浪底水库，最后抵达晋城。

路况

高速为主，前往小浪底水库路途多隧道，弯道较多。

△ 龙门石窟——卢舍那大佛

△ 白马寺——齐云塔

海拔情况

洛阳：250 米；黄河小浪底：360 米；黄河三峡：230 米；晋城：803 米。

沿途特色景区

龙门石窟——以伊河为界，石窟分为西山和东山两部分，东山石窟多是唐代作品，而西山石窟开凿于北朝和隋唐时期，是龙门的精华部分，包括奉先寺的卢舍那佛像和古阳洞中的“龙门二十品”。踏入龙门，你将置身一座千年的艺术宝库，精美的雕刻艺术，震撼你的心灵，给你一场视觉盛宴。

白马寺——白马寺始建于东汉永平十一年（68 年），是佛教传入我国后由官府建造的寺院，历来被尊为中国佛教的“祖庭”和“释源”。据传寺名因“白马负经”的典故而得。

丽景门——“不到丽景门，枉来洛阳城”，丽景门始建于隋代，是洛阳古城的西大门，有着“古都第一门”的美誉。游客可以来此登楼观景，品味当地小吃，了解历史悠久的河洛文化。

小浪底水利枢纽工程——是黄河干流上的一座集减淤、防洪、防凌、供水灌溉、发电等为一体的大型综合性水利工程，是治理开发黄河的关键性工程。是黄河中游最后一段峡谷的出口，是黄河干流三门峡以下唯一能取得较大库容的控制性工程。

△ 老城丽景门夜景全景

河南济源黄河三峡——景区山水交融、港湾交错、高峡平湖、奇峰林立，构成一幅北方少有的江南之美、水乡之秀的壮丽画卷，完全可以和长江三峡媲美。既有南国山水的柔媚与婉约，又不失北方山水的雄健与阳刚，集南北山水之大成。

全国乡村旅游重点村

洛阳市嵩县黄庄乡三合村——豫西地区少有的写山画水、土房农耕、古村旧貌等，要素齐备的原生态小山村，每年都会吸引大量的外地学生到“手绘小镇”写生。

旅行锦囊

加油站：

洛阳：有中国石油、中国石化加油站。

服务区：

济源服务区：中国石化，有 92#、95# 汽油以及 0# 柴油供应。

晋城服务区：有 92#、95# 汽油以及 0# 柴油供应。

温馨提示： 1. 每年 4 月 1 日至 5 月 10 日的洛阳牡丹花会期间，游龙门石窟的人数会增加很多，对于不凑牡丹热闹的游客，可以选择避开这段时间。

2. 龙门石窟于清明假期、“牡丹文化节”期间的每周五、周六、周日及“五一”假期、“十一”假期期间，提前半小时即 7:30 售票、推迟半小时即 19：00 闭馆，清场时间顺延推迟半小时。

3. 每年辞旧迎新之际，丽景门城楼都会举行“迎新年零点钟声”活动，游客可亲自登城敲响象征新年昌盛吉祥、平安幸福的 108 响，与马寺钟声遥相呼应。

餐饮推荐

锅盔牙子、锅贴豆腐。

△ 皇城相府

△ 殷墟——商后母戊鼎

DAY2 晋城—武乡—安阳

（行驶里程 420 公里）

游览皇城相府，此为康熙的老师、《康熙字典》总阅官、清代名相陈廷敬的府邸，之后抵达武乡八路军文化园，感受八路军当年抗战史，最后抵达安阳。

路况

良好。

海拔情况

武乡：992 米；安阳：93 米。

沿途特色景区

皇城相府——典型的明清北方大院，与山西的其他知名大院相比，在这里感受到更多的是书香门第的文化气息。“点翰堂”的牌匾也是康熙的御笔。

八路军文化园——八路军文化园是目前全国唯一将展馆内静态展板用体验式的高科技手段，再现八路军抗战史实的大型主题公园。园内三场常态演出：实景剧《反扫荡》，影视蒙太奇体验剧《太行游击队》，军民同庆《欢庆胜利》大巡游，通过声、光、电等科技手段，幽默诙谐的表现形式，喜庆热闹的民俗风情，生动再现了八路军将士与当地老百姓军民同心、共同抵抗日寇的历史场景。

全国乡村旅游重点村

长治市武乡县蟠龙镇砖壁村——因抗战时期八路军总部在这里长期驻扎，并指挥了震惊中外的“百团大战”而闻名遐迩。

晋城市陵川县附城镇丈河村——保存有距今 200 万年的古人类活动遗址和描红岩画，是黄河文明的发祥地之一；近万亩的次生原始森林，覆盖率高达 81.7%，是康养康疗的绝佳之地；断裂式地质地貌被誉为地质博物馆。

晋城市城区北石店镇司徒村——“司徒小镇”是晋城市乡村美景农业科技发展有限公司斥资 10 亿元打造的一个集农业观光、特色餐饮、休闲娱乐、旅游度假、体验教育等为一体的多功能生态产业园区。

旅行锦囊

服务区：

长治服务区、襄垣服务区有中国石油加油站。

林州服务区有中国石化加油站。

温馨提示： 1. 在八路军文化园中，游客还可以穿军服，参与“当一天八路军”的角色扮演活动，体验一下历史。

2. 皇城相府每天早上 9 点左右在大门口有迎圣驾的表演，大多数游客会选择一早来此看过表演后入府游览。晚上，不远处相府庄园山上会点亮无数星星点点的小灯，非常浪漫。

餐饮推荐

武乡：油钻沙小米饭、功臣长寿宴、上党腊驴肉、武乡枣糕、擦面、和子饭、炒指。

DAY3 安阳—开封

（行驶里程 220 公里）

游览两大古都。安阳作为甲骨文的故乡、周易的发源地、红旗渠精神的发祥地，也有着诸多景点，游览红旗渠之后前往开封。

路况

京港澳高速、连霍高速。

海拔情况

开封：75 米。

沿途特色景区

红旗渠——地处豫、晋、冀三省交界处，地理位置优

△ 清明上河园

△ 小浪底水库

越，自然风光奇险秀丽、人文景观底蕴丰富，是人文与山水完美结合的典范。红旗渠风景区由红旗渠纪念馆和青年洞两个景点组成。红旗渠纪念馆是一座全面反映红旗渠建设历史的专题纪念馆，也是一座集收藏、研究、展示、传承红旗渠精神和文化于一体的综合性红色旅游经典景区。青年洞，位于风景如画的太行山腰，修筑于峭壁之上，飘荡于云雾之间，是红旗渠水工修筑和自然景观结合最为精妙的地段，也是红旗渠建设最艰巨的地段，是红旗渠艰苦奋斗精神的实景体验场所。

殷墟——这里是中国商代后期都城的遗址，是中国历史上被证实的第一个都城，位于安阳市殷都区。殷墟出土了大量的青铜器、甲骨文等具有珍贵史料价值的文物。其中重达 832 公斤的“商后母戊鼎”，是珍贵的青铜器；而甲骨文则是中国古老的文字、汉字的前身，它的发现，改变了中国的考古编年史，把中国有文字记载的可信历史提前到了商朝。

清明上河园——以宋代张择端的名画《清明上河图》为蓝本，以北宋都城汴梁（现名开封）的市井生活和古代娱乐为题材的仿古文化主题公园。园内分为三部分：迎宾广场、北苑和南苑，再现了繁华的汴京城，是活生生的《清明上河图》。

开封府——北宋时期的开封府，包拯包青天曾经做过开封府府尹。宋代的开封府，早已被水患冲毁，如今游客看到的开封府，是近年重建的人造仿古景点。游客在景区内游玩时，还能观看到很多仿古的表演，如：《开衙仪式》《包公断案》等。

开封大相国寺——原名建国寺，是《水浒传》中鲁智深倒拔垂杨柳的地方。北齐文宣帝天保六年（555 年）始创建寺院；唐延和元年（712 年），唐睿宗李旦为了纪念他由相王即位当皇帝，将寺名更名为“相国寺”，并亲笔书写了“大相国寺”匾额。

全国乡村旅游重点村

安阳市林州市石板岩镇高家台村——附近有太行大峡谷（林州大峡谷）、红旗渠—太行大峡谷旅游景区、林虑山国际滑翔基地、太行屋脊景区、林州桃花谷景区等旅游景点，有林州茶店太行菊、林州茶店柿饼、东岗花椒、东岗核桃、林州东姚小米等特产。

安阳市林州市黄华镇庙荒村——庙荒村紧邻林州的天然氧吧林虑山。山内森林茂盛，景观奇特，是人们休闲避暑、享受大自然的最佳去处。

旅行锦囊

沿途有多个服务区：

鹤壁服务区、新乡服务区、原阳服务区、中牟服务区。

温馨提示：到红旗渠需要攀登近 300 级台阶，同时，如果要到青年洞，需要行走单边 3 公里的渠堤路，往返的路程有五六公里。如果体力有限，可乘坐景区的电瓶车，但是这样就不能体验在红旗渠上行走和感受当年修红旗渠的艰难，所以最好能够自己行走整个过程，亲身感受当年红旗渠改天换地、劈开太行山、重新规划林县河山的豪情壮志。

餐饮推荐

安阳：道口烧鸡、老庙牛肉、牛屯火烧、粉浆饭、炒三不沾、水冶油酥烧饼、血糕、内黄灌肠、安阳皮渣、临淇水煎包。

开封：水煎包子、桶子鸡、套四宝、孔雀鳗鱼、开封第一楼灌汤小笼包。

No.33 “红”在中原大地，重温耀眼革命岁月

走近河南红色基因库，红色精神催人奋进

手绘线路图

线路概况

河南是红色旅游资源大省，我们的革命先辈在中原大地留下了众多红色遗址遗迹。塑造的大别山精神、焦裕禄精神、愚公移山精神，涌现出吉鸿昌、杨靖宇、彭雪枫等著名革命先烈，树立了一座座精神丰碑，留下了一处处独具特色的红色旅游资源。让我们走进愚公故里，追寻革命前辈的足迹，走进神话人物的故乡，进一步感受中州热土的浴血荣光。

非遗体验

豫剧、河洛大鼓、撂石锁、皮影戏、大平调、大弦戏、河南坠子、朱仙镇木版年画、汴绣、四平调。

土特产

仰韶牛心柿、济源土馍。

开封：大京枣、马豫兴桶子鸡、长春轩五香兔肉、兰考葡萄、百子寿桃。

商丘：永城枣干、永城辣椒、民权白葡萄酒、张弓酒、南瓜豆沙糕、景家麻花。

新乡：原阳大米、凤泉薄荷、辉县柿子醋。

濮阳：濮阳裹凉皮、南乐壮馍、濮城滑脊汤、濮阳花生。

行程规划

线路：郑州—王屋山—愚公故居—济源—焦作—鹤壁—濮阳—台前县—商丘—周口—驻马店—信阳—开封—新密—巩义—郑州。

总里程：1650 公里。

推荐时长：7 天。

△ 济源小浪底风景区

△ 王屋山

DAY1 郑州—黄河小浪底—王屋山—愚公故居—济源

（行驶里程 270 公里）

早晨驱车沿 G30 连霍高速行驶约 135 公里后，转入济洛高速向北行驶约 25 公里后下高速，前往黄河小浪底风景区，午餐后，沿济洛高速、菏宝高速驾车前往王屋山，下山后可顺道前往王屋山南麓的愚公村，这里是王屋山景区游客接待服务中心，道教文化和愚公精神展示体验地。今日的王屋老街，容纳了更多的沧桑诗意，仿佛在两个时空中来回穿梭，感受那段历史中平凡的温暖。之后驾车由菏宝高速前往济源市区。

路况： 连霍高速、济洛高速、菏宝高速路况良好。

海拔情况

郑州：100 米；小浪底风景区：360 米；王屋山：1268 米；愚公故居：650 米。

沿途特色景区

小浪底黄河三峡景区——这里峡谷河流为主要特色，属于体现黄河历史文化和自然风光的大型山岳湖泊型风景区。八里胡同峡、龙凤峡、孤山峡峡谷幽深，号称“黄河三峡”。风景区内的小浪底大坝、进水塔群等大型水工建筑是中华民族治黄史上的壮举。

王屋山风景名胜区——这里是中国九大古代名山之一，也是道教十大洞天之一，愚公的故乡。愚公挖山的故事因《列子》的记载和毛泽东在《愚公移山》中的引用而家喻户晓。

愚公村——这里有愚公颂词墙、愚公村遗址、铁卷广场、觉悟院、愚公移山铁卷墙、新时代广场、VR 体验中心、《愚公移山》皮影戏等。

千年道观阳台宫——太上曰：十大洞天者，处大地名山之间，是上天遣群仙统治之所。阳台宫就坐落于道教第一大洞天王屋山华盖峰的南麓，因地处阳台而得名。

旅行锦囊

加油站：

小浪底景区：有中国石化加油站。

王屋山景区：有中国石化加油站。

温馨提示： 小浪底景区开放时间是 7:00~18:00，游玩季节，全年皆宜，去之前最好先致电景区是否开闸泄洪排沙，这样会增加观赏性。

王屋山最老的银杏树，位于王屋山景区内停车场上方步行约 200 米，位于上山路的左边，树高 45.7 米，胸围 9.4 米，八人才能合抱，当地有“七楼八拐棍”之称。

餐饮推荐

新安烫面饺、粉条炖菜、长寿鱼、鸡蛋不翻儿、牡丹燕菜。

DAY2 济源—新乡郭亮村—鹤壁

（行驶里程 320 公里）

一早出发，沿菏宝高速途经 S229 省道前往郭亮村，郭亮村地势险绝，海拔 1000 多米，景色优美，被人们称为“太行明珠”，之后前往解放战争时期刘邓大军的指挥部所在地，石林会议旧址参观。

路况： 菏宝高速路况良好，S229 省道道路相对狭窄。

海拔情况

郭亮村：975 米；石林会议旧址：130 米。

沿途特色景区

郭亮村——郭亮村依山势坐落在千仞壁立的山崖上，地势险绝，景色优美，以奇绝水景和绝壁峡谷的“挂壁公

△ 刘邓大军纪念馆

路”闻名于世，又被誉为“太行明珠”，现已成为国家4A级景区万仙山的第一分景区。

鹤壁石林会议旧址——石林军事会议旧址是解放战争时期刘邓大军的指挥部，刘邓大军在这里驻扎12天并召开了著名的“石林军事会议”。

全国乡村旅游重点村

焦作市温县赵堡镇陈家沟村——陈家沟的历史要上溯到中国元朝末年，是陈氏太极拳的发源地。

旅行锦囊

加油站：

郭亮村万仙山停车场3公里范围内有中石化、中国石油加油站。

鹤壁石林会议红色旅游区1公里距离的石林镇上有中星石化加油站。

△ 鹤壁石林会议旧址

温馨提示：1. 前往郭亮村必经挂壁公路，自驾车需停在停车场，换乘景区车辆体验这个“世界最险要十条路”之一、“全球最奇特18条公路”之一的公路。如想自驾穿越，需跟随专业自驾团队一起出行。

2. 郭亮地处太行深处，四季景色宜人，要说郭亮村最美的季节还是金秋时节，那时有满山遍野绯红的枫叶和碧绿的山野夹。

餐饮推荐

黏火烧、黑芝麻糍馍馍、合罗面、无核枣。

DAY3 鹤壁—濮阳—台前县—商丘

（行驶里程360公里）

鹤壁出发，沿台辉高速前往当天的第一站濮阳清丰县的单拐革命旧址，参观后出发前往刘邓大军渡黄河纪念馆，又称将军渡纪念馆，之后驱车经德上高速前往商丘永城淮海战役陈官庄纪念馆。

路况：台辉高速、德上高速路况良好。

海拔情况

濮阳：50米；台前县：45米；永城市：46米。

沿途特色景区

濮阳清丰县单拐革命旧址——位于濮阳市清丰县单拐村，包括中央革命旧址、中央北方局革命旧址、兵工厂旧址、冀鲁豫军区纪念馆等。

台前县刘邓大军渡黄河纪念馆——位于豫鲁两省交界黄河北岸孙口乡境——刘邓大军强渡黄河中心渡口处。刘伯承、邓小平等老一辈无产阶级革命家率领12万大军，以台前县孙口为中心渡口，在东西长150公里河段上，强渡黄河，千里挺进大别山，揭开了人民解放战争进入

△ 石林会议旧址

△ 石林会议旧址

战略进攻阶段的序幕，成为中国革命战争史上一个伟大的转折点。当地群众把刘邓首长乘船渡河的孙口渡口亲切地称为“将军渡”。

商丘永城市淮海战役陈官庄战斗遗址——景区内的淮海战役陈官庄烈士陵园始建于1963年，占地200亩，安葬着2342名淮海英烈，其中单身烈士651名，是全国最大的单身烈士墓群。

全国乡村旅游重点村

鹤壁市淇县灵山街道赵庄村——该村入选国家林业和草原局公布的第一批国家森林乡村名单，也在首批全国乡村旅游重点村名单。

旅行锦囊

加油站：

单拐革命旧址5公里距离，河南省濮阳市清丰县公安局六塔派出所对面有胜亚石化加油站。

刘邓大军渡黄河纪念馆1公里内有石化服务器加油站（将军渡站）。

淮海战役陈官庄纪念馆旁边有中国石油、前进石化加油站各一座。

餐饮推荐

濮阳壮馍、鸡窝烧饼、裹凉皮、白胡辣汤。

DAY4 商丘—周口—驻马店
（行驶里程470公里）

艰险的革命之路涌现出众多的民族英雄，例如彭雪枫将军、吉鸿昌将军、杨靖宇烈士，就让我们走进他们曾经战斗的地方，了解他们的生平和丰功伟绩，铭记历史，珍惜当下。

路况：连霍高速、商南高速、盐洛高速等路况良好。

海拔情况

商丘：48米；周口：40米；确山县：80米；驻马店：40米。

沿途特色景区

商丘彭雪枫将军纪念馆——彭雪枫将军纪念馆位于夏邑县城东北17公里八里庄村，为纪念新四军第四师师长兼政委彭雪枫1944年9月11日壮烈牺牲于此所建。

周口扶沟县吉鸿昌将军故里——吉鸿昌将军纪念馆为河南省文物保护单位、红色旅游经典景区、爱国主义教育基地、国防教育基地，为纪念伟大的抗日民族英雄吉鸿昌而建。

驻马店竹沟革命纪念馆——由周恩来题写馆名，是全国建立较早的革命纪念馆之一。馆内有革命旧址31处，文物、文献、图片等近千件。

中原局旧址——中共中央中原局旧址位于河南省确山县城西32公里的竹沟镇延安街，包括中共中央中原局、中共河南省委、新四军第四支队第八团留守处等在竹沟设立的各个机关。

杨靖宇烈士纪念馆——驻马店市杨靖宇烈士纪念馆建于1994年，占地面积50亩，主体建筑由大门、杨靖宇将军铜像、柱廊、生平事迹陈列厅、浮雕和碑廊组成。

全国乡村旅游重点村

周口市淮阳县城关回族镇从庄村——在淮阳龙湖东岸，依托陈楚古街和东湖水域，发展乡村旅游业，被列入全国乡村旅游重点村名单。

旅行锦囊

加油站：

商丘彭雪枫将军纪念馆2公里距离处有中石化加油站。

吉鸿昌将军故里2公里范围内有十多个加油站。

驻马店竹沟革命纪念馆1.5公里处有中石化加油站。

餐饮推荐

薄山湖松针野生鱼、汝南五香大头菜、汝南鸡肉丸子。

DAY5 驻马店—信阳

（行驶里程110公里）

一路向南出发，首先来到位于新县的鄂豫皖交界处的苏区首府革命博物馆参观，之后来到革命烈士陵园缅怀先烈，探访许世友将军故居，随后来到金刚台国家地质公园，最后前往铁铺镇的红二十五军长征出发地，结束后抵达信阳。

路况： G4京港澳高速，路况良好。

海拔情况

新县：200米；商城县：92米。

沿途特色景区

新县鄂豫皖苏区首府革命博物馆——鄂豫皖苏区首府革命博物馆藏品总数为1130件（2019年），主要是革命文物，主要种类有军事用品，如“列宁号”飞机；文献资料，如苏区党政机关的报告、法令，其中壁书《中国苏维埃第一次全国代表大会土地法令草案》为革命文物一级品；革命烈士遗物；历史照片；其他文物，如各级苏维埃印章、钱币、收税凭单等。

鄂豫皖苏区革命烈士陵园——这里是全国重点革命烈士纪念建筑物保护单位，属国家级爱国主义教育示范基地。

首府路和航空路革命旧址——中共中央鄂豫皖分局、省委旧址，是鄂豫皖革命根据地旧址群的重要组成部分。

许世友将军故居——故居位于新县田铺乡河铺村许家洼。坐北朝南，有砖木结构的房屋10间，占地322平方米。吞字大门，条石门框，大门上方悬挂着“许世友将军故居”的匾额。

商城县金刚台红军洞群——商城县金刚台红军洞群位于大别山在河南境内的最高峰金刚台主峰，距商城县城20公里。金刚台山上的洞穴当年是红军的生活居所和战斗堡垒。

红二十五军长征出发地——位于河南省罗山县铁铺乡何家冲，是中国近代革命史上红军长征四大出发地之一。

全国乡村旅游重点村

驻马店市平舆县东皇街道大王寨村——王寨社区附近有沈国故城、秀公戒师和尚塔、怡馨园、陈蕃公园、台子寺遗址等旅游景点，有平舆白芝麻、平舆庙皮、狼牙土豆、平舆食用菌、芝麻巧果等特产，入选第一批全国乡村旅游重点村名单。

旅行锦囊

加油站：

鄂豫皖苏区首府革命博物馆3公里范围内有中国石油、中石化等十多座加油站。

商城县金刚台国家级地质公园北侧有金刚台加油站。

餐饮推荐

热干面、烤鱼、石凉粉、罐肉。

DAY6 信阳—开封

（行驶里程360公里）

早起后驱车前往新四军第五师部旧址，之后启程前往开封兰考县，抵达后参观焦裕禄纪念馆，九曲黄河最后一拐的东坝头，实地访问焦裕禄同志曾经奋斗过的张庄村，结束后前往开封。

路况： G4京港澳高速、S25安罗高速，路况良好。

海拔情况

兰考县：70米；东坝头：75米。

沿途特色景区

浉河区四望山新四军第五师师部旧址——1945年7月，根据中共中央指示，豫鄂边党委、新四军五师师部由湖北大悟山迁至浉河区浉河港镇，师部设在龚家湾该旧址。李先念在西起第一间居住。此后，以四望山为指挥中心，李先念指挥新四军第五师发起桐柏山战役，并与八路军359旅南下支队、河南军区部队胜利会师。

焦裕禄纪念馆——纪念馆位于河南省开封市兰考县裕禄大道88号，始建于1966年，先后经过三次改建、扩建。

黄河东坝头——黄河兰考段是九曲黄河最后一个大拐弯处，呈“U”形，因地势险要，素有“豆腐腰”之称。该河段水势凶猛、浪花翻卷。站在东岸西望，令人激情澎湃。该河段的场景十分壮观，为黄河标志性景观之一。

张庄村——位于黄河大堤东岸，是兰考县沙害最严重的地方，村西有个50亩的大沙丘，传说是明朝时的一个驿站。因风沙肆虐、车马难行，路过这里的文官要下轿、武官要下马，故名“下马台”。在这里，焦裕禄找到了防治风沙的良策，并首先取得了成功。

全国乡村旅游重点村

信阳市新县八里畈镇丁李湾村——丁李湾村始建于元末明初，以清代乾隆年间最盛，现已有七八百年历史，保留下明清时期的古建筑300多间。

旅行锦囊

加油站：

兰考县：有多个中国石化、中国石油加油站。

△ 黄河东坝头

餐饮推荐

鲤鱼焙面、灌汤包、炒凉粉、桶子鸡、黄焖鱼。

DAY7 开封—新密—巩义—郑州

（行驶里程 290 公里）

走进抗战时期的旧址，先去位于新密市的抗日民主政府旧址，后前往巩义市南的豫西抗日先遣支队司令部旧址参观，最后返回郑州市区，可以去二七纪念馆为本次河南红色之旅画上句号。

路况：郑民高速、郑少高速、焦桐高速、连霍高速，路况良好。

海拔情况

郑州：100 米。

沿途特色景区

新密禹抗日民主政府旧址——位于郑州市新密市具茨山（风后岭）主峰东崖下驼窑史家村史江水的老宅院内，建于 1945 年。

△ 新密禹抗日民主政府旧址

豫西抗日先遣支队司令部旧址——位于巩义市南 30 公里涉村镇上庄村，1944 年，中共中央和八路军总部决定开辟嵩山抗日根据地，建立了八路军豫西抗日先遣支队，皮定均任司令员，徐子荣任政治委员。先遣队进驻巩县境，司令部设在上庄，先遣支队在此指挥了琉璃庙沟、大冶、黑石关、缑氏等 200 多次战役，歼敌 3500 余人。

郑州二七纪念馆——位于钱塘路中段 82 号，是当年京汉铁路总工会成立旧址。1923 年 2 月 1 日，京汉铁路工人在此举行总工会成立大会。

旅行锦囊

加油站：

涉村镇 S237 与焦桐高速收费站引线交叉口路南有中国石油加油站。

温馨提示：1. 纪念馆大部分周一全天闭馆，游览时注意当天开关门时间。

2. 记得准备好身份证原件，以便查验。

3. 郑州二七纪念堂大件物品禁止携带进入展厅。场馆不提供包件寄存服务。

4. 参观时，请注意环境卫生，禁止随地吐痰、乱扔废弃物；请爱护文物展品及文物本体、展览设施和其他公共服务设施。

餐饮推荐

河南烩面、胡辣汤、道口烧鸡、开花馍、焖饼。

No.34 一山三景，南太行挂壁穿越

经典四条挂壁公路，感受太行人不屈不挠

手绘线路图

线路概况

南太行共有九条挂壁公路，分别位于南太行山的河南新乡及山西晋城、长治地区。它们分别是：河南新乡的郭亮绝壁长廊、回龙隧道、齐王寨挂壁公路、上腊江挂壁公路；山西晋城的锡崖挂壁公路、昆山隧道、陈家园飞瀑长廊；山西长治的穿底隧道、虹梯关挂壁公路。这其中尤以郭亮绝壁长廊、昆山隧道、锡崖挂壁公路、回龙隧道最为经典！此线路将带大家穿越四条经典挂壁公路，在穿越的同时，除了欣赏到南太行的奇丽风光之外，还可以深深地感受到太行人不屈不挠、努力创造幸福新生活的太行精神！

非遗体验

豫剧、河南坠子、越调、木兰传说、盘古神话、梁山伯与祝英台传说、民间剪纸、板头曲、火龙舞、皮影戏、唐三彩等。

土特产

山西：闻喜花馍、稷山板枣、永济芦笋、王过酥梨、绛州澄泥砚等。

河南：杜康酒、信阳毛尖、密县金银花、汝瓷、许昌腐竹、洛阳宫灯、洛阳唐三彩、洛阳牡丹饼、洛阳老八件等。

△ 万仙山—绝壁长廊

行程规划

线路：辉县—郭亮—昆山—王莽岭—陵川—回龙—辉县。

总里程：335 公里。

推荐时长：2 天。

DAY1 辉县—郭亮—昆山—王莽岭—陵川
（行驶里程 135 公里）

早餐后集合赴万仙山，自驾车穿越世界第九大奇迹——郭亮挂壁公路。之后抵达曾拍摄过 40 多部影视剧的影视村——郭亮，参观谢晋居、筑路博物馆、愚公居、天池、崖上人家等。在峡谷对面观景台观看郭亮挂壁公路全景。之后，穿越惊险、刺激的国画山水长卷——昆山挂壁公路。之后抵达王莽岭，乘景区小交通车登上王莽岭太行云顶，欣赏龟驼峰、刘秀跳、卧云岗、方知亭、伟人峰、观日台、小太行、琴台等景观。

路况

常规路段良好，挂壁公路比较原始，惊险、刺激，需要有专门的团队带领，慢行。

海拔情况

辉县：76 米；挂壁公路：800 米；王莽岭：1700 米。

沿途特色景区

万仙山——景区集雄、壮、奇、幽、峻为一体。景区由中华影视村——郭亮、清幽山乡——南坪、人间仙境——罗姐寨、佛教圣地——三湖四个分景区组成。

郭亮村——依山势坐落在千仞壁立的山崖上，地势险绝，景色优美，以奇绝水景和绝壁峡谷的“挂壁公路”闻名于世，又被誉为“太行明珠”，现已成为国家 4A 级景区万仙山的第一分景区。

昆山挂壁公路——悬挂于太行山的悬崖绝壁和崇山峻岭之上，盘旋萦绕，凝结了太行精神，高山夹缝中的昆山挂壁，山陡沟深，峭壁环列，山峦壮美。

昆山挂壁公路有五大特点：

第一长：2300 米，是南太行八条挂壁公路中最长的。

第二窄：单车道，仅部分地段有会车空间。

第三低：洞内最低处高度仅有 2.2 米。

第四陡：部分路段坡度达到 30° 以上。

△ 郭亮村

△ 昆山村

△ 王莽岭

第五弯：很多地方是 90° 急弯或回头弯。

王莽岭——王莽岭风景区位于山西省晋城市陵川县古郊乡境内，因西汉王莽赶刘秀到此地安营扎寨而得名。包括王莽岭、锡崖沟、昆山、刘秀城四个景系。这里的云海、日出、奇峰、松涛、挂壁公路、红岩大峡谷、立体瀑布，形成了八百里太行最著名的自然景观，素有“清凉胜境”“避暑天堂”“世外桃源”“太行至尊”之美誉。毛泽东生前秘书、当代诗坛领袖李锐畅游景区后称赞道：“不登王莽岭，岂识太行山。天下奇峰聚，何须五岳攀。”

旅行锦囊

加油站：

辉县：有多个中国石油、中国石化加油站。

温馨提示： 1. 此行程对车辆有要求：越野车、SUV、高底盘轿车，车长以不超过 5.1 米为宜（以陆地巡洋舰为最大参考车型：长 5170 毫米、宽 1970 毫米、高 1945 毫米）。

2. 参加活动的车辆请提前检查保养（特别是轮胎、刹车系统），保持最佳车况。

3. 参加车辆须购买交强险、三者险、车损险，活动时请随车携带行车证、保险单。

4. 需要有专业的组织带领才能穿越，暂不对私家车开放。

5. 司机需有 5 年以上实际驾龄，并有山路驾驶经验，活动时请随身携带本人驾驶证，活动期间，严禁司机饮酒。

6. 参加活动人员无严重的恐高症、心脏病、高血压等症状，65 岁以上老人需家人陪同，并请随身携带常用药物。

餐饮推荐

辉县：芝麻叶杂面条、浆面条、司马怀府鸡。

DAY2 陵川—锡崖沟—回龙—辉县

（行驶里程 200 公里）

早餐后，自驾车穿越新中国 60 大地标——锡崖挂壁公路，到达回龙，坐观光车游览云峰画廊，360° 看太行，赏中国的科罗拉多——回龙大峡谷，漫步 300 米长的玻璃栈道和千米挂壁栈道。之后穿越回龙挂壁公路，并在回龙雕塑群前感受太行精神。

路况

挂壁公路段内请小心驾驶。

海拔情况

陵川县：大部分海拔在 1200~1600 米，回龙风景区：800~1725 米。

△ 回龙大峡谷

△ 回龙大峡谷

沿途特色景区

回龙天界山大峡谷——这里形若巨盆，貌比苍龙。跌宕千米之多的幽谷，横空百里可谓气势恢宏；一落千丈的红岩绝壁，缠延无际可谓鬼斧神工。

全国乡村旅游重点村

晋城市陵川县附城镇丈河村——属石质山区，东北高，西南低，境内山峦起伏，沟深坡抖，野生资源丰富，林木分布广阔。

旅行锦囊

温馨提示： 1. 拐弯时遵循“一慢二鸣三右行”原则，提前减速、鸣笛，并靠右侧行驶，严禁占用左侧对方车道。

2. 长距离下坡时，要用低挡位机械制动，自动挡车辆可切换至手动挡模式，切忌长时间踩刹车，容易导致刹车发热失灵。

3. 自动挡车上坡时，可切换至手动挡模式，并根据道路坡度大小，选择合适的挡位，一般是坡度越大，挡位越低。

餐饮推荐

陵川：党参炖土鸡。

△ 锡崖沟大峡谷

No.35 大别山红色圣地，走进将军故里

中原解放战争战地游，了解中国传统村落风采

手绘线路图

线路概况

大别山是位于安徽、湖北和河南交界的山脉，山峰高耸，因为刘邓大军挺进大别山的军事意义，成为家喻户晓的革命老区。这条线路将带领大家走进豫南，走进中国传统村落，了解这方水土的红色记忆。

非遗体验

豫剧、曲剧、光山花鼓戏、绿茶制作技艺（信阳毛尖茶制作技艺）

土特产

新县：银杏、花生、茶叶、糍粑。

商城：板栗、天香菜、苏仙石鸭蛋干、筒鲜鱼、黑猪、葛根粉。

光山：砖桥月饼、鸡公潭糍粑、黑猪腊肉、咸麻鸭蛋、光山青虾、茶油、油挂面、甜米酒、红薯粉条和观五玫鲜桃。

息县：香米贡酒、香稻丸、西瓜、小香瓜、油酥火烧。

信阳：信阳毛尖、信阳糍粑、信阳板栗、信阳板鸭、潢川空心贡面、鸡蛋灌饼、商茯苓等。

行程规划

线路： 信阳—何家冲景区—新县—鄂豫皖苏区首府革命博物馆—商城—"王大湾会议"纪念地—光山县—刘邓大军渡淮河的遗址—息县—信阳。

总里程： 620 公里。

推荐时长： 4 天。

△ 信阳乡村风光

△ 信阳鸡公山云海

△ 信阳乡村风光

DAY1 信阳—何家冲景区—新县

（行驶里程 230 公里）

首先来到红二十五军长征出发地，之后前往新县。新县是鄂豫皖苏区首府所在地，被称作“红军的故乡，将军的摇篮”。在新县这块红色土地上，先后诞生和养育了红四方面军、红二十五军、红二十八军三支主力红军。中国工农红军第一架飞机“列宁号”从这里飞向蓝天，中华苏维埃区域第一届运动会在这里成功举办，著名红色革命歌曲《八月桂花遍地开》《三大纪律八项注意》由这里唱遍全中国。

路况：路况良好，沿京港澳高速和 337 国道行驶，注意高速限速 100 公里 / 小时，高速出口处有急转弯，请及时查看路况，省道限速 70 公里 / 小时。

海拔情况

信阳：59 米；何家冲：201 米；新县：230 米。

沿途特色景区

红二十五军长征出发地——位于罗山县铁铺镇何家冲，是豫鄂皖革命根据地的重要组成部分，是中国近代革命史上红军长征四大出发地之一。现何家冲红二十五军长征出发地内主要包括红二十五军军部旧址、长征出发集合地遗址和红二十五军医院旧址三部分。

鸡公山风景区——因为山势宛如一只昂首展翅、引颈啼鸣的雄鸡而得名。这里是我国南方和北方的天然分界线，有“青分楚豫”之称。鸡公山中处处都是奇峰怪石、瀑布溪流，还有机会在这里看到佛光、云海、雾凇、雨凇等自然景观。

许世友将军故里景区——这里是一代名将许世友的出生地，也是其埋骨地。许世友将军赫赫的战功、特殊的个性、“忠国孝母”的情怀和传奇的人生经历，深受世人敬仰，每年吸引了国内外各界人士前来拜谒、观瞻。现已成为大别山区著名的爱国主义教育基地和革命传统教育基地。

郑维山将军故里和将军石景区——将军石游览区位于新县泗店乡西南部的狮峰顶山麓，周围是一代虎将郑维山幼年放牛，少年站岗、放哨之地，也是将军投鞭从戎、纵横天下的起点，还是将军英灵归宿之地，即骨灰撒放处。那巍巍高耸的将军石，就是将军忠魂铁骨的象征。

全国乡村旅游重点村

信阳市罗山县铁铺镇何家冲村——位于豫鄂边界的大别山深处，何家冲村为革命圣地，是中国工农红军长征四大出发地之一。何氏祠，即为当年的红二十五军军部旧址。

信阳市新县周河乡西河村——西河大湾古村落始建于元末明初年间，距今 800 年历史，位于河南信阳新县周河乡西河村西河大湾，是新县“英雄梦 · 新县梦”重要规划之一，并入选第十四届中国景观村落，全国仅有十一个。入选河南省第二批传统村落名录，入选第三批中国传统村落名录，河南最美历史文化古村，中国乡村旅游最佳目的地之一等。

旅行锦囊

加油站：

信阳：有多个中国石油、中国石化加油站。

新县：有多个中国石化加油站。

餐饮推荐

信阳：信阳烤鱼、信阳热干面、石凉粉、地锅馍、焖罐肉。

新县：新县鸡蛋饼、观音豆腐、田铺腐豆腐。

△ 新县香山湖

△ 新县英雄山

新县—商城

（行驶里程 100 公里）

先瞻仰新县内革命旧址，之后来到商城。商城是著名革命史迹“金刚台三年红旗不倒”所在地，为豫南革命老区之一。

- **路况**：沿 339 省道行驶，限速 70 公里 / 小时，商城县段弯道较多，区间测速 60 公里 / 小时。

- **海拔情况**

商城：176 米。

- **沿途特色景区**

鄂豫皖苏区首府革命博物馆——位于河南省信阳市新县首府路文博新村 004 号，占地面积约 192000 平方米，免费开放，每年接待游客达 60 余万人次。馆内革命文物藏品丰富，主要有军事用品、文献资料、革命烈士遗物、历史照片等，很多为革命文物一级品；2004 年被国务院办公厅公布为全国百个红色旅游经典景区；2009 年被国家旅游局批准为国家 4A 级旅游景区；2017 年被国家文物局评定为国家一级博物馆。

鄂豫皖苏区革命烈士陵园——位于新县城南白毛尖，建于 1957 年，占地 330 亩。由大门、《燎原》浮雕墙、烈士纪念碑、烈士纪念堂、革命斗争史陈列室、吴焕先半身塑像、烈士纪念亭、烈士墓地八大部分组成。

首府路和航空路革命旧址——这里分别陈列着鄂豫皖分局、省委旧址，鄂豫皖军委及红四方面军总部旧址，鄂豫皖省工农民主政府旧址，鄂豫皖军委航空局旧址，鄂豫皖省苏维埃政治保卫局，鄂豫皖苏区税务总局旧址，被国务院公布为国家级重点文物保护单位。

金刚台红军洞群景区——位于大别山在河南境内的最高峰金刚台主峰，距商城县城 20 公里。金刚台山上的洞穴当年是红军的生活居所和战斗堡垒。1932 年 10 月，红军撤离鄂豫皖苏区后，中共商南县委继续率领游击队和妇女排以金刚台为屏障、以洞穴为据点，坚持了长达三年艰苦卓绝的革命战争，赢得了“三年红旗不倒”的美誉。时光流转，为了纪念他们和铭记那段峥嵘岁月，后人亲切地将山上红军生活和战斗过的洞穴称为“红军洞”。2017 年被列入《全国红色旅游经典景区名录》。

商城县革命烈士陵园——坐落在商城县城东郊，信（阳）叶（集）公路北侧。商城县具有光荣的革命传统，从新民主主义革命到社会主义建设的 70 年间，有 8 万多名优秀儿女为革命事业献出了宝贵的生命。为纪念先烈，激励后人，1979 年决定兴建烈士陵园，主要建筑有烈士纪念碑、烈士纪念馆和烈士骨灰堂。

赤城县苏维埃政府旧址——赤城县苏维埃政府旧址位于河南省信阳市商城县城关。有国道 312、省道 S216、信叶高速可达。旧址在鄂豫皖革命根据地众多的革命旧址中，占有十分重要的地位，且为典型江南明清园林庭院建筑，有较高的历史、科学和艺术价值。

- **全国乡村旅游重点村**

信阳市新县八里畈镇丁李湾村——得益于明清时期的人口迁徙，风格独特的徽派村落在皖、豫、鄂交界地带的河南省新县八里畈镇丁李湾村成功演绎。在这里，你可领略到原汁原味的徽派水乡风采。

信阳市新县田铺乡田铺大塆村——村庄始建于民国初期，自然环境优美，传统村落的建筑和基本架构保存完好，为典型的豫南村落。因特殊的地理位置受到了中原文化、楚文化与徽派文化的影响，民居多为土坯墙体，斜顶瓦房的独特建筑形式，融汇了北方民居的硬朗和南方民居的灵秀。

- **旅行锦囊**

加油站：

商城县：有 1 个中国石油加油站、1 个中国石化加油站。

餐饮推荐

商城：商城筒鲜鱼、麻鸭、炖菜、“德”字粉、芋头焖排骨、葱烤鹌鹑、观庙铺臭豆腐卷。

DAY3 商城—光山县

（行驶里程 170 公里）

前往光山县，北国江南、智慧之乡的光山，是“司马光砸缸”故事的发生地，同时，“王大湾会议”也曾在这里召开。

路况：339 省道、106 国道，路况良好，限速 60 公里 / 小时，部分路段限速 30 公里 / 小时。

海拔情况

光山县：平均海拔 43 米。

沿途特色景区

邓颖超祖居——位于河南省光山县司马光中路贡院街白云巷内，是国家级文物保护单位，是邓颖超同志祖父及父亲居住的地方。现存清代建筑房屋 30 多间，为两个独立四合院落，建筑结构严谨，槅扇门窗古朴典雅，是一座典型的具有南方特点的清代建筑。

“王大湾会议”纪念地——位于河南省光山县东南 30 公里的砖桥镇，刘邓大军千里跃进大别山时，在此召开的晋冀鲁豫野战军旅以上高级干部会议，史称“王大湾会议”。会址为清代建筑，集鄂、豫、皖三省建筑特点于一体，是一处典雅别致的民居群。

“北向店会议”旧址——位于河南省光山县城西 15 公里的北向店境内，属市级红色旅游景点，也是刘邓大军挺进大别山期间，一次重要会议的会址。

刘伯承率部脱险战斗遗址——位于河南省光山县城西 15 公里的北向店乡代湾。是刘邓大军挺进大别山期间刘伯承司令员在此与敌人的一次遭遇战纪念地。

旅行锦囊

加油站：

光山县：有 3 个中国石化加油站。

餐饮推荐

光山：香椿炒鸡蛋、泥鳅拱大蒜、王八下卤罐、腊肉炖黄鳝、板鸭、糍粑、牢山粉条、砖桥月饼。

DAY4 光山县—息县—信阳

（行驶里程 120 公里）

前往息县，沿路可以参观中原局刘邓大军司令部首驻大别山区遗址群。抵达息县后，参观刘邓大军渡淮河的遗址、渡淮纪念碑、息县谯楼古建筑遗址等。结束后返回信阳。

路况：沿 230 国道、335 省道、312 国道，限速 70 公里 / 小时。

海拔情况

息县：50 米。

沿途特色景区

中原局刘邓大军司令部首驻大别山区遗址群——1947 年，中原局和野司机关分成前、后两个指挥所。刘邓大军牵制了大量敌人，同时与陈、粟野战军相配合，取得了重大胜利。该旧址群分别为：邓小平、李先念等领导同志视察工作旧址。刘邓大军挺进大别山革命旧址群均为清代及民国时期的较有地方特色的祠堂和民居，是研究皖西、豫南地区的家族祭祀传统、地域风俗民情不可多得的历史物证，是具有历史文物价值与红色旅游价值为一体的有较高经济价值的可开发利用的不可移动文物。现为市、县级文物保护单位。

刘邓大军渡淮河的遗址——位于河南息县城南的大埠口。大埠口为淮河北岸的渡口，北距息县县城约 2 公里，对岸是被苏东坡称为“东南第一峰”的濮公山。这里是古代通向楚地的孔道，也是进入大别山的咽喉。

渡淮纪念碑——1947 年 8 月 27 日，刘邓大军冲破敌人的重重阻拦，渡过淮河天险进入大别山区，胜利完成了千里跃进大别山的战略任务。为纪念刘邓大军渡过淮河挺进大别山，铭记革命前辈的丰功伟绩，缅怀先烈勇往直前的革命精神，再现刘邓大军千里跃进大别山波澜壮阔的历程，河南省息县人民政府在刘邓大军渡淮旧址修建了刘邓大军渡淮纪念馆、纪念碑、广场和革命烈士陵园。

息县谯楼古建筑遗址——清嘉庆《息县志》载，谯楼于元代元贞元年（1295 年）为息州州同乌公所建，后为战火所毁。至明万历四年（1576 年），经知县王用宾重建，后经清嘉庆知县侯邦镇予以修葺。后年久失修，已近颓塌，残存拱门。1984 年，县人民政府仿古修建，1985 年，被列为县级重点文物保护单位。1995 年，县人民政府再次修缮谯楼。

旅行锦囊

加油站：

息县：有 1 个中国石油加油站、1 个中国石化加油站。

餐饮推荐

息县：松花蛋、香稻丸、面炕鸡。

△ 鸡公山

No.36 感悟诗礼传家，探访山水圣人

文化齐鲁，古迹探寻

手绘线路图

线路概况

这是一条孔孟儒家文化巡礼线路，前往孔子故里曲阜，追忆开坛授学；登“天下第一山”——泰山，感受泰山的壮丽之外，了解孔子与泰山的不解之缘；赴孟子故乡邹城，感知当年亚圣的风采，当然也有历代儒客朝拜之地——尼山圣境以及素有“江北小苏州”之美称的微山湖南阳古镇，可以来这里体验一场文化盛宴。

非遗体验

泰山皮影、京剧、吕剧、济南皮影、王皮戏、山东大鼓、山东琴书、山东快书、济南烤鸭制作技艺、阿胶（东阿镇福牌阿胶制作工艺）。

土特产

泰山何首乌、煎饼卷大葱、泰山参、赤灵芝、熏豆腐、孔府糕点、穿山龙。

行程规划

线路：济南—泰山—泰安—三孔—尼山圣境—曲阜—孟府孟庙—南阳古镇—济宁。

总里程：347 公里。

推荐时长：3 天。

DAY1 济南—泰山—泰安

（行驶里程 80 公里）

驱车前往“天下第一山”——泰山，泰山有着深厚的文化内涵，其古建筑主要为明清风格，将建筑、绘画、雕刻、山石、林木融为一体，是东方文明伟大而庄重的象征。可以在泰山老街，观看国家级非物质文化遗产——泰山皮影戏，品尝美食。

路况

路况好，走济泰高速或 103 国道。

△ 泰山

海拔情况

济南：57.8 米；泰山：1532.7 米。

沿途特色景区

泰山——位列中国五岳之首，自古以来便是我国有名的山峰之一。泰山风景区以壮丽著称，山峰陡峭高耸，十分壮观，在山顶观看日出、晚霞等也十分绮丽。山间经常有云海出现，冬天则有雾凇奇观，非常漂亮。除了自然风光外，山上还有众多的古迹、石刻、宗教庙宇等人文景观。

龙洞风景区——这里有丰富的自然景观与人文景观。自宋代就成为游览胜地。

全国乡村旅游重点村

泰安市肥城市孙伯镇五埠村——村子依山而建、高矮错落有致，仍然保持着几百年前的古代民居，深巷、大院、高屋等具有北方特色的建筑风格。

旅行锦囊

加油站：

济南：有中石化加油站、中国石油加油站。

泰山：有中石化加油站、中国石油加油站。

温馨提示：1. 泰山风景文化最有代表性的便是一条轴线三重空间的景观结构。即祭地的蒿里山为地府、泰安城为人间、岱顶为天堂和一条泰城至岱顶 7000 级登道的轴线。这条从人间到天堂的登道，长达 10 公里，三里一旗杆，五里一牌坊。

2. 泰山景区内容丰富，一般游览泰山的时间多 1~2 天，其间可以在山上住宿一晚。在天街和南天门附近有多家客栈、宾馆可以住宿，在此看日出、晚霞和山顶的星空较为方便，天气好的夜晚在山上还可以看到市区的灯光，拍出星空与城市灯火并存的照片。山顶还可以露营，夏季时会比较合适。另外山下的入口处也有很多住宿地点。

3. 关于夜爬：很多观看日出的游客会选择夜爬泰山，晚上 11 点左右出发为宜。夜爬泰山一般选择红门路线，这条路上晚上会有很多人，而且一路都会有灯光。大约早上日出前刚好可以到达山顶的日观台或玉皇顶，在这里观看日出较为合适。注意夜爬的出发时间不宜过早，不然提早太多到达山顶，等待起

△ 泰山

△ 泰山

△ 孔庙大成殿

来会比较痛苦。记得带好手电筒，同时此时温度较低，需要做好御寒。

4. 泰山顶上温度要比山下低些，注意备好御寒衣物。

5. 山顶的物价要比山下贵一些，如果体力足够的话最好带一点儿零食和水上山。

6. 节假日前来登山的人非常多，如果条件允许尽量错峰出行。

餐饮推荐

泰山豆腐宴、泰山道家宴、东平水浒宴、灵芝蒸鸭、何首乌炖肉。

△ 孔庙

△ 孔林秋色

DAY2 泰安—三孔—尼山圣境—曲阜

（行驶里程 122 公里）

早餐后驾车从泰山出发，驶上京台高速不多久就来到了孔子故里曲阜。首先游览孔庙，孔庙是我国历代封建王朝祭祀孔子的庙宇，是一组具有东方建筑特色、规模宏大、气势雄伟的古代建筑群，孔庙是中国现存的规模仅次于故宫的古建筑群，堪称中国古代大型寺庙建筑的典范，之后参观尼山圣境风景区。

路况

良好，有京台高速。

海拔情况

曲阜：65 米；尼山圣境：340 米。

沿途特色景区

三孔——曲阜的孔庙、孔府、孔林是我国历代纪念孔子的圣地，统称“三孔”。孔夫子生前在此开坛授学，首创儒家文化，而其子孙后代也在此生活繁衍，传承着孔子的文化思想。1994 年，“三孔”被列入《世界遗产名录》。

尼山圣境景区——尼山的名气在中国历史上不次于三孔，因为据史书记载，这里是孔子的诞生地。尼山原名尼丘山，因避孔子讳而改名为尼山。有五老峰、鲁源林、智源溪、坤灵洞、观川亭、中和壑、文德林、白云洞所谓“尼山八景”。

孔子六艺城——离孔庙和孔府不远，这里以孔子当年教授的“六艺”（礼、乐、射、御、书、数）为主线，借助仿古建筑、园林、美术、雕塑以及声光电等科技手段，营造出一个弘扬中国传统文化为主的主题乐园。在这里，可以体验开城迎宾礼、入泮礼、祈福礼等仪式，以及修习孔子六艺、感悟儒家文化，还可以参与打腰鼓、抬花轿、纺鲁锦、织麻布等民俗表演。

全国乡村旅游重点村

济宁市曲阜市石门山镇石门山庄村——家家门前长流

△ 尼山圣境

△ 孟府孟庙景区

水，户户门前花飘香。依山而建，河流纵横、阡陌相交、房屋错落有致，是石门山庄村的特色景观。

旅行锦囊

加油站：

曲阜：有中石化加油站、中国石油加油站。

> **温馨提示：** 1. 在孔庙游客服务大厅及孔庙广场有讲解员，建议请一位导游讲解，可以比较清楚地了解这里古迹的典故。如果是早上来，可以欣赏到 8:00 在孔庙南门外的开城仪式，会有身着古装的演员进行表演，而下午 5:00（旺季时为 5:30）会有闭城门仪式，不过春节期间一般都会停演（具体以景区官网公告为准）。
> 2. 历朝历代，孔庙都是祭祀孔子的地方，如今祭孔活动依然不断。近几年来，通常每年的 9 月 26 日至 10 月 10 日间，曲阜孔庙都会举行祭孔大典，届时会有大型的庙堂乐舞活动，可看到许多身着汉服、头戴峨冠的民众参与大典，还会有社会各界人士前来祭拜孔圣。
> 3. 尼山圣境夜场可欣赏喷泉及灯光秀，《金声玉振》演出时长约 45 分钟，周一停演，周二至周日每天两场，时间为 11:30、19:00。

餐饮推荐

沸腾鱼、鱼丸汤爆、炒鳝片、麻辣虾、蟹肉蒸包。

DAY3 曲阜—孟府孟庙—南阳古镇—济宁

（行驶里程 145 公里）

早餐后驱车抵达著名的孟府孟庙，这里是孟子出生和成长的地方，感受邹城的生活文化气息。之后前往运河码头西渡口，乘船进入素有“江北小苏州”之美称的微山湖南阳古镇，寻觅乾隆足迹，游览后前往济宁。

路况

走京岚线（国道）、枣菏高速。

海拔情况

孟府孟庙：200~300 米；微山湖南阳古镇：35 米。

沿途特色景区

滕州微山湖湿地公园——微山湖湿地红荷旅游风景区是华东地区最大、保存状态最原始、湿地景观最佳和中国最大的荷花观赏地，素有“中国荷都”之称。

南阳古镇——运河四大名镇之一，地处与京杭大运河相融的微山湖中，古运河纵贯其中，拥有湖面 15 万亩，水生经济植物 50 多种，鱼、虾、贝、野鸭近百种，千顷荷花，万亩芦苇，新拓宽的京杭大运河纵跨南阳古镇。

孟府孟庙——邹城孟庙又称亚圣庙，是我国自古用以祭祀孟子的地方，与孟庙毗邻的孟府是孟子嫡系后裔居住的府第，亦称“亚圣府”，邹城孟庙孟府为山东省现存历史最久远、保存最完整的古建筑群之一，也是我国宋元至明清时期的建筑代表作品。

全国乡村旅游重点村

济宁市泗水县圣水峪镇东仲都村——有着优美的山水田园环境优势和深厚的儒孝文化、农耕文化、民俗文化底蕴。

旅行锦囊

加油站：

济宁：有中石化加油站、中国石油加油站。

> **温馨提示：** 南阳古镇周边有诸多民宿，可以乘小船进入万亩荷花池泛舟拍照、采莲、赏荷花、赏鱼鹰捕鱼，体验渔家生活，休闲旅程中别有一番风味。

餐饮推荐

香辣鲤鱼、鸭蛋粉皮、火爆田螺、野生黄鱼汤、特色肉丁、渔家丸子、凉拌湖藕、干锅千页豆腐。

No.37 寻觅红色印记，弘扬沂蒙精神

感悟山东大地孕育的红色精神力量

手绘线路图

线路概况

山东是革命老区，抗日战争时期，山东是华北地区持久抗战的一个重要战略支撑点；解放战争时期，鲁南战役、莱芜战役、孟良崮战役、济南战役等一系列胜利，揭开了战略决战的序幕。在齐鲁大地这片热土上，涌现出无数英烈为争取民族独立、实现国家富强、促进世界和平而英勇献身。这里既有艰苦抗战史，也有温情一面。一首《沂蒙小调》唱出了人民的勤劳朴实，带着对新中国的美好憧憬。让我们走进沂蒙，重温和了解那段战火纷飞的历史，感受曾经发生在这片土地上的故事。

非遗体验

柳琴戏、皮影戏、山东大鼓、山东快书、山东琴书、山东快书、山东梆子。

土特产

蒙山光棍鸡、蒙山板栗、蒙山全蝎酒、蒙山松菇、涛沟桥大米。

行程规划

线路：济南—沂蒙山—临沂—台儿庄—枣庄—济南。

总里程：910 公里。

推荐时长：3 天。

DAY1 济南—沂蒙山—临沂

（行驶里程 310 公里）

济南出发第一站先到莱芜，参观莱芜战役纪念馆，实地感受解放军作战史上运动战的光辉范例，之后前往孟良崮战役遗址、沂蒙红色影视基地以及红嫂纪念馆，最后抵达临沂。

路况：京沪高速，路况良好。

海拔情况

莱芜：240 米；沂南：178 米；临沂市：68 米。

沿途特色景区

莱芜战役纪念馆——由革命烈士纪念碑、展览馆和全景画馆三大主体建筑构成，呈“品”字布局。革命烈士纪

△ 沂蒙山旅游区龟蒙景

念塔高 19 米，由花岗石砌成，为全国 100 个重点纪念碑之一。

沂南县沂蒙山孟良崮战役遗址——位于蒙阴县城东南 28 公里的蒙阴和沂南两县交界处。孟良崮山势峻峭，主峰与大崮顶、芦山大顶成鼎足之势，突兀于群山之上。

沂蒙红色影视基地——基地主要景点由沂州城、常山古村落、爱国主义教育基地、影视服务中心、沂蒙红色写生基地等多处景观组成，占地面积 133 万平方米，是以 20 世纪二三十年代沂蒙红色文化为背景的仿古建筑群。

沂蒙红嫂纪念馆——这里是国内迄今唯一全面、系统介绍“红嫂”的专题纪念馆，也是中国唯一一处以普通群众为主题的革命纪念馆。设置有红嫂主体展馆展区、红嫂生活体验展区和沂蒙红色遗迹展区。该馆以沂蒙红嫂的感人事迹展现了“最后一口粮当军粮，最后一块布做军装，最后一个儿子送战场”为核心内容的红嫂精神。

沂蒙革命历史纪念馆——沂蒙革命纪念馆设计方案外方内圆，建筑形式简洁朴实，体现质朴高尚的沂蒙精神；暗红色基座稳扎大地，暗示沂蒙精神的革命根基；两组支座承载建筑上部主体，象征着沂蒙精神对革命胜利果实的重要支撑；中间贯穿上下的红色筒体，寓意着沂蒙精神中流砥柱的强大作用。

全国乡村旅游重点村

临沂市沂南县铜井镇竹泉村——由明朝末年河南巡抚高名衡的堂兄弟高名寔迁此地隐居建成，迄今已有 400 多年的历史。竹泉村的竹林、泉水、古村落的自然形态和各种民俗项目的展示保护模式是当下中国美丽乡村建设的典范。

临沂市沂水县院东头镇桃棵子村——桃棵子村位于沂水县院东头镇，一个环境幽静、山清水秀的村庄，在战争年代因为红嫂祖秀莲熬鸡汤救助八路军战士的故事而驰名中外。

旅行锦囊

加油站：

莱芜区：有 1 个中国石油加油站。

临沂：有多个中国石化加油站。

餐饮推荐

莒南驴肉、沂蒙全蝎、鸡肉糁、临沂煎饼、临沂炒鸡。

DAY2 临沂—台儿庄—枣庄

（行驶里程 220 公里）

早餐后出发，参观华东革命烈士陵园，之后出发前往台儿庄古城，台儿庄位于京杭大运河的中心点，被世界旅游组织称为活着的古运河、京杭运河仅存的遗产村庄，是中国国内规模最大的古城，这里有著名的台儿庄大战纪念馆。游览完毕后前往枣庄。

路况：岚曹高速、新台高速，路况良好。

△ 台儿庄古城

海拔情况

台儿庄：28 米；枣庄：46 米。

沿途特色景区

华东革命烈士陵园——这里是为纪念自第一次大革命时期至解放战争时期，华东地区牺牲的革命先烈而修建的大型纪念性建筑群和纪念园林。

台儿庄古城——古城肇始于秦汉，发展于唐宋，繁荣于明清，有“天下第一庄”之称，也是中国首座“二战”纪念城市，被世人誉为“中华民族扬威不屈之地”，有 53 处战争遗迹保存完好。这里拥有京杭运河唯一一处古驳岸、古码头等水工遗存完整的 6 华里古运河，被世界旅游组织称为“活着的古运河”。

台儿庄大战纪念馆——这里是为了纪念抗日战争初期著名的台儿庄战役而修建，馆藏文物史料共 3000 余件，展出文物、图片和史料 2000 余件，通过历史文物、历史图片、文献资料与各类辅助陈列手段的有机结合，全景再现台儿庄大战中爱国将士报效祖国的壮举。

铁道游击队纪念园——公园是为了纪念由中国共产党领导的、英雄的抗日武装力量，隶属于八路军的“一一五师苏鲁支队”。该队以薛城为中心，挥戈于百里铁道线上，出没于万顷微山湖中，依靠群众，开展游击战术，与日本侵略者展开浴血奋战，奏响了民族救亡的最强音。

△ 台儿庄古城

△ 枣庄《铁道游击队》影视城

△ 微山湖荷花

微山湖——因电影《铁道游击队》而闻名全国，承纳了鲁、苏、皖、豫四省八个地区的来水，由微山、昭阳、独山、南阳四个彼此相连的湖泊组成，形成了我国北方最大的淡水湖。京杭大运河纵贯全湖，至今仍能通航。

旅行锦囊

加油站：

台儿庄：有多个中国石化加油站。

枣庄：有多个中国石化加油站、1 个中国石油加油站。

餐饮推荐

台儿庄：运河石头大饼、运河全鱼宴、黄花牛肉面。

枣庄：羊肉汤、枣庄辣子鸡、峄城石榴、枣庄大枣。

DAY3 枣庄—济南

（行驶里程 380 公里）

早餐后出发返回济南，沿途在济宁停留，参观羊山战役遗址，内设鲁西南战役纪念馆，是鲁西南地区红色旅游的重要景点，抵达济南，前往英雄山革命烈士陵园，缅怀先烈。

路况：济徐高速、济广高速，路况良好。

海拔情况

济宁羊山镇：45 米。

沿途特色景区

鲁西南战役纪念馆——鲁西南战役纪念馆位于山东省济宁市金乡县羊山革命烈士陵园，馆内陈列着一些鲜为人知的珍贵历史照片、电文、书信和实物等。

英雄山革命烈士陵园——国家级重点文物保护单位，陵园依山建筑，松柏环抱。北部山巅矗立着革命烈士纪念塔，为乳白色花岗石砌成，碑塔南北，镌刻毛泽东题“革命烈士纪念塔”七字。陵园东部建有革命烈士纪念馆，馆内陈列着山东省 22 万多位革命烈士名录和 80 位著名烈士遗像，以图表、照片、实物等资料介绍了王尽美、邓恩铭、刘谦初等烈士的事迹。南部为烈士墓地。在苍松翠柏掩映下，安葬着 1502 名革命烈士。

全国乡村旅游重点村

临沂市兰陵县苍山街道压油沟村——入选首批全国乡村旅游重点村名单。

旅行锦囊

加油站：

鲁西南战役纪念馆：附近有多个加油站。

餐饮推荐

甏肉干饭、石榴鸡、微山湖大闸蟹。

△ 济南革命烈士纪念塔

No.38 江北水城聊城，探访传统阿胶文化

拥抱碧水蓝天，欣赏千年运河上的明珠

手绘线路图

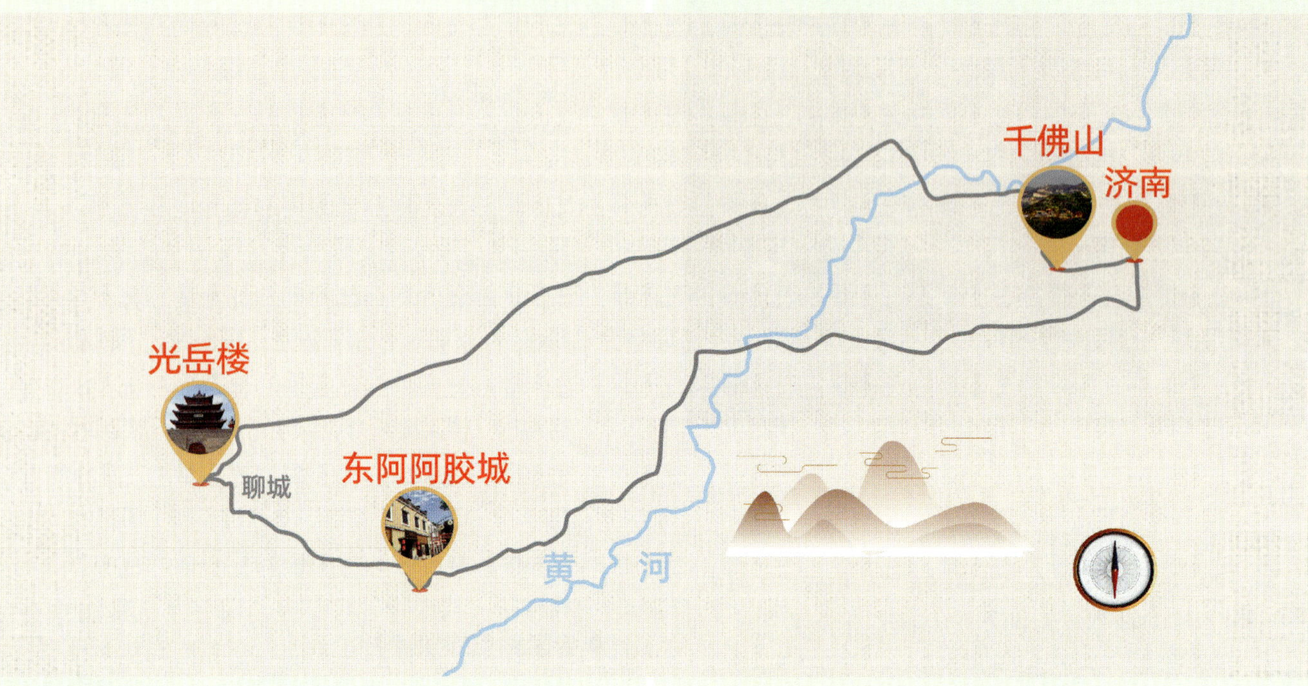

线路概况

这条线路由济南一路向西，走济广高速、青兰高速、325省道，路况很好，一路坦途。线路上既有美丽的自然风光——东昌湖、药王山等，又有位于千年运河畔、有深厚底蕴的历史古迹东昌古城、光岳楼、山陕会馆，还有拥有2000年阿胶文化历史的东阿阿胶城以及中国阿胶博物馆，还可享受高品质的天然温泉——阿尔卡迪亚温泉，是一条休闲放松、健康养生、愉悦身心的极佳自驾线路。

非遗体验

东阿阿胶传统工艺、东阿杂技、木版年画、雕刻葫芦、东昌面塑、武氏糖画等。

土特产

东阿黑毛驴、黄河鲤鱼、鱼山大米、武大郎烧饼、魏氏熏鸡、东昌面塑、东昌毛笔、沙镇呱嗒等。

行程规划

线路：济南—东阿—聊城—济南。

总里程：350公里。

推荐时长：2天。

DAY1 济南—东阿—聊城

（行驶里程170公里）

早晨驱车上济广高速，至孔村枢纽立交，转青兰高速，至东阿立交下高速，抵达有“万户喜鹊吉祥地，千年阿胶福寿乡”之称的东阿县，游览东阿阿胶城，了解阿胶文化。之后游览药王山，祈福平安，重温才高八斗的曹植在这里留下洛神名篇的故事。之后驱车沿省道325，抵达聊城。

路况

全程路况较好，大部分是高速，国道为一级路面。

海拔情况

济南：57.8米；聊城：22.6~49米；东阿：32米。

沿途特色景区

东阿阿胶城——被誉为“到山东不得不去的100个地方”之一，这里有神奇的东阿水、浩瀚的黄河、神秘的济水、传承2000多年的阿胶制作技艺，一方水土一方风物，城内的贡胶馆再现了东阿阿胶传统制作技艺的全过程，馆内还保存有炼制贡胶使用的阿胶井。

△ 东阿阿胶城

东阿药王山——坐落在东阿曹植公园内，为国家 4A 级旅游景区，是恢复重建的东阿旧时景观，西临东阿阿胶养生文化苑，东望 800 亩水域洛神湖，文物众多，文化底蕴深厚。石雕、神像、药材、楹联、匾额，被誉为东阿药王山“五绝”，民间有“祈福祈寿保平安，请到东阿药王山”之说。

全国乡村旅游重点村

济南市南部山区西营街道黄鹿泉村——是“遛娃”好去处，被称为“孩子小镇”。

旅行锦囊

加油站：

聊城城区：有多个中国石油、中国石化加油站。

东阿：有多个中国石油、中国石化加油站。

餐饮推荐

东阿：特色驴肉宴。

聊城：东昌府羊肉汤、布袋鸡、水爆肚、羊腔子、魏氏熏鸡、八批果子、沙镇呱嗒、运河什锦面。

DAY2 聊城—济南

（行驶里程 130 公里）

早餐后沿湖南路、南关街行驶 2 公里，即可抵达东昌湖畔。驾车环东昌湖行驶，感受城中有水、水中有城、城水一体的奇观。途中可观赏全国唯一具有开启闭合功能的歌舞剧院——水城明珠大剧院。然后抵达湖中东昌古城，步行游览古城，登光岳楼，感受这座 600 余年的中国十大名楼、寻找东昌府古城的印记、了解光岳楼几度兴衰史、聆听乾隆下江南逸事。参观山陕会馆，见证京杭大运河商业繁荣与兴盛，之后返回济南，游览千佛山。

路况

走市区道路及高速公路，路况良好。

海拔情况

济南：57.8 米；聊城：22.6~49 米。

沿途特色景区

东昌湖——东昌湖又名胭脂湖，与杭州西湖、南京玄武

△ 东昌湖

湖并称“全国三支市内名湖”。总面积 20.6 平方公里，驰名中外的京杭大运河穿风景区而过。

光岳楼——中国十大名楼之一，建于明代，自从建造之日起，除了外观整修，内部结构从来没有改变过，已有 600 多年的历史。据记载，康熙皇帝在大码头登岸，曾经三次登上光岳楼。“神光钟暎”的匾额就是康熙皇帝登楼时题写的。极目远眺，古城、东昌湖尽收眼底。

山陕会馆——伫立在运河边的山陕会馆，浓缩着聊城上百年的繁荣史，是清乾隆八年（1743 年）山陕商人集资合建供奉武圣关羽的神庙与商业会馆相互结合的古代建筑群。

东昌古城——这里是历史上聊城县衙所在地。受黄河滋养，得运河便利，在这座古城中，有过商贾云集的繁荣盛景，也有过金戈铁马的波澜壮阔，有过高贤雅士的诗情画意，也有过奇侠名将的慷慨悲歌，这些历史都通过

△ 光岳楼

△ 山陕会馆

△ 千佛山

一件件文物展现出来，成为一个时代的不朽记忆。

千佛山——济南三大名胜之一，历史文化悠久，以虞舜文化、佛教文化、自然生态为核心内容，是世界唯一的佛教文化与帝王文化双元共生的名山。千佛山也是虞舜文化的发源地之一。

全国乡村旅游重点村

济南市长清区万德街道马套村——周围是连绵起伏的泰山山脉，有山林 7000 余亩，晴天能看见远处山头的云雾缭绕。这里得天独厚的地理位置，造就了中国纬度最高茶产区独特的环境。

旅行锦囊

加油站：

济南：有中国石油、中国石化加油站。

餐饮推荐

济南：奶汤蒲菜、草包包子、孟家扒蹄、烤全羊、把子肉、坛子肉、油旋、甜沫。

△ 千佛山

No.39 驾行黄渤海岸线，品味海韵风情

在山东半岛感受祖国东部海岸港口风光

手绘线路图

线路概况

山东半岛，是中国最大的半岛，历史上，这里有黄河下游北辛文化、白石文化、大汶口文化、龙山文化和与夏代同期的岳石文化。同时，也是华北沿海良港集中地区。胶州湾的青岛、芝罘湾的烟台、威海湾的威海、石岛湾的石岛和龙口等均为中国著名港口。就让我们用车轮拥抱三分之一的山东，避开拥堵，享受海滨小城的安逸。

非遗体验

柳子戏、烟台胶东大鼓、孙膑拳、螳螂拳、胡峄阳传说。

土特产

蓬莱苹果、长岛海参、莱州玉雕、莱州毛笔、烟台大樱桃、威海扇贝、莱阳梨等。

行程规划

线路： 青岛—崂山—威海—烟台—蓬莱。

总里程： 500 公里。

推荐时长： 4 天。

DAY1 青岛—崂山—青岛

（行驶里程 30 公里）

主要在青岛游览。可以漫步海上长廊栈道，走在八大关以及为纪念“五四运动”而建的五四广场，感受青岛的历史印记。下午前往崂山，崂山位于青岛东部，东、南两面濒临黄海，是我国道教名山之一。崂山的道教宫观、日出与云海，都极负盛名，充满了神秘的宗教色彩。

路况： 市区道路，良好。

△ 栈桥

海拔情况

崂山主峰：1132.7 米；青岛：平均海拔 50 米；青岛零点：0 米。

沿途特色景区

栈桥——栈桥位于青岛中心城区的南部海滨，是一条440 米长的海上长廊，从陆地延伸入海中。栈桥建于清光绪年间，已有百年历史，栈桥曾是青岛早期的军事专用人工码头，如今被视为青岛的象征。栈桥尽头的回澜阁，则是青岛近代历史的见证。现在，阁内通过主题展陈的方式，全面展示青岛近现代历史、人文、民俗等独特城市风貌。

八大关——青岛市区南部相交错的十几条马路的总称，这里环境清幽，四季美景各不相同。春季有碧桃盛开，夏季有紫薇盛放，秋季可见银杏红枫夹道，还坐落着许多各国风格的别墅，是青岛知名的摄影胜地之一。

五四广场——位于青岛市区东南部海滨，为纪念“五四运动”而建，广场上矗立青岛标志性雕塑“五月的风”，晚上在灯光映衬下非常好看。夏季来这里可享受海景，遥望海湾对面的灯塔和奥帆中心停满的帆船，这里的海上日落也非常美。

信号山公园——位于青岛市中心，因曾在山顶建有为船只引航的信号台而得名。信号山海拔 98 米，山顶三幢红顶蘑菇楼尤为显眼。

海军博物馆——原是海军驻青部队小型船舰的停泊之处。在这里可以了解到中国海军历史，陈列的实物小到徽章、军服，大到飞机、军舰都有，尤其可以登上退役军舰实地参观，军事迷们千万不要错过。

青岛奥帆中心——坐落于青岛市东部的浮山湾畔，2008 年北京奥运会的帆船比赛曾在这里举行。这里有长长的沿海步道，海边有帆船码头，也有游轮码头，会有海上观光游轮停靠在此，可以坐在船上看海、欣赏海滨风光。奥帆中心的南端，有一条深入海中的栈道，被称为“情人坝”，这里林立着各种酒吧、咖啡店、餐厅。

中国水准零点景区——位于青岛浮山湾东侧的银海大世

△ 栈桥海鸥

△ 五四广场

△ 青岛奥帆中心

△ 崂山

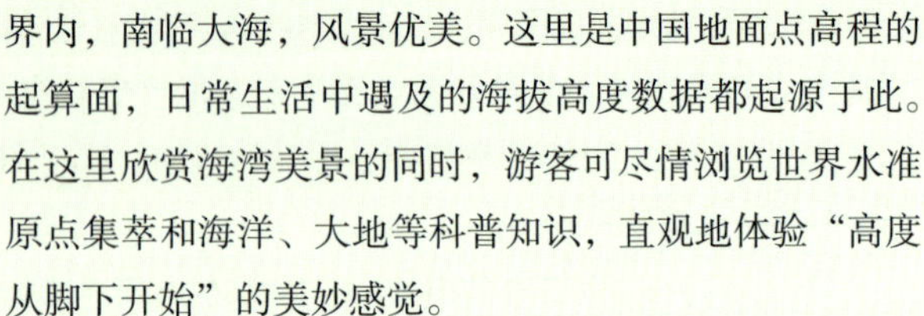

界内，南临大海，风景优美。这里是中国地面点高程的起算面，日常生活中遇及的海拔高度数据都起源于此。在这里欣赏海湾美景的同时，游客可尽情浏览世界水准原点集萃和海洋、大地等科普知识，直观地体验“高度从脚下开始”的美妙感觉。

崂山——位于青岛东部，东、南两面濒临黄海，有“海上名山”的美名，高峰为海拔约 1100 米的巨峰。崂山以其雄伟、壮观、奇特、秀丽成了有名的道教名山，崂山的道教宫观、日出与云海，都久负盛名。崂山主要由巨峰、流清、太清、棋盘石、仰口、北九水、华楼七大风景游览区组成。游览线路共有四条，其中陆路三条（南线、东线、中线），水路一条。崂山著名的风光有：巨峰旭照、太清水月、海峤仙墩、华楼叠石、九水明漪等共同组成崂山十二景。

全国乡村旅游重点村

青岛市崂山区沙子口街道东麦窑社区——2019 年入选“2019 年中国美丽休闲乡村”名单。2020 年入选第二批全国乡村旅游重点村名单。

旅行锦囊

加油站：

青岛市：有多个中国石化加油站。

温馨提示：1. 每到 10 月到次年 4 月期间，大批海鸥从西伯利亚等地飞临青岛过冬避寒。从 20 世纪 90 年代初开始，青岛市民就坚持开展“挽留海鸥”公益活动。20 年来，参与活动的市民达 50 多万人次，成群的海鸥也渐渐记住了青岛这个美丽的地方。现在，青岛每年都有 10 万只海鸥来此越冬。在栈桥附近的沙滩上，可以看到成群的海鸥翔集起舞。

2. 喂鸥时应以抛喂为主，要一粒一粒抛向空中，避免过多的饲料掉入水中，这些饲料如果不能及时被海鸥取食，大量在水中浸泡积累会对水质造成污染。海鸥一般在上午 9 点到 11 点比较活跃，建议选择早晨或上午来看海鸥。

3. 在游览崂山时，真正值得游览的是巨峰和流清—仰口线路，巨峰和仰口也正是崂山自然美景的所在。流清—仰口线路：进入景区的基本线路是流清—太清宫风景区—华严寺，终点是仰口。由于这条线路的精髓在于仰口，建议游玩前面的景点可自己安排好时间，另外记住带手电筒，这样可以一览洞中美景。而巨峰风景区主要以爬山为主，是崂山旅游较耗体力之处。巨峰乱石叠嶂，气势恢宏，晴天可看海，阴天可观云海，而在崂山顶观日出，可以看到美不胜收的迷人画面。

4. 巨峰景区在登山过程中很少看到有卖东西的，建议自备一些零食和水。

5. 崂山景区实行指纹认证，请拿到票以后，务必保管好自己的门票和环保车票，不要随意串票。

6. 崂山登山节：崂山风景区每年 4 月举行登山节，届时游人会较多。

7. 樱桃会：每年 5 月是崂山樱桃成熟的时节，也是一年一度樱桃会举办之时。

8. 在信号山公园的旋转观景楼可以 360° 俯瞰青岛的美丽景色。山南坡上有踏浪观景台，是拍摄德国古堡式建筑迎宾馆的好位置。

9. 青岛美食街集合篇：小吃一条街→台东步行街；青岛老滋味→西镇；海鲜吃到嗨→麦岛路；偏爱日料

△ 八大关景区

△ 青岛

韩料→漳州路；解决选择困难症→云霄路。

10. 八大关建议游玩路线：山海关路—第二海水浴场—黄海路—花石楼—紫荆关路—正阳关路—居庸关路—公主楼（其中花石楼和公主楼如进入参观需要另买门票，届时可看是否正常开放，再选择购买门票进入）。

餐饮推荐

青岛：辣炒蛤蜊、凉拌海蜇、海菜凉粉、各种烧烤、野馄饨、鱼水饺、笔管炖豆腐、红烧海鱼等。

DAY2 青岛—威海

（行驶里程 280 公里）

乘车前往威海。与韩国长期的贸易交流，使威海充满着国际气息。沙滩美梦，海鲜美食，韩流时尚，这座小小的城市里收集了关于度假、美食、购物的一切梦想。可以骑行或驶车观环海路，看最自然的威海、最辽阔的海岸、最美的风景。之后坐客船大约 20 分钟来到刘公岛，这里是少有的海上公园。岛上有中日甲午战争博物馆，因此，这里是甲午战争纪念地，更是爱国主义教育基地。

路况：G20 青银高速、S19 龙青高速、G1813 威青高速、S11 烟海高速、G18 荣乌高速，路况良好。

海拔情况

威海昆嵛山主峰泰礴顶：923 米，其他山地丘陵都在 700 米以下，大部分为 200~300 米的波状丘陵。

沿途特色景区

烟墩角——位于山东半岛东端，村东南有一座小山叫崮山，大概是在明朝时期，山顶上修了一座烟墩，烟墩角由此而得名。

幸福公园——公园位于市中心区、海滨路东侧，北起体育路，南至金线顶，是威海免费开放的海边小公园之一，有威海市标志性建筑物幸福门，可以望到刘公岛。

刘公岛——位于威海湾口，素有“海上桃源”之称。岛上主要景点有：刘公岛国家森林公园、刘公岛博览园、刘公岛鲸馆、旗顶山炮台等。游客可以选择乘坐观光车，或是选择乘坐环岛游船的方式，领略整个刘公岛的全貌。

中国甲午战争博物馆——该馆由序厅、北洋水师成军、颐和园水师学堂、半岛海战、平壤之战、黄海大海战、旅顺基地陷落、血战威海、尾声厅九大部分组成，再现了北洋水师从成军到覆没的全过程。整个海战馆气势宏大，外型有如几艘互相撞击穿插的船体，坐落在当年旗舰“定远号”搁浅的地方，悬浮于海上。18 米高的主体建筑上塑造了一尊 15 米高的北洋海军将领像。

定远舰——“定远”舰是中日甲午战争时黄海大战的旗舰，在威海市中心繁华地带，按 1∶1 比例复制的清末北洋海军旗舰“定远”号，会让你想到那场激烈的海战。通过各种齐全逼真的武器装备，再现的历史场景，细微地介绍北洋海军、“定远”舰历史的展览、环幕影院，以及游客能亲手参与互动的海战模拟，合力营造了一座能切身感受历史，走进百年前铁甲巨舰生活的独特海上人文景观。

全国乡村旅游重点村

威海市文登区高村镇慈口观村——坐北面南，三面环山，因地近道教名观慈口观，遂以观名村。清道光年间，周姓由万家庄来此建村。旧时慈口观村周围大小山

△ 中国甲午战争博物馆陈列馆

脉佛寺道观林立，曾是方圆百里的繁华之地。八路军兵工厂遗址位于村西单顶山仆半腰处。抗日战争时期，东海独立团和文登市大队以此为根据地，战斗间隙来此休整补给，成为胶东抗战时期的小后方。2020 年入选第二批全国乡村旅游重点村名单、被公布为 2020 年中国美丽休闲乡村。

威海市荣成市宁津街道东楮岛村——位于山东半岛最东端的石岛湾省级旅游度假区尾侧，是我国北方最典型的胶东名村。村子东、南、北三面环海，建于明万历年间，拥有许多古老的历史遗迹、民间传说以及极具海文化特色的渔家民俗。先后被评为中国历史文化名村、首批中国传统村落、全国乡村旅游重点村。

威海市荣成市俚岛镇烟墩角村——村东一座小山遮挡住黄海，形成了一个小小的港湾。这里的人们敦厚善良，世代的村民都居住在厚厚的渔草搭顶的冬暖夏凉的草屋，土地肥沃，港湾渔兴，尤其是和谐的生态环境为人称道。

旅行锦囊

加油站：

威海市：有多个中国石油、中国石化加油站。

温馨提示： 1. 每年 11 月到次年 4 月，许多天鹅会从西伯利亚飞来烟墩角栖息过冬，吸引了摄影爱好者纷至沓来。

2. 刘公岛景区进岛早班船 8:00，末班 14:15，出岛末班船 16:30。全天有序发船，船满即走。如遇特殊情况，景区将根据客流情况随时调整班次。

餐饮推荐

刘公岛：现烤鱿鱼丝、鱼片、大锅粑粑鱼。

威海：胶东四大碗，大锅焖野生大牙片鱼、辣炒花蛤、干锅海葵、家常凉粉、虫草花炒鸡蛋、马家沟芹菜等。

DAY3 威海—烟台

（行驶里程 110 公里）

前往“葡萄酒城”“一带一路”国家战略重点建设港口城市“烟台”。烟台海滨有一条适合沿海观光的旅游路线，从西往东依次是烟台山景区、张裕酒文化博物馆、滨海广场、第一海水浴场、月亮湾、东炮台海滨风景区，可以把这些景点串起来一并游览。下午可以到磁山温泉小镇，泡泡温泉，消除疲乏。

路况：G18 荣乌高速，路况良好。

海拔情况

烟台：平均海拔 4 米。

沿途特色景区

东炮台海滨风景区——位于烟台市风光最为秀丽的海滨北路——这段被世界旅游组织誉为“可与地中海沿岸相媲美的海域”。它南依黑齐山，北与芝罘岛、崆峒岛隔海相望。东炮台始建于 1891 年，当年，清末北洋大臣李鸿章奏请光绪皇帝在此建造了炮台，安装了当时世界上技术最先进、有“世界海岸炮之王”之美誉的克虏伯大炮。古炮台气势雄伟，中西合璧，是中国近代海防史上保存最为完整的海防设施之一。

月亮湾——作为烟台城市魅力象征和情侣们视为浪漫圣地的月亮湾，位于黄海之滨，左挑烟台山，右依东炮台，背靠岱王山。这里山石、海水、港湾融合一体，很有气势。和九丈崖紧邻，海水退潮后，海湾露出许多鹅卵石。一东一西两座岬角拥着一片深月形的海湾。

烟台山公园——烟台山景区是烟台的标志性景区，这里浓缩了烟台 600 多年的沧桑历史，是烟台历史重要发祥地和象征。烟台山景区以狼烟墩台、灯塔和外国领事馆西式建筑著称，主要景点有墩台灯塔、燕台石、抗日烈士纪念碑、石船、惹浪亭、观海楼和原各国领事馆区。

张裕酒文化博物馆——博物馆是 1992 年张裕公司在百年大庆前夕所建。1892 年南洋富商张弼士投资建张裕葡萄酒公司，1912 年孙中山亲笔题赠“品重醴泉”。从展馆一层的老式旋转楼梯下楼，便来到了始建于 1894 年，历时 11 年才完工的地下大酒窖，这里是博物馆的精华。酒窖常年保持在 12~18℃，离海近，又在海平面下，却至今无渗漏，可见建筑工艺的精湛。其中七号洞内三个高 3 米，容量 15 吨的巨大橡木桶特别惹眼，被称为“桶王”，它们与地窖同龄，1915 年张裕在国际上获奖的酒就曾在“桶王”中储藏。

磁山温泉小镇——磁山温泉地处磁山省级地质公园内，风景秀丽，原生态保护良好，交通便利，适合修身养性。这里各种特色泡池具有不同的养生功效，可满足浴客的不同需求。还有游泳、桌球、网球等健身项目，与温泉养生相得益彰。

全国乡村旅游重点村

威海市环翠区张村镇王家疃村——2019 年王家疃村入选“2019 年中国美丽休闲乡村”名单、入选第一批国家森林乡村名单，2020 年入选第二批全国乡村旅游重点村名单。

旅行锦囊

加油站：

烟台市：有多个中国石化、中国石油加油站。

温馨提示：张裕酒文化博物馆大酒窖的五号洞内是个酒吧，凭门票可以在这里免费品尝葡萄酒。如果对免费品的酒意犹未尽，也可以付费品尝别的酒。

餐饮推荐

烟台焖子、韭菜海肠、海胆汤海参、蒜蓉鲍鱼、盐水大虾、姜汁海螺、原汁海蛎头、油爆海鲈鱼、清蒸扇贝、活鱼现烤、葱油鲈鱼、海鲜杂粮包、小银鱼勾土鸡蛋等。

DAY4 烟台—蓬莱

（行驶里程 80 公里）

来到古代四大名楼之一的蓬莱阁，蓬莱阁以其独特的地理位置和气象条件成为世界上海市奇观出现最频繁的地区之一。之后来到长岛，这里素有“海上仙境”之称。

路况：沈海高速、荣乌高速、蓬栖高速，路况良好。

海拔情况

蓬莱市：18 米。

沿途特色景区

蓬莱阁——建于宋嘉祐六年（1061 年），为全国首批 5A 级旅游景区，同湖北黄鹤楼、湖南岳阳楼、江西滕王阁齐名，被誉为我国古代四大名楼。以“八仙过海”传说和“海市蜃楼”奇观享誉海内外。

长岛——长岛位于辽东半岛与山东半岛之间，蓬莱市以北，素有“海上仙境”之称。它是由 32 个海岛组成的，主要景点集中在北长山岛（北线）和南长山岛（南线）上。

旅行锦囊

加油站：

蓬莱市：有多个中国石化、中国石油加油站。

温馨提示：1. 蓬莱阁景区门口的码头，每天有发往长岛的船，具体时刻表可参见官网。虽然说一天也可以玩遍岛上主要景点，但是想要真正体验长岛的风情还是建议在岛上住上一晚。

2. 碰到台风季，蓬莱阁景区内的缆车及田横山会关闭，游客不能前往田横山参观，所以夏季出行请事先看好天气预报，以免无法上岛游玩。

3. 雨天游览蓬莱阁，公园管理处有雨鞋、雨伞、雨披出租，需要的游客可咨询公园管理处。

4. 蓬莱阁景区内无餐饮，如果游客在此游玩时间较长，建议自带食物。

5. 长岛观日出的地方有：北长山岛的月牙湾（嵩前村、店子村）、北城村，南长山岛的仙境源（王沟村）、烽山（乐园村、山前村）。长岛观日落的地方有：北长山岛的九丈崖（嵩前村、店子村）、花沟村、北城村，南长山岛的连成村、黑石嘴村、长岛县城的海滨路，以及林海高峰处（山前村、乐园村）。

6. 游玩长岛的一大特点就是坐船，船是行走长岛各景点的主要交通工具，如果游客晕船，需提前准备好晕船药，以免身体不适。

7. 长岛上多为坡路，不适合穿高跟鞋，穿沙滩鞋或旅游鞋最好。

8. 夏天出行，一定要做好防晒措施，推荐穿舒适透气的长袖长裤，既可以防晒，也可以防蚊。

餐饮推荐

蓬莱：蓬莱小面、八仙宴、卤驴肉、海参、咸鱼饼子、鲅鱼水饺。

△ 蓬莱阁景区

No.40 领略黄河文化，品悦时代变迁

风华正茂，海天探索

手绘线路图

线路概况

一条黄河风光和齐文化结合的线路，从济南出发，沿途游玩以田园风光为中心的黄河打渔张森林公园便可到达黄河文化和齐文化的发祥地之一的滨州，继续行驶，在领略途中黄海入海口湿地公园的美之后即可到达有着浓厚黄河文化的东营。

非遗体验

清河镇木版年画、惠民泥塑，滨州剪纸、齐笔传统制作工艺、桃木雕刻技艺、武城架鼓、马堤吹腔、宁津烙画、夏津洪熙居布袋鸡制作工艺、滨州柳编、剪纸、黄河号子、鼓子秧歌、吕剧。

土特产

德州扒鸡、乐陵金丝小枣、黄河口大闸蟹、利津水煎包、黄河口大米、肴驴肉、垦利大米、佛头寺黑陶、大王秦椒、广饶面粉。

行程规划

总线路：济南—滨州—东营—济南。

总里程：229 公里。

推荐时长：3 天。

DAY1 济南—滨州

（行驶里程 170 公里）

早餐后驱车驶上高速，看着路边飞驰而过的景色，远远眺望可见黄河打渔张森林公园，从春到秋，繁花似锦，野果硕硕，好似一幅美丽的国画，天然而成。在此游玩之后继续行驶便可抵达东营，中华民族的母亲河黄河在这里流入渤海。

路况

走滨莱高速、青银高速（国道）

海拔情况

济南：57.8 米；滨州：11.4 米。

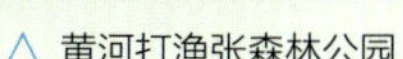
△ 黄河打渔张森林公园

△ 黄河打渔张森林公园

沿途特色景区

黄河打渔张森林公园——森林公园以田园风光为中心，园内森林繁茂，河水澄碧，百鸟鸣唱，野趣浓郁，以“幽、静、秀、野、怡”为特色，集大自然景观和人文景观于一体。

渤海革命纪念园——这里是为继承和发扬“不屈不挠、艰苦奋斗、顾全大局、无私奉献”的老渤海精神而修建，为山东省退役军人思想政治教育基地。

全国乡村旅游重点村

淄博市博山区池上镇中郝峪村——坐落于淄博市博山区池上镇，鲁山主峰东侧十里桃花源尽头，是乡村旅游模范村、全国休闲农业与乡村旅游示范点。

旅行锦囊

加油站：

济南：有中石化加油站、中国石油加油站。

滨州：有中石化加油站、中国石油加油站。

餐饮推荐

魏集全驴宴、沾化王尔庄海蜇、渤海梭子蟹、魏集烧鸡、沾化对虾、博兴乔庄水煎包、黄河刀鱼、大山烧鸡、杜桥豆腐皮。

DAY2 滨州—东营

（行驶里程 186 公里）

早餐后来到入海口湿地公园，第一站鸟岛欣赏区，这里旷野茫茫、芳草萋萋，国家级保护珍禽四季随处可见。第二站木栈道，登观景台俯览远处黄河两岸，林场、芦苇、牧草带植被种类层次分明。第三站雁湖，走入黄河古道，欣赏两岸芦苇荡，各类动植物趣味横生。第四站远望楼，乘坐黄河游船赴黄渤分界线，黄河如同一条黄龙深入蔚蓝大海，堪称天下奇观。

△ 黄河入海口湿地公园——秋日翅碱蓬

△ 黄河入海口湿地公园——鸟岛

△ 黄河入海口湿地公园——天然柳林木栈道

路况

走南二路（沥青路）。

海拔情况

滨州：11.4 米；东营：8.8 米。

沿途特色景区

黄河入海口湿地公园——这里依托山东黄河三角洲国家级自然保护区而建。位于黄河现行入海口处，区内拥有河海交汇、生态湿地、珍稀濒危鸟类、滨海滩涂景观和石油工业等独具特色的生态旅游资源。保护区总面积 1530 平方公里，拥有世界上暖温带最广阔、最完整、最年轻的湿地生态系统。

全国乡村旅游重点村

淄博市淄川区昆仑镇牛记庵村——一座隐藏于淄博市淄川区昆仑镇西南 13 公里的群山深谷中、有着 400 年历史的古村落，只闻其名便有“世外桃源”的憧憬。

旅行锦囊

加油站：

东营：有中石化加油站、中国石油加油站。

友情提示： 1. 在每年的 9 中旬至 10 月中旬，翅碱蓬通体呈紫红色，与蜿蜒纵横的海沟河汊相交织，从青嫩，到墨绿，到橘黄，到火红。

2. 去东营黄河口湿地公园要穿运动鞋，因为进入景区的路上都是芦苇，为了方便行走，穿运动鞋比较好。

3. 去东营黄河口湿地公园主要是看景，所以选择风和日丽的天气去比较好，更能方便看风景。

4. 东营黄河口湿地公园还有个摄影台，是供游人拍照用的，游人想拍美景的话可以来这里拍。

△ 山东东营黄河入海口

△ 知青小镇

△ 西纸坊村

餐饮推荐

利津水煎包、史口烧鸡、史口羊肉（包括全羊、羊蝎子等）、广饶肴驴肉。

DAY3 东营—济南

早餐后游览知青小镇，了解当年孤岛的知青文化，黄河口知青小镇，仿佛一个时光隧道，带着人们穿越到那段激情澎湃的岁月。漫步其间，看看石屋红字，读读旧时标语，尝尝当年食物，曾经只是在长辈口中听过的故事变得生动而具体，还有黄河文化馆等着你参观。之后到孙子文化园参观。

△ 孙子文化园

路况

走国道、省道等。

海拔情况

东营：8.8 米。

沿途特色景区

黄河口知青小镇——这是一个有历史的地方，让你仿佛置身于那个属于知青的年代。

孙子文化园——孙子文化博大精深、影响深远，是世界文化瑰宝。孙子文化园，依托孙武湖而建，充分结合周边环境，注重对和谐之美、生态之美的塑造，是集中展示孙子文化的精品板块，也是传承和弘扬孙子文化的基地。这里被列入黄河三角洲高效生态经济区及山东半岛蓝色经济区“四个一批”重点调度推进项目。

旅行锦囊

加油站：

东营：有中石化加油站、中国石油加油站。

温馨提示： 1. 准备容易干的换洗衣物，因为空气比较潮湿。

2. 准备止泻药和防过敏的药物，因为吃海鲜可能会用到。

餐饮推荐

龙居丸子、小锅台、八分场凉皮，孤岛喝鲜鱼汤、明月饺子馆吃饺子。

自驾须知

一、行前准备

（一）证件类

出行之前记得检查好各种证件是否带齐，必备证件：驾驶员的驾驶证、车辆的行驶证、保险单以及随行人员的身份证。如需前往边境地区还需要根据当地情况提前办理边防证。如果是外籍人士需准备好护照和中国的驾驶证。

（二）设备检查类

出行前到 4S 店为车辆做一个彻底的保养，尤其是轮胎和刹车系统，以便车辆保持最佳状况，为之后的出行保驾护航。出行必备：车绳、搭铁线、打气泵，常用的易损汽车零件等。

（三）必备装备

个人用品类：

1. 服装

黄河流域跨度大，涉及地域情况不同，提前查询当地气温做好准备。准备四季衣物为佳，建议准备冲锋衣裤（红、黄是最佳）、羽绒服、排汗内衣、抓绒衣等，做好防寒保暖，切勿感冒。鞋袜需要准备低帮徒步登山鞋、拖鞋、保暖舒适的袜子。帽子、手套、丝巾、围巾都是

△ 郭亮挂壁公路全景

必备之品。准备的衣物一定要易于增减！

2. 鞋袜

常规城市旅游穿旅游鞋等方便出行的鞋类即可，高原段或者涉及登山，则要准备防水中低帮徒步登山鞋、舒适袜子。

3. 太阳镜

如去高原段，则防紫外线能力越高越好！保护脸部面积越大越好！

4. 雨伞、雨衣各 1 件

雨具也是雨天时的遮挡物。

5. 防晒霜

行走高原地区一定要做好防晒，准备至少 30 倍防晒霜。

6. 润肤油、补水霜、润唇膏

防晒最佳。

7. 保温水壶。

食品类：

高能量零食（巧克力、牛肉干等）、方便食品、便于保存的水果、功能性饮料和矿泉水。路上难免会堵车，以便无法到达用餐点时补充能量，沿途均可以补给。

药品类（根据自身情况准备）：

感冒药、肠胃药、镇痛药、葡萄糖粉、速效救心丸、抗菌消炎药、维生素泡腾片。参考药品：西洋参含片、阿司匹林、必理痛、牛黄解毒片、感冒灵、喉炎丸，止咳水、白花油、胃药、纱布、眼药水及消炎药。如去到高原，还可以准备抗高原反应的药，如红景天、肌苷口服液、携氧片，以及其他个人必需药品。

其他：

手电筒（非手机手电筒）、创可贴、电池、小刀、指南针、火柴、宽胶带、防蚊水，其他未列个人所需物品，如去高原，还建议准备帽子、手套、丝巾、围巾等防寒小物件。

（四）出行线路以及车型选择

1. 出行前请提前查阅路线的相关资料，做好攻略，根据驾龄长短以及开车技术选择合适的自驾路线，建议先从周边自驾开始，逐步向长途、需要更多驾驶技巧的地区扩展。

2. 根据出行线路选择合适的出行车型，如进入山区、沙漠等地区，最好选择 SUV 这类高底盘的车型。以应对出行中因为道路落石塌方或沙石太多导致车辆无法继续前进的情况。

温馨提示：在出游之前，一定要多做攻略，可以让你在面对一些突发情况时也能冷静地面对。同时要自备现金和零钱，虽然现在支付宝和微信已经很普及了，但难免有一些地方需要现金支付。不要在未经过同意和没有专业设备的情况下进入未知草原或沙漠、戈壁等，因为救援难度较大，容易迷失方向。山西陕西段挂壁公路，要求驾驶员至少有 5 年以上实际驾龄，并有山路驾驶经验。

二、行中事项

（一）关于维修

目前黄河沿岸常规市县城市加油站、维修站还是比较多的，如果进入高原、沙漠等地区，建议在每天出行前都前往附近的维修店留取电话，以备不时之需。

进入无人区路段之前请提前为车辆做一次检查，因为无人区救援力量薄弱，沿途救援站会比较远。同时，一定要在进入无人区之前留下至少 2 个以上维修站的联系电话。

（二）关于路况

山西、河南、陕西等地，行驶路上多山区

隧道，提前关注第二天路况信息，注意旅途中是否有限高、限宽、限长等要求，如有这种情况及时绕行，避免耽误行程。陕西山西挂壁公路路段，车型以越野车、SUV、高底盘轿车，车长以不超过 5.1 米为宜（以陆地巡洋舰为最大参考车型：长 5.17 米、宽 1.97 米、高 1.945 米）。

（三）关于驾驶

如遇第二天行驶时间较长，或公里数较长时，注意早点休息，同时建议一车两位司机轮流驾驶，以避免疲劳驾驶。

三、特殊路况驾驶技巧

（一）山路驾驶技巧

1. 确保燃料充足

城区公路得保证油箱有一格（八分之一油箱容积）以上的燃油才不会在半路出问题，山区公路和乡道除非有把握，否则应保证油箱存有四分之一以上的燃油。

2. 关注车外的情况

山区行车不应隔绝外界闷头驾驶，要时刻关注路况和车况。

3. 利用多种喇叭和灯光

山路上行车条件差，超车、会车时都应该小心。喇叭和灯光是与路面其他车辆和行人沟通的重要途径，要会用、勤用，让其他车辆和行人知道你的存在、了解你的意图。

4. 控制车速

山路上视线不好，弯路、软基较多，控制好车速，不要心存侥幸。

5. 少用刹车

刹车其实是个容易折损的系统，用多了效能和可靠性就会下降。多用油门和挡位控制车速，少用刹车，确保刹车完好是安全的最后一道屏障。

6. 保持足够的驱动力

手动挡用低挡和中速挡，不要用超速挡。确保足够的爬坡动力和下坡牵阻力。自动挡用运动模式或者 L3。长距离下坡时，要用低挡位机械制动，自动挡车辆可切换至手动挡模式，切忌长时间踩刹车，容易导致刹车发热失灵；自动挡车上坡时，可切换至手动挡模式，并根据道路坡度大小，选择合适的挡位，一般是坡度越大，挡位越低。

7. 不要急加速和急刹车

这样不仅仅是为了安全，一般车辆也经不起山路剧烈驾驶。

8. 靠近山体行车

山路外缘常有软基，要尽量避开。

9. 视线放远、放宽

这样有助于提前发现问题，提前采取措施。

10. 保持沟通

打开车窗注意外面情况，遇有对方鸣喇叭、变光提示要积极回应。

11. 多停山顶少停山下。

12. 只停直道不停弯道。

13. 弯道要诀

遵循“一慢二鸣三右行”原则，提前减速、鸣笛，并靠右侧行驶，严禁占用左侧对方车道。

（二）沙地驾驶技巧

1. 进入沙漠前先给轮胎放气

沙漠中温度比较高，放气后胎压降低，可减少爆胎的危险，同时也是为了增加轮胎与沙子的接触面积，增加轮胎附着力，从而获得更好的动力。

2. 起步的时候，切忌大油门以及低速四驱模式

这种大扭矩的起步方式很容易造成轮胎陷进沙子里。如果第一次起步没有成功就不要勉强尝试第二次了，强行起步，轮胎会非常容易“挖坑”，不如看看是不是需要倒车或稍微挖一下阻挡轮胎的沙子再继续起步。原地大油门挠沙子，只会越陷越深。

3. 行驶之中注意对油门的控制

最好不要超过3挡，让发动机保持较高的转速是沙漠行驶的一个重要原则。因为挡位越高转速就越低，相对应的扭矩就变小，而在沙漠这种行驶阻力很大的地形行驶，高挡位很容易就熄火了。

4. 行车线路清，走高不走低

沙漠行车选择高处的线路可以更全面、更合理地根据地形规划车辆行进线路。

5. 轮胎打滑要立刻松油门，不要试图靠踩油门冲过去

猛踩油门只能让轮胎空转越陷越深，并且轮胎过度空转还可能烧毁差速器。停好车后可以尝试倒车，如果倒车也打滑就赶紧拿来铁锹、沙板脱困吧！

6. 不要轻易停车，就算停车也不要踩刹车，让车子自然停下来

如果踩刹车会在轮胎前推起一堆沙子，重新起步会很艰难。

（三）冬季冰雪路面驾驶技巧

1. 控制行车速度

冰雪路面比较湿滑，轮胎与地面的摩擦力会变小，从而使车子更容易出现打滑的问题。所以雪天开车或通过结冰路面时，要缓慢行驶，不随意超车，轻点油门，轻点刹车，慢打方向，任何大的动作或不妥操作都可能带来危险。另外，在冰雪路面上，同等车速下汽车的刹车距离会变长，这时候控制行车速度，加大与前车之间的距离，才能保证有足够的刹车距离，避免出现追尾现象。

2. 保持匀速直线行驶

在冰雪路面行车的时候，要注意集中注意力，提高警惕。行驶过程中最好能保持车辆匀

△ 王莽岭

速直线行驶，驾驶员转方向盘要缓，油门及制动的力度都要轻柔，切忌动作幅度过大过猛。冰雪天气下，因为阴阳面不同，阳光照射强度不同，同一路段也会出现湿滑程度不一样的情况。当拐入一段背阴面的道路时，要注意减速缓行，以免出现不期而遇的冰面。

3. 刹车技巧

在冰雪路面上，刹车距离会成倍地增长，要尽量把制动距离增加到平时的3~4倍，提前判断，尽量早踩，但不要一脚踩死，因为抱死的轮胎更容易滑动！现在很多车型都配置了ABS防抱死系统，这在很大程度上可以保证冰雪路面的行车安全。

4. 降挡制动

当出现意外情况的时候，人们会下意识地赶快制动，以避免碰撞事故的发生。但是，如果是在冰雪路面上，紧急制动反而容易出现问题，产生侧滑，车辆的方向无法控制。在冰雪路面上制动，包括下坡都要尽可能采用降低挡位来控制车速，用低挡位让轮胎转速降下来。对于自动挡的车辆，驾驶员可以强制把挡位从D挡降到2挡或是1挡。

5. 弯道、坡道行驶必须提前减速

冰雪天气的时候，弯道和坡道是最容易出现汽车控制不良情况的路段。在过弯的时候要提前减速慢行，同时慢打方向盘，这样才不容易出现侧滑的现象。上坡时应尽量保持低挡位并且避免换挡，下坡时应避免空挡滑行，还要注意不要踩死刹车，可以降低挡位利用发动机制动来辅助降低车速。

△ 五彩池

拧紧即可。

四、常见故障处理

1. 换胎

准备工作，选择水平路面停车，同时开启危险警报灯，把车辆停好后拉起手刹。当确认安全后，在车尾左后方 100 米摆好三角警示牌。拆轮胎，将千斤顶置于车身下的钢梁处，并将千斤顶起重爪对准车身下方支撑点。最好把备胎先置于车辆底盘下，防止千斤顶突然垮塌导致车辆下沉对刹车盘的伤害。然后摇动千斤顶将车身顶起，最后用扳手依次卸下需要更换的轮胎螺栓，并卸下车轮。安装轮胎，将备胎对准车轴和螺孔，把轮胎螺栓初步拧紧。最后将千斤顶放下，采用对角线的顺序将每个螺栓都拧紧即可。

2. 添加雨刮器水

在行驶过程中会不停地消耗雨刮器的水，雨刮器水是可以用自来水、矿泉水来代替的。沿途没有那么多的维修补给的情况下，可以用矿泉水来为雨刮器加水。

3. 高原行车全车仪表盘报警灯亮怎么处理

这属于正常的高原反应，多出现在日系和国产老款车型中，出现这种情况先停靠直道路边熄火，检查车辆是否有漏油或其他异样，如都没有可上车打火，尝试给油，听发动机声音是否跟平时一样，如未出现异样可驾驶汽车前行，再尝试给油判断动力是否跟平时一样。在汽车适应了高原以后，全车报警灯会自然熄灭。

△ 茶卡盐湖

编撰人员：洪清华　王小松　张　帆　邹庆龄　朱　强
陈庆山　张　溧　张　静　陈　皓　汪文喆
陈　雪　彭馨逸　刘　流　廖雪妃　姜姝瑾
手绘地图：谢　瑞
支持单位：景域驴妈妈集团

责任编辑：陈　冰
责任印制：冯冬青
封面设计：中文天地

图书在版编目（CIP）数据

黄河文化旅游带精品线路路书 / 文化和旅游部资源开发司，国家发展改革委社会发展司编著．-- 北京：中国旅游出版社，2021.5

ISBN 978-7-5032-6673-7

Ⅰ．①黄…　Ⅱ．①文…②国…　Ⅲ．①旅游指南－中国　Ⅳ．①K928.9

中国版本图书馆 CIP 数据核字（2021）第 041909 号

书　　名：黄河文化旅游带精品线路路书

作　　者：文化和旅游部资源开发司　国家发展改革委社会发展司　编著
出版发行：中国旅游出版社
（北京静安东里 6 号　邮编：100028）
http://www.cttp.net.cn　E-mail: cttp@mct.gov.cn
营销中心电话：010-57377108，010-57377109
读者服务部电话：010-57377151
排　　版：北京中文天地文化艺术有限公司
印　　刷：北京金吉士印刷有限责任公司
版　　次：2021 年 5 月第 1 版　2021 年 5 月第 1 次印刷
开　　本：880 毫米 ×1230 毫米　1/16
印　　张：15
字　　数：240 千
定　　价：88.00 元
I S B N　978-7-5032-6673-7